贝页
ENRICH YOUR LIFE

我是谁，我从哪里来

〔英〕查尔斯·福斯特（Charles Foster）著
傅临春 译

图书在版编目（CIP）数据

我是谁，我从哪里来：回到旧石器时代的旅行 /（英）查尔斯·福斯特（Charles Foster）著；傅临春译. —上海：文汇出版社，2022.12

ISBN 978-7-5496-3856-7

Ⅰ. ①我… Ⅱ. ①查… ②傅… Ⅲ. ①随笔-作品集-英国-现代 Ⅳ. ①I561.65

中国版本图书馆 CIP 数据核字（2022）第 136737 号

BEING A HUMAN

Copyright © Charles Foster, 2021

Simplified Chinese edition copyright © 2022 by Golden Rose Books Co., Ltd.

All rights reserved

本书简体中文版专有翻译出版权授予上海阅薇图书有限公司出版。未经许可，不得以任何手段和形式复制或抄袭本书内容。

我是谁，我从哪里来：回到旧石器时代的旅行

作　　者 /〔英〕查尔斯·福斯特
译　　者 / 傅临春
责任编辑 / 戴　铮
封面设计 / 汤惟惟
版式设计 / 汤惟惟
出版发行 / 文匯出版社
　　　　　上海市威海路 755 号
　　　　　（邮政编码：200041）
印刷装订 / 上海普顺印刷包装有限公司
版　　次 / 2022 年 12 月第 1 版
印　　次 / 2022 年 12 月第 1 次印刷
开　　本 / 889 毫米×1194 毫米　1/32
字　　数 / 216 千字
印　　张 / 12.75
书　　号 / ISBN 978-7-5496-3856-7
定　　价 / 68.00 元

献给我挚爱的父母,希望我们能找到一种共同语言,来畅谈生为人类的伟大冒险。

我是在寻找创世之前曾有的颜容。[1]

——W.B. 叶芝

目 录

作者按　　1

Part 1　旧石器时代晚期　　15

　　　　冬　17　　　春　96
　　　　夏　167　　秋　194

Part 2　新石器时代　　211

　　　　冬　213　　春　248
　　　　夏　279　　秋　305

Part 3　启蒙时代　321

后　记　363

致　谢　365

附　注　371

作者按

对于我们是哪种生物,很少有人有任何概念。

如果我们不知道自己是什么,我们怎么知道应该如何行事呢?我们怎么知道什么能真正让我们快乐,什么能让我们繁盛呢?我试图用这本书弄清楚人类是什么。这对我来说很紧要,因为不管我的孩子们给我什么答案,我终归是个人类。

我想,如果我知道我从哪里来,也许就能更明白我是什么。

我不可能体验整个人类史。我甚至无法完整体验自己的历史。因此,我试着体验人类史中的三个关键时期,让自己沉浸在与这些时期特征相同的感觉、地点和想法中。这是一个漫长的思想及非思想实验,场所设置在森林、波涛、高沼地、学校、屠宰场、有抹灰篱笆墙的小屋、医院、河流、墓地、洞穴、农场、厨房、乌鸦的身体、博物馆、海滩、实验室、中世纪餐厅、巴斯克小吃店、猎狐场、寺庙、荒废的中东城市,以及萨满的大篷车里。

第一个时期是旧石器时代晚期之初(约35 000至40 000年

前），那时"行为现代性"出现了。这是一个令人困惑的标签。正如我们将看到的，今天人类的行为（哪怕他们不加思考或感觉）与当时的狩猎采集者截然不同。行为现代性到底是什么意思，它又是怎么逐渐形成的，这些问题引起了激烈的争论，不过就我的目的而言，这些争论无关紧要。[1]

过去的狩猎采集者是流浪者——少数如今幸存的往往也是，他们亲密、虔诚且常常心醉神迷地与许多土地和物种相联结。他们的寿命很长，相对而言没什么疾病，而且几乎没有证据显示他们之间存在暴力行为。他们大多数人不会把定居当作一种选择，就算它曾经是一种选择，也没有吸引力。如果你可以随时随地吃一顿丰盛无垠且花样繁多的自助餐，那为什么要一辈子嚼面包干呢？

除了一把燧石小刀或一个驯鹿阴囊袋，那时的人们通常不会再拥有更多东西。如果你和他们一样了解事物的无常，那么你就会知道对所有权的主张是荒谬的：世界不是一种可以被拥有的场所。当时的人们认为人类不应与世界相悖而行（不像我们）。

那是一段悠闲的时光。你不能整天整夜地打猎或采集。因此，我认为那也是一段反思的时光，故事的时光，试图理解事物的时光。南欧洞穴墙壁上最早的人类艺术，是有史以来最好的艺术作品之一。它同时也是最隐晦最难懂的。

某些人可能认为这是浪漫的野人贵族，我暂且只想对他们说，我不认为"浪漫"的说法需要辩护。"浪漫"不是一个鄙陋的词。恰恰相反，在诠释世界时，浪漫主义者会比他们的对手考虑更多的数据。

第二个时期是新石器时代，人们惯常认为它开始于大约10 000至12 000年前，一直延续到青铜时代初期——假定是5 300年前。年表是有争议的，在不同的地区，两个阶段的过渡时段有很大差异，不同时代之间当然也没有明确的界限。[2]

一些狩猎采集者开始在一年中的某些时候定居生活，在剩下的时间里继续流浪。毫无疑问，早在系统化农耕有丁点迹象之前，他们就已经开始管理土地了——可能是种植了他们喜欢的果树。但无论如何，割裂最终还是成为事实。流浪者不再流浪。他们的地理世界变小了。他们不再需要了解并联结大量的物种。他们的生活可以——并且最终**不得不**——依靠了解棚屋后方田野里的那头奶牛（一种被驯化的野牛）和某种有大粒草籽的专用草。没过多久，大概是几千年，包括人类在内的一切都被驯服和削弱了。人类与自然界的关系从对一切事物的敬畏和依赖，变成了控制几平方英尺的土地和几个物种。

新石器时代的精神面貌就是傲慢地控制，但是现实却事与愿违。人类开始**被控制**。他们不得不留在定居点；他们不得不收割庄稼。定居带来了政治、等级制度和人为制定的法规。生命缩短了。瘟疫开始肆虐。艰苦的研磨和抬提动作使骨骼变形。奴役猪和收割玉米的人自己也被奴役和收割。过去推动他们前进的季节循环现在开始折磨他们，供需法则向他们施以暴政，而非使他们富裕。悠闲消失了。傲慢最终让你付出代价：随便问问哪个希腊人吧。旧石器时代晚期的宏大故事被编纂压缩成祭司掌控的巨石阵故事。编纂和压缩扼杀心智。思想如羊一样被关进畜栏。我们在艺术品上看到了受钳制的痕迹。比起之前旧石器时代晚期的艺术，新石器时代的艺术更残缺，更粗糙，更难以引起人的共鸣。在新石器时代，我们开始变得无聊又痛苦。

最后一个时期被讽刺地称为启蒙时代，尽管有一些激烈的抵抗意见，但我们仍然身处这个时代。启蒙时代延续了自新石器时代开始的革命，并使之系统化。人类和自然界之间的离婚诉讼在新石器时代提起，此刻已经完成。暂准判令是笛卡尔[1]的文集，终审判决则由康德[2]签署。其结果是系统化地剥离宇宙的灵魂。在那之前（是的，甚至在亚伯拉罕系宗教的一神论中），万物皆有灵魂。亚里士多德坚持这个主张，东正教从未有一刻质疑过它，圣托马斯·阿奎纳[3]将它定为天主教徒的圣典，卡巴拉派[4]为它编目，苏非派[5]为其起舞。

启蒙时代撤销了非人类世界的灵魂。如今的宇宙是一台机

---

[1] 笛卡尔是十七世纪法国著名数学家、哲学家，是欧洲"理性主义的先驱"。他认为只有人才有灵魂，动物只属于物质世界。——译者注
[2] 康德是十八世纪德国著名哲学家、作家、德国古典哲学创始人。他认为是理性让人类的体验具有秩序和连续统一性，而自然界不存在这种秩序。——译者注
[3] 圣托马斯·阿奎纳是中世纪经院哲学的神学家，被基督教会奉为圣人，其建立的神学体系对基督教神学发展具有重要影响。——译者注
[4] 卡巴拉派是犹太教中的一支。——译者注
[5] 苏非派是伊斯兰教的一个神秘主义派别，通过旋转的舞蹈来追求与造物主神秘结合的狂喜。——译者注

器，由自然法则而非某种具象化的本质支配。然而法则比本质无趣得多。

最开始时，启蒙时代是基督徒头脑中的一场革命，因此在一段时间内，人类还被允许保留自己的灵魂。但没过多久，我们就被当作机器一样丢在了一台大机器里。"暴力反抗机器"[1]的口号展示了人们对自十七世纪以来所发生的一切的极其精准的理解。³

达尔文可能减轻了一些灾难。他提醒我们，我们是自然界的一部分——这是旧石器时代晚期的核心洞见。如果处理得当，这样的观念可以促成一种恰当的谦卑。但是，达尔文的这部分信息大体上已经变质，成了一种愤世嫉俗且危险的"只不过"：人们（错误地）把它理解为，人类只不过是"机器上的齿轮"，世界有的只不过是物质，所以一切都无关紧要。这导致了自卑以及对环境的肆意破坏。杀死有灵魂的东西可能是错误的，而粉碎一台机器却没有什么明显的不道德。

于是，把人类视为**经济人**（Homo economicus）就非常合乎逻辑了。（并且十分符合达尔文主义将竞争视为世界引擎之燃料的观点。）但长久以来，经济人都曾以各种说法被称为神之人（Homo deus）。在考古记录中，判定人类行为具有现代性的最清晰的指标之一（当然也是最具反响且**最典型**的指标），就是宗教。如果发掘

---

[1] 暴力反抗机器（rage against the machine），是1991年成立于美国洛杉矶的说唱金属乐队，其作品充满反抗和愤怒。——编者注

成果中有明显的宗教实践证据,那你面对的就是行为上的现代人类。[4]

现在,神已经消失。世界上只有物质,我们也只是物质。自然和我们一样野蛮残忍,但若是被坚定地对待,它也能像马戏团的狮子一样非常有价值。在这个世界上,衡量价值的唯一标准就是经济。再也没有复杂、古老、美得令人心碎的自然群落,取而代之的是**自然资源**。这个概念如今已根深蒂固,即使在环保主义者的讨论中,它也不会激怒我们。为什么要保护一片古老的草原?我们听到的答案是,它具有美元价值。

自从启蒙时代的还原论通过我们文化的核心器官发生新陈代谢以来,我们最大的希望可能还在于启蒙时代本身。怀疑主义和严谨的经验主义是启蒙时代最初宣言的核心。我们在现代启蒙运动的堡垒(比如精算师办公室和大多数生物研究实验室)中看不到这两种理念。但是,怀疑主义和经验主义能够,并且必将帮助我们恢复魔法。如果我们对**任何事物**(无论是恒星、婴儿还是塑料杯)都有足够的怀疑和经验,我们就会发现它令人困惑、神秘、稀奇古怪,并且挑衅了我们所有的范畴,它需要我们做出诗意的、数学的、情感的及身体的反应。如果运用得当,怀疑主义和经验主义就会揭露这个世界令人眩晕的奇迹——要探索这一奇迹,我们需要运用所有的资源,所有的智力和感官,是的,以及所有的精神方式。

所以这不是一本反启蒙运动的小书。远远不是。它是在呼吁启蒙运动彻底且诚实地完成其在十八世纪给自己设定的任务,是在试图将启蒙运动从其自封的大祭司——科学原教旨主义者——的控制中解救出来，并使其无所畏惧、不带偏见地看待自然和人类世界。如果它做到了这些，它将以一种生机勃勃的科学神秘主义的方式，加入尼尔斯·玻尔（Niels Bohr，他证明了不确定性不是科学的失败，而是宇宙脉络的一部分）、维尔纳·海森堡（Werner Heisenberg，他知道科学的客观性是不存在的，因为所有的观察都会受观察者和被观察者之间的关系所影响），以及旧石器时代晚期的萨满画家（像达尔文一样，他们知道人类和非人类之间的界限是易变的）的队伍。如果科学正确地处理其真实存在的课题，而不是神经质地断言其自身的假设，它将成为一种史诗级的神秘使命，因为存在是史诗级的，而现实是神秘的。

我们的物质生活比以往任何时候都更富裕。我们消除了许多物质上的弊病。然而，我们在本体上却感到心神不定。我们觉得自己是重要的生物，但无法描述这种重要性。我们中的大多数人都摒弃宗教和世俗层面上粗暴愚蠢的激进主义，关于"我为什么活着"这个问题，激进主义给出了廉价又简单的答案。旧石器时代晚期的猎人在抬头仰望天空时，不会贬损神格，不会认为神可以被束缚在保守的新教的简要公式中。

可笑的是，我们对当前的生活不甚适应。今天我们在一顿早餐里摄入的糖分，可能等于旧石器时代晚期的人一整年的摄入量，却疑惑为什么我们会患糖尿病，为什么我们的冠状动脉会淤堵，为什么我们会因未耗尽的能量而紧张。今天我们一年的步行距离等于旧石器时代晚期的猎人一天的步行距离，却疑惑为什么我们的身体如同一团油灰。今天我们沉溺于电视的大脑原本是设计来对狼群保持恒久的警觉的，却疑惑为什么心中会有一种挥之不去的不满。我们曾同意被那些在森林里活不过一天的自私自利的社会妨害者所领导，却疑惑为什么今天我们的社会这么糟糕、我们的自尊如此低微。我们曾在多达150人的家庭和社群中工作出色，今天却选择生活在一个庞大的混合集团里，并疑惑为什么我们感到疏远。我们的肠胃适应有机浆果、有机麋鹿肉和有机蘑菇，却疑惑为什么它们厌恶有机磷酸酯和除草剂。我们是恒温动物，却把体温调节委托给建筑物，还疑惑为什么自己的整个新陈代谢都紊乱了。我们是野生动物，生来就应该永远与大地、天空、树木和神灵保持狂喜的联结，却把生活建立在仅将自己看作机器的前提下，在中央供暖、电子照明的温室里度过一生，还疑惑为什么人生似乎并不那么理想。我们拥有极其奢侈地为关联性所塑造并扩张的大脑，却生活在一个假定我们都是封闭的孤岛、不要并且不应该相互融合的经济体系里，还疑惑自己为什么不快乐。我们是一些需要故事就如需要空气一样的人，而我们现在唯一能听到的故事就是自由市场枯燥而贬损人格的辩证法。

刚刚这些关于世界现状的观察结果都是陈词滥调。但不那么陈腐的，是它们与过去40 000年左右的人类历史的联系。

这是一本旅行书。这趟旅行是要回到过去，意在探索人类是什么：何为**自我**，过去是如何与我们现时的状态贯联的。它是一个人试图**感知**这种联系的尝试：在这个故事里，我试着把自己变成一个狩猎采集者、一个农民、一个启蒙时代的还原论者——这一切举动都是在不顾一切地探究：想知道我是什么，我应该如何生活，以及当意识被折叠进人类的身体里时，它会采用什么样的形态。

我认为这样做很值得。它真的非常有趣。

与过去相关的学术性书籍往往以事实开场，而我以我的感觉——当我竭尽所能将自己沉浸在一个时代、一片森林、一个想法或一条河流中时所出现的感觉开场。

毕竟，史前和启蒙时代的人类总是在**感觉**事物，如果我们能更好地理解这些感觉，我们就能成为关于那些时代的更好的学者。

一切探索都**不仅仅**是出于历史兴趣，对现代人类形成时期的研究当然也不是。这些时代还未逝去：它们仍然统御着我们。我更愿意和我那些明显属于旧石器时代晚期的朋友们融洽相处——他们不知道自己的终点与脚下花园的起点——不过我们大多数人的本能反应都属于旧石器时代晚期，至少在清晨时分是如此。而我们的温驯，我们对瓜分、统治和控制的贪婪属于新石器时代，并且使我们自己和我们所接触的一切都变得委顿。不过，我们属于新石器时代的部分也不都是糟糕的。从新石器时代开始，我们就有了宠护和培育地球的想望。只有新石器时代的人才会买鸟食盆和狗。

这本书不是指导手册。你找不到驯鹿炖肉丁的食谱，找不到鹅皮绑腿的样例，也找不到如何用真菌团球生火、如何把燧石斧头绑在手柄上或如何竖立石头的说明。它也不是试图系统性重现人类其他时代生活的记录。关于上述内容的书籍和网站，不胜枚举。

我不是考古学家或人类学家，但我尽力正确地理解事实（或至少不搞错它们），并且不去歪曲已存在的学术共识。史前考古学和人类学领域的一些领军人物让我坐下来，非常慷慨且耐心地回答我的问题，并试图纠正我。我在"致谢"中列出了他们的名单并表示感谢。如果他们没能在可以纠正我的地方纠正我，那完全是我的错。不过，我们得明白，在有关人类史前史的问题上，通常没有"正确"答案。这个领域有巨大的空间，可容纳不同的意见，而且我发现，通常能影响意见的除了研究对象的性情或个人历史，还有被挖掘出来的文物。当然，这种情况在学术界的大多数领域都是一样的，只是在史前考古学中可能更明显。

启蒙时代那一部分的对话是从我多年来与许多人的对话中择选出来的。你在牛津大学的回廊里可能找不到这位教授、莎士比亚学者和生理学家。或者更确切地说，他们无处不在。同样无迹可寻又无处不在的，还有皮多（即史蒂夫）（Steve the Peedo）和他的刽子手同伙、新新石器时代基督教农民贾尔斯（Giles）以及资本主义猎狐犬主人[1]。

在整本书的各个位置，我们都会遇到两个来自旧石器时代晚期的人物：一个男人——我叫他 X，还有他的儿子。有人

---

[1] 猎狐犬主人，英国有狩猎狐狸的传统，这是一项贵族运动，英国人为此专门培养了一种猎犬，名为猎狐犬。专门饲养猎狐犬的人被称为猎狐犬主人，他们组成协会，并为猎狐运动提供优良犬种。——译者注

问我他们是不是真实的——我是不是真的在森林里遇到过他们,随后他们是不是真的又再度出现,挖苦但又沉默地评论着,呈现着标准的、原始的、新"孵化"的人类的声音,没有被40 000年的妥协所玷污;还是说这两个人只是一种设定。对此我的回答是:首先,我不确定。其次,你的二分法很麻烦。

本书中旧石器时代晚期的章节要比新石器时代长得多,后者又比启蒙时代长得多。这些差异完全是刻意设置的。人类在旧石器时代晚期所处的时间,要远远长过新石器时代;在新石器时代所处的时间,又远远长过启蒙时代。(我坚持认为)这些时代对于我们成为如今这种动物的现状各自有不同的贡献,而这些贡献大体上和我们在每个阶段待的时长成正比。根据每一阶段的长度来判断,新石器时代的章节远远超过了它应有的长度,启蒙时代的章节则是太太太长了。本书有近400页。如果旧石器时代晚期始于40 000年前(就我们的目的来说,如果把中石器时代也算进来,似乎也是合理的),而新石器时代如果始于10 000年前,并持续到5 300年前,另外启蒙时期始于300年前,并持续到今天,那么旧石器时代晚期的章节应该有340页长(占全书的86%),新石器时代的章节长度应为约50页(不到13%),启蒙时代的章节则为3页左右(占0.75%)。如果说启蒙时代的章节看起来只是一首终曲,那是因为它确实是。我不想沉溺于启蒙时代的幻想——它认为自己事关宏旨。

除了我所探索的三个时代,还有其他历史阶段。其中有一些阶段非常重要。但我探索的是40 000年中的35 000年——只省略了5 000年，或者说省略了人类行为具备现代性的时间中的大约13%。如果完全出于个人兴趣，我将很乐意探讨公元前五世纪左右这一非凡的时期，它见证了伟大的一神论的诞生，见证了大多数永恒的哲学问题的清晰阐述，见证了科学基础的奠定。但是，尽管我对那个时代的成就充满敬畏，我却无法让自己相信它和我选择的三个时代一样具有定型意义。它改变了我们描述自己的方式，但没有改变我们的实质。

旧石器时代晚期和新石器时代的章节是按季节来划分的。启蒙时代则不然。启蒙时代没有季节。季节只在自然界中发生。

我意识到，用人类的语言写一本书，质疑任何用人类语言口述或书写的内容的价值，是很讽刺的。我不知道能对此做些什么，只能承认我很尴尬。

我经常谈论死者的存在。请别把这当成是鼓励你去联系死者。**不要这样做**，这样做极其危险。

在本书中，我经常刻薄地批评人类的行为方式，但那是因为我认为他们是光荣的。我们的行为常常是可耻的，但这恰恰是因为我们的本质是光荣的，每一个生命都是极其重要的，但我们却让自己失望。我们真的使自己**失去了尊严**。我希望当我批评的时候，我所做的仅仅是记录和痛惜这种贬损。我希望我没有留下愤怒的印象。我的难过远远超过愤怒——我为可能已形成的事情感到难过。但对于将可能发生的事情，我的兴奋远多于悲伤。

我在这里不探讨应该怎么办。我不是预言家、圣人、心理学家或社会学家。但本书将涉及激进的善良、觉醒和古老的故事。所有的人都是谢赫拉莎德[1]：如果我们没有好故事可以讲，那我们每天早上都会死去，而好故事都是古老的。

最后，我因为自己竟试图傲慢地说出人类是什么而战栗。但是毫无疑问，我们每个人都必须努力判定我们是什么，至少为了我们自己，不是吗？

---

[1] 谢赫拉莎德（Scheherazades）是《天方夜谭》中嫁给国王的新娘，她每夜都给国王讲故事，使国王不忍杀她，一直讲了一千零一夜。——译者注

Part 1
旧石器时代晚期

冬

> 我总是试着按亡者所示而行……谁是鬼魂……我们,还是死者?
>
> ——萨拉·莫斯(Sarah Moss),《幽灵墙》[1](Ghost Wall)

> 人生命最大的危险在于人的食物完全由灵魂组成。所有我们不得不杀死并吃掉的生物,所有我们必须击倒并摧毁来给自己做衣裳的生物,它们都有灵魂,灵魂并不与身体一起消亡,因此必须得到(安抚),以免它们向我们报杀身之仇。
>
> ——伊古里基克因纽特猎人对克努兹·拉斯穆森[1]说[2]

> 关于美、欧、非、亚部分地区原住民的报告显示,除了某些特殊场合,他们几乎都一致禁止在夏天或白天讲神灵故事。
>
> ——阿尔文·里斯(Alwyn Rees)和布林利·里斯(Brinley Rees),《凯尔特文化:爱尔兰和威尔士的古老传统》[3]
> (Celtic Heritage: Ancient Tradition in Ireland and Wales)

---

[1] 克努兹·拉斯穆森(Knud Rasmussen,1879—1933),丹麦著名极地探险家、人类学家,被誉为"爱斯基摩学"之父。——编者注

我第一次吃哺乳动物的生肉是在苏格兰的一座小山上。

在此几天之前，我站在伦敦市中心一个维多利亚风格的法庭上，戴着马鬃假发，套着硬翻领，系着上浆的领带，穿着黑色长袍，为一个损坏的子宫价值多少而争论。接着我搭乘卧铺，喝着基安蒂酒，摇晃着前往苏格兰。在苏格兰高地的一个车站下车后，我被一辆路虎载到了一栋乡村大宅，被要求对着一张冲锋陷阵的俄国人的照片射击，然后穿着粗花呢西装，被释放到了小山上。

整整6个小时，我跋涉、观察、匍匐前进。最后我看到了一头足够大的牡鹿，就说："它归我了。"它在紧贴山顶下方的一块洼地里，要到那儿去可真够费劲的。风在岩石间漫无方向地倏忽来去，我希望我在足够高的上风处，这样气味不至于飘散到它那里去。我沿着一条小溪爬了上去，水顺着我的脖子灌进去，从袜子里流出来，我在一块石头后面躺了几个小时。我无法再前进了，而如果牡鹿不动，我就不可能一枪射杀它。

一只乌鸦出卖了我。它俯冲下来，看见了我，呱呱叫了起来。牡鹿知道事有不妙，便站起来，用鼻子嗅了嗅，后腿曲起，蓄势待发。机不可失，时不再来。我抬起头，推开保险栓，扣动扳机。子弹击中了它的胸膛。

这一枪就足够了。它咳了几声，朝海边蹒跚而去，但没能走多远。

我们在石楠丛里发现了正在抽搐的它。它的脑电波已消失，心脏也停止了跳动，但它身体里的大部分细胞仍然活着。追猎者吉米从腰带上拔下一把刀,刺进牡鹿腹部,把它剖开。内脏像滚烫的蛇一样舒展开来,冒着热气。吉米切下一块肝脏递给我。

他说:"现在吃特别棒。"

我能怎么办?吉米切下另一块肝脏,开始咀嚼,所以我也嚼了我的这一块。肝脏表面曾抵住横膈膜的地方弓出了优雅的弧形,从外岛上吹来的咸腥的空气每天要把它往下推挤数千次。现在整块东西像鼻涕虫一样蠕动。一根管子的末端吸住了我的舌头,把血挤进我的嘴里。

"好吃吧,嗯?"吉米问。

"非常好吃。"我说着,尽力让自己不要呕吐。

回到屋里时,我脸上还沾着血。我洗了澡,换了衣服,去吃晚饭。那天晚上的勃艮第葡萄酒很棒,还有一位美丽的女士在钢琴后面唱着舒伯特的某支艺术歌曲[1]。

接下来的一周我回到法院,不禁疑窦丛生:一个十八世纪的案件与一位二十世纪的儿科医生有什么关系?与此同时,我人生的不同模式之间的不协调使我头晕脑涨,我想知道我为何物,我从何处而来,以及不管浮现出何种答案,我到底要如何面对。

当然,多年里我并没有对此采取任何行动。这种不协调变成了

---

[1] 艺术歌曲(Lieder)这一术语是指舒伯特、舒曼、勃拉姆斯等人创作的德国浪漫主义歌曲,舒伯特首创了艺术歌曲运动。([美]罗伯特·C.拉姆著,《西方人文史》第2卷第343页,张月、王宪生译,百花文艺出版社,2005)——编者注

一种恼人的,但也不是非常难忍的耳鸣。我继续旅行、杀戮、繁殖、高谈阔论、试图说服别人,危险的是,有时我甚至试图说服自己。忙碌的呼啸声使我可以忽略那种耳鸣,只除了在清晨,或者独处时这少数几个可怕的时刻。但后来,它突然莫名其妙地膨胀起来,最后充斥着我的脑袋,于是我知道我必须为此做点什么了。

我必须要做的,就是尽可能早地从我的故事(以及你的故事)的发端开始:迈开脚步,见见家人,感受一下使我成为如今的我的力量。但这么做也有局限。我们最初的发端是一场数学震动,它成为一场大爆炸——一场并不在时间中发生的爆炸,因为当时时间还没有开始;一场没有在空间中发生的爆炸,因为当时空间还没有诞生。你要是把起点选在那里,一定会疯掉。

如果在我们的家人还是远古马达加斯加岛外炎热海水中的海绵时,或是他们还在伦敦三角龙腿间奔跑的鼩鼱时加入我们的故事,那就太蠢了。不过在40 000年前加入就不那么傻了,当时的人类有和你我一样(甚至更强的)现代的身体与大脑,他们生活在德比郡的洞穴和隐蔽处。

那时很冷。到处是寒冷荒凉的苔原,而不是最后一次冰期退去后茂密的森林。男人们留着胡子,头发垂到肩上,但他们身上和我一样没什么体毛,只是更强壮一些。他们穿着剪裁整齐的兽皮衣,星期天烤肉吃,他们爱自己的孩子,也不想死。

他们和我们之间有一个巨大的差别。他们的自我意识不像我们这样咄咄逼人和专横。如果他们掌握了某种语言（他们确实掌握了——这一点稍后详述），他们不会用"我"（I）、"我"（me）和"我的"（mine）来玷污每个句子。

在我朋友萨拉的峰区农场附近有一片森林。我想，当那里只有零星的矮小灌木和粗劲杂草时，上述的某个男人和他的儿子就住在那里。我不敢用现代的名字称呼这个人。我会叫他 X。如果我能找到他，认真看清楚他，那我就知道我是什么了。

可能未来的某一天，我会知道他的名字。

汤姆和我搭乘一列火车行进了 150 英里[1] 并回溯了 40 000 年。在德比换车时，我们喝茶，打牌，并打磨好了一个燧石矛头。

"非常不负责任，"一周前，一位香气扑鼻的女士说，"请尽管放纵你自己对脏乱环境的迷恋，沉溺于你自己那把野人当作哲学之王的变态想法吧，但是别逼着可怜的汤姆和你一起去。"

"你看天气预报了吗？"一个眼神炽热的小眼睛男人问，他相信报纸说的话，打算在一家机场酒店为他的妻子开追悼会，"你们这样听上去像是一次社会公益服务。"从他的神情和商务车来看，他是认真的。

汤姆十三岁，不知道这一切有什么好大惊小怪的。我们从前住在山洞里。现在我们要去的是一片非常熟悉的森林，我们要搭个庇

---

[1] 英里是英制长度单位，1英里等于1609.344米，150英里约为120千米。——编者注

护所,杀一些生物,盯着火堆直到圣诞节。然后我们会按时坐火车返程,回归正常。

他的老师表示理解:"有趣的时代,旧石器时代晚期。数学尽量别落下,好吗?"他的母亲不理解:"你知道他的成绩本来就已经很靠后了吗?"

我们听了所有关于猛犸象的笑话。因为不得不挤出微笑,我们的脸都僵硬了。

在一个小小的乡村车站,将载我们去高沼地的出租车正等着我们。一只塑料狗在仪表盘上摇摇晃晃。

"你养了一条狗吗?"我问司机。

"没。"他说,再没多说一个字。

我们沉默地前进了一英里,直到汤姆说:"请问我们能停一下吗?"于是我们停下车,汤姆拎着一个黑色塑料垃圾袋跳出去,把一只死狐狸放在袋子里——我在他这个年纪也这么干过。然后他回到车里,系上安全带。

"谢谢,"他说,"不好意思。"

"没关系,"司机说,"只要别让它肠子里的东西沾到我的地毯上。"他有神父在告解室里那种超脱的专业气质。

之后我们还停了两次,不过捡的是死兔子。它们的眼睛缩进了眼窝里,被薄膜覆盖着,仿佛它们在看着自己内部的什么东西,和此情此景相比,似乎吃草和交配都很无聊。

出租车沿着山谷蜿蜒而行,经过了油炸食品店、废弃的磨坊和竖立的岩石。塑料窗户周围闪烁着节日的彩灯。空气的热浪和柴油的臭味从我们脚边涌出，狐狸的麝香渐渐逸散，弥漫在整个车厢里。高声谈笑的醉汉们摇摇晃晃地走到马路上。司机驱车绕开他们，没有发表任何评论。

街灯败退了。黑暗比它们强势。我们突然穿进一条黑暗中不断闪过车头灯的隧道，接着，当山势陡峻起来，我们朝天空驶去。进入高沼地时道路变得平坦了，总之他们把这上面叫作高沼地：疏疏落落的草地上散落着羊骨头，这一处那一处地勾勒着些干砌石墙，建造它们的人都埋葬在野地角落里。这里总是有风。风像壁球一样飞掠过墙壁，因此它总是同时从四面八方扑向你。

出租车在一道墙的豁口处把我们放下来。我们把背包和路毙动物们扔到了路边。

"玩得开心，好吗？"司机在我付钱时说，面无笑容。

在小路尽头，我能看到萨拉的电视在农场的窗户里闪烁。火把映照着挨冻的羊：湿羊毛结成团，透着绿藻的颜色。我们呼出的气拢在下巴上。

我们用力锤门，没人回答就敲窗户。萨拉一定是在山谷下方三英里外的酒馆里。这天是咖喱之夜，来自谢菲尔德的一支乐队要演奏蓝草音乐。在电视屏幕上，一个自恋的精神变态者威胁要打击一个小国家。电视旁的沙发上放着一本摊开的烹饪书，一只猫在一桶康普茶上蹭来蹭去。果篮里的橙子来自以色列，那些小个儿的则是上周的风摇下来的。厨房里正在腌制着一只松鸡，这会儿还不能吃。我们试着打开门，幻想着可以洗劫冰箱，也许还能坐在火炉边。但门是锁着的。

我们之前听说一头巨大的风暴黑犬即将从北方袭来，现在我们要赶在它抵达前找到掩体。穿过大门，下山，避开左面的矿井，跑过野兔的小树。记得弯腰，否则荆棘会扎到你的眼睛；钻进森林前先尿一泡；注意那只从花楸里冲出来的野鸡（我们会回来找你的，伙计）；汤姆，别担心你挂在钉子上的外套；我们还是低着头吧。钻过一棵老山楂树低矮的长枝，它伸展在一道渐渐垮塌的墙边。出去吧，你们这些绵羊，现在这里是我们的地盘了。带着你们的扁虱出去吧。

风暴之犬来了。它甚至都不先咆哮几声。它突然就出现在树下，龇着牙，撕咬着，劈头盖脸。我们本来打算把防水油布绑在树上做个帐篷，弄出一个更可靠的庇护所，但它直接把帐篷撕了下来。所以我们就裹着油布，尽可能靠墙蜷在地上，任它为所欲为。

也不算太糟，只不过当风暴之犬在森林里时，试图睡觉是徒劳的。它翻腾了几个小时，想折腾我们。它倒是用爪子拍打了我们一会儿，接着便挫败地往我们身上洒了点尿，又继续去诺丁汉搜寻它的猎物了。

当它离开时，森林舒了口气，摇了摇自己，又开始呼吸了。一只湿漉漉的猫头鹰在捕杀猎物。獾在灌木丛中慢吞吞地挪移着，像吃意大利面一样吸食虫子。一只羊在咳嗽。没有星星。寒冷从地里爬上来，渗入我们的衣服。我们想象着火、茶和酒。睡眠和寒冷一起潜入了我们体内。我们和泥混在一起。

醒来时我枕着那只狐狸。外面蓝天白云，阳光闪耀，我们在世界之巅的一片森林里，我们可以开始了。

我们所开始的，是我们的**自我**。我指的是我们作为现代人类的自我。

我们来看看主流人类学的流行理论。人类的进化始于非洲。进化进程有几种类型，其中一些是共存的。它们都经过了自然选择的残酷考验。大约在20万年前，**我们**出现在了化石记录中，也就是说，成了在解剖学和生理学上大致与我们相同的生物。他们的大脑与我们的形状一样，只是可能稍微大一点。处理关系需要一个很大的大脑，它代价高昂，要求苛刻，但奖赏丰富。他们能比我们更好地应对各种关系，因此也需要强大的神经硬件。他们用两条健壮的长腿在大草原上漫步，用前向的双眼凝视地平线，那是他们非两足动物的祖先被长草遮蔽的视野；他们终于从字面意义和象征意义上俯视世界；他们探寻脚下的土地；他们被前所未见的景象祝福和诅咒；他们的鼻子从尘土中抬起，嗅觉从此屈居于视觉之下；他们灵巧的双手有着方向相对的拇指，这对拇指可以自由地制造工具、表达信号、攻击和爱抚，却再也没有从大地汲取感知。

但解剖学和生理学并不是一切。在15万年里，这些人类的行为和我们并不太一样。用考古学家们又爱又恨的话说，他们并不具有"行为上的现代"。他们可能并不装饰身体，不用随葬品给死者陪葬，不制作刀具或骨器，不捕鱼，不进行远距离物资运输，不与任何和自己没有亲密关系的人合作，他们的组织性也可能不足以捕杀大型动物。

然后，大事发生了。它在非洲发生的速度和数量都是有争议的。不过无可争议的是，事情确实发生了。

去一个好的博物馆，找到有关早期人类的展厅。里面会有很多燧石。从头开始，按年代顺序排到今天。仔细看看这些人工制品。最初的几分钟路会相当无聊。你会看到一些寒酸的东西：破落的、看不出区别的工具，还有烤着腐肉的长毛人的图片。一切都无情地指向物质性。玻璃后面的一切都表明人类只是由肉、骨头和软骨组成的团块。

然后，如果你真的在一个很好的博物馆里，你会拐个弯，看到标签上写着"旧石器时代晚期"，你的心会开始怦怦直跳。因为在那里，从大约 40 000 年前开始，你会看到族群。你会经由层出不穷的象征符号认出它。骨头和石头被用来代表狼、熊和人，隐喻手法也一定是在同一时间诞生的。各种可能性如海啸般喷发。一根骨头可以在仍然是骨头时代表狼。如果这都有可能，那还有什么是不可能的？一个曾经仅仅是化学性质的世界变成了炼金术的世界。某些事物根据光学和视觉生理学原理是不可见的，但仅仅如此并不意味着它们不存在。

"时间"的表现开始有所不同。现在，它似乎不再是人类畅游其中的标准介质，而且毫无疑问，出现了一种过去无法想象的针对时间暴政的反叛，或至少是针对一个时刻仅仅是蜗行牛步地在前头拖着另一个时刻的概念的反叛。死者继续存在。死去的人被涂成赭色，带着食物、武器和仅具情感或美学意义的物品，被送上旅程。死去的动物也被安抚。既然骨头可以同时是狼，那么死者也可以既在旅途中，又出现在篝火前被安慰、劝告、指责和奚落。

这个世界比过去复杂得太多，也更能引起共鸣。

汤姆和我希望我们现在已身处于那个世界，或者能够找到一条路通向那里。X已经在这附近，随时准备帮助我们了。

这种新的复杂性要求更多，也给予更多。要证明白光根本不是白色的——它由许多颜色组成——需要一个棱镜。这是一个新的棱镜时代。过去只是一项工作的事（比如说劈开一头死熊），现在变成了许多项工作：给熊剥皮，处理熊皮，剖离肌腱做成绳子，把股骨变成一头鬣狗，妥善照料死熊，最好是友好地。于是我们看到，精心制作的工具套装中第一次包含了针对特定工作的特定工具。在行动和思想上有了一种新的精度。他们用刀片精确地沿着预先计划好的轨迹切割关节和器官，而在这之前，一把钝斧会砍碎这一切。

预先计划一把燧石刀穿过熊腹的切剖线，并舍弃其他可能的线路，这意味着人们已经在某种虚拟绘图板上设计并评估了各种可能性。换句话说，出现了抽象能力：从石头和骨头的有形世界迈出一步，进入另一个行动的舞台——一个如死之国度一般的地方，它无法用肉眼看见，但依然是真实的，我们可以从锤炼出的石器和削制出的骨器中看到其成果。

抽象带来了无数益处。你可以在安全的大脑里检验杀死熊的各种策略,而不是在洞穴中与一头真正的熊进行危险的对峙来测试这些策略——因为你只有一次回答正确的机会。如果没有"我"的概念,这个工作便不可能完成。"我"必须成为想象戏剧中的主角:必须有一个"我"扔出长矛并避开爪子。"我"关系到俯瞰自己,并对自己描述自我。

有一个词从字面上就意为站在自身之外,这个词就是"ec-stasy",意为忘形、狂喜。其词源有些难以理解。你是否必须超出自我,才能获得终极的愉悦?哦,我的经验是这样。自私的混蛋都是可怜的。你是否必须拉开距离才能正确地看待自己?答案依然是:是的。但正确的自我认识真的不会带来快乐。也许创造出"**狂喜**"这个词的希腊自我观察者比我更美好。

这种旧石器时代晚期的忘形——自我观察——在博物馆的骨雕中得以具象化。人类的面孔在历史上首次出现。它们是有史以来最雄辩的艺术,它们喊道"这就是我"或"这就是你,而我不同于你"。

由此得出什么结论?最重要的结论是:**故事**。你和我都是演员。演员可不会双手插兜只顾闲晃。他们不能如此。他们被强制行动,他们的行为被结合在一起,从而创造故事。局部的小故事衍生出更大的故事。如果你看到了其他人被坠落的岩石击中,被狮子的牙齿撕咬,或被疾驰的宝马汽车撞到后的结局,那么除非经过多年艰苦的训练,否则你就忍不住要讲述一个故事以理解你自己和属于你的寂灭。

"我"的概念孕育了"你",由此为人类丰富的心智理论开辟了路径,进一步通向属于我们的爱、同理心和占有欲。古时杀戮的欲望被重铸,这一次它拥有了道德色彩。这其中有一种喋喋不休的暗示,后来变成了震耳欲聋的呐喊——某些种类的杀戮可能是错误的。[4] 自我意识催生出了所有的法律,所有的道德,所有的施虐癖,所有的爱和所有的战争。

一旦有了"我",存在就不再仅仅是一连串的事件。这种情况又持续了大约 45 000 年。接着,就如我们将看到的,我们被告知这世界上没有故事,只有事件:**我们只是事件**——化学事件及其必然结果。有些人甚至相信了这种说法。人类的意识最初是由象征主义,即由那些象征其他事物的东西来论证的。现在,我们被告知,没有东西在象征其他事物。没有东西是有意义的。

"我"之革命对人类来说可能不止发生过一次,也不是单一一次自我创造和自我认识的巨大浪潮。它可能在数千年里,于许多不同的篝火周围爆发过许多次。但不管怎样,无论它在何时何地发生,它都创造了"你"。

X 和他儿子竟然会在这里,这是件奇怪的事。这里是世界的边缘,冰的边缘,一个锐利的风雪呼啸之处。他们离开法国的家来到这里得有一个好理由。也许他们告诉家人自己要去狩猎猛犸象,但如果要让这话显得可信,他们就必须要有不少其他同伴,而我没有发现其他人的迹象。[5] 回到家乡，X 会加入一个大约 15 人的狩猎或搜寻小队，这个小队属于一个约有 150 人的部落，并与一个大约 500 人的交际网络相联（他们与他操同样的语言）。他时不时会见到这 500 人中的大多数。他们可能表现为远处闪光的小点，或一股烟柱，或一头驯鹿身侧溃烂的燧石枪伤，也可能是盘旋的鹞子和乌鸦（如果饥饿或狼袭击了他们的话）。他们脸上有不同的伤疤印迹，并以不同的方式卷拢遮盖物、蹲着排便、标记路线、灌香肠、交配和思考星座。他们很少和 X 的部落战斗。何必呢？有足够多的资源，而战斗是痛苦的。但有时他们不同的气味会涌入 X 的山谷（尽管他们自己从未出现），此时 X 就会握着刀摇醒儿子。

我猜 X 和他的儿子真的在这里，因为 X 已经开始在脑海中感觉到一种轻柔的渴望：倾听一阵安静的私语。这渴望和私语似乎意义重大，但它们在家庭义务繁重时——当孩子需要教育，妻子们要顺从，祖父母要进食——无法得到检验。

最后 X 不得不独自解决这种渴望，倾听这种声音。独处意味着自己一个人，但由于只有他自己和儿子在一起，他们便一起走进了寒冬。

坐在火边，他能听到那个声音。"我，我，我。"那声音说着，他听着它越来越大声，终于盖过风的怒吼和森林的嘘声，劈开了他的脑海和他的世界。

今天早上我立于自我之外，就像我的祖先们如此宿命般立于他们的自我之外。我已经习惯了，但它也是个负担。而对他们来说，它第一次重塑了宇宙。

我看到一个窝囊、糟糕、自负的高个儿大胡子动物穿着旧粗花呢夹克，戴着一串希腊定心珠，口袋里有一本托马斯·哈代（Thomas Hardy）的诗歌总集，不是生活在12月的德比郡树林里，而是生活在过去和未来：生活在他独裁的大脑所召唤出来的虚拟现实中。他更愿意认为是他把抽象概念当成工具，但实际上他才是抽象概念的工具。

但是汤姆在树林里，他**现在**就在这里。他爬上一棵树，又掉了下来，他的肘部在真实的时间里感到真实的疼痛。他挖田鼠，像狗一样挖——用手扒，把土从双腿间往后扬。他吮着手指上的泥土说有鼹鼠的味道。他大笑着看阳光在他尿出的弧线上闪烁。他试图催眠一只知更鸟，并在我没来得及阻止他时差点刺中一只羊。他从池塘里跃起，抚摸甲虫，在瓶子里养一只蠼螋，给鸟儿和树木起友好的名字，在手里把一块石头转了一个小时，用唾液弄湿它，以释放石炭纪蕨类的气息。

他得天独幸，有阅读障碍。我没有。他是一个语言学上的残疾人，因此是一个感官和本体层面的运动家。当他走进一片树林时，他会看到一棵树。而当我走进树林时，光子会从树上射出，击中我的视网膜。至此一切还好。但接着，数据会沿着我的视神经流入我的大脑，麻烦便开始了。因为我会几乎立刻就把这些数据转译成与这棵树毫无关联的东西：记忆中关于树的诗歌片段；关于树的一般生理事实。当我说"那是一棵树！"时，我要么在说谎，要么在受骗。事实不是这样的。我从来没有看见一棵树。实际上，我从未（至少几十年来都没有）看到过任何东西。我打赌你也没有。有一次，我遇到一个确实看到了树的成年人，这让我既兴奋又害怕，以至于我把行李和女朋友扔在了山上的一座修道院里，自己直奔机场。我被锁在了自己的脑袋里。我完全以自我为参照，因此对自我很虔诚。这既危险又无趣。我真想看到一棵树。据我所知，它们比我所以为的更有趣，更丰富多彩，更有魅力。

汤姆看到过许多树。我希望他能帮我也看到一棵。

X 在离开部落来到这里之前会说一些核心词[1]。这些词率直、简短、有用，它们是粗糙的燧石手斧，而不是刀或针。冬天里，当他和儿子单独在一起，盯着冰和自己的双手时，这些词就在他的脑海里闲置着。它们在闲置时生了锈，被缓慢生长的地衣群落殖民，开始变得复杂，并与青蛙的嗓子和颤抖的草丛的频率产生共鸣。然后它们开始繁殖，到了春天，雪化净了，X 回到有家人等待的滴水的砂岩洞里，词语从他口中喷涌而出，传染了整个部落。

"爸爸，除了在树林里瞎混我们还干别的吗？"汤姆问。

这是一个非常好的问题。

他继续问："这只是露营，真的，不是吗？没有厕所的那种。"

---

[1] 核心词（kernel of words），指表达全人类共有的最常用、最基本的概念的词语，如"皮、肉、石、红、行、立"等等。——编者注

"也没有帐篷。或食物。"我主动坦白,并试图说服自己。

事实是,我们就**只是**在瞎混。比不瞎混好些,但我们并不是真的像狩猎采集者一样生活。寒冷和肮脏是我正常生活的一部分。最大的区别是,狩猎采集者必须如此生活。而我们不必。我们有足够多选择,只是在探寻知觉时,我们可能选择不使用这些选项。村里小店有豆子和薯片,沿路往下走几小时到牛津就有屋顶和床,这些知识意味着我们是冒牌的。

不过在某些方面,我们和过去及现在的驯鹿猎人一样,受制于这个变幻莫测的野性世界。几个月前,一位老朋友心脏里的电流风暴把他送走了。他别无选择。这和一次雷击没什么区别。另一位朋友的肠道细胞不受控制地增殖,差点把他带进鬼门关,他回来时失去了结肠、头发,以及认为神很仁慈的信仰。这和从本地狼群中侥幸逃脱也没有太大区别。而我自己脑子里的神经官能症也在不受控制地恶化——这些神经官能症给未来的每一篇日记都印上了"有限制"的印记:这和穴居野人的认知没有太大区别,他知道他离不开这片咆哮的原野,无论它可能对他做什么。这手牌已经发好了,再精明的玩家也打不好一手烂牌。

我大概知道一天天地只能勉强糊口是什么滋味。我在沙漠里游荡过,在那里,如果我坚持不到下一个水坑,或者水坑干了,我就会死得很难看。我从来没有固定薪水。我曾经航行并游过想要吞下我的海洋。一旦你嗅到过意外事件的气息,你就会经常嗅到它。它现在就在这树林里。

X也一样。昨晚他在墙脚嗅了嗅,那里有一只狍子打嗝留下的酸味。我一直听不到他挪步的声音。他一定有一双柔软的驯鹿皮鞋,用他妻子的尿鞣制过,它们在萨拉的田里没发出任何声音。他必须小心翼翼地绕过林中的树枝。不过昨天晚上,那男孩绊倒了,跌倒时他骂出了声。

整个计划是进入人类拥有行为现代性的开端时期。去感受自我被突然赋予主观性时的第一次冲击,去观察自我意识的第一次闪烁,观看故事的第一次引爆,去迎接呈指数增长的可能性之雪崩。

对于一个受过的教育多到变态程度的男人,一个男孩,一把弹弓和一袋康沃尔菜肉馅饼来说,这是一项大任务。

要真正地完成它,我们必须变得无意识:清除我们的硬盘,寄望我们能被重新启动——不,是被启动。

接着我会尝试描述我们用纯洁的眼睛、鼻子、耳朵和心灵来感知的美妙新世界。

所有这些都很棘手。因为除了馅饼和弹弓,我们还把**自我**带进了树林——它是意识的核心,包裹着记忆和性格。自我用许多深嵌于意识的语言向自己解释自己。[6]

几年前,在跳上讲台(我想虚张声势)去做一个演讲时,我滑了一跤,导致肩膀脱臼。很痛。

他们开车送我去医院,想把肩膀复位。为此,他们给我吸了一氧化二氮和空气的混合物——分娩中的女性所熟知的"麻醉混合气"。它强行把我分成了两半。我的一部分从身体里升起，向下俯视，看着身体流汗、尖叫，看着护士试图让我的肩膀缓缓合入关节。"我"能看见变形的肩部，我秃顶上的雀斑，还有护士整洁的发缝。身体在疼痛。而真正的"我"——正在注视的那部分——却不疼。它知道身体在疼痛，并为此觉得遗憾，希望这种痛苦能停止——但这情绪相当疏远，就像人们对莫桑比克的飓风觉得遗憾一样。就我所知，超凡的"我"拥有"我"的所有显著属性。它对躯体的呻吟感到尴尬，并为这位护士感到抱歉，因为他马上就要下班了，却被这样的病例拖住了脚步。它想念家人，想知道女儿的感冒是不是好点了，也想知道母亲那天晚上有没有睡上一会儿。它虽然没有身体，但依然有食欲，想走上一座小山去喝粥。然后护士扳得太狠了，躯体尖叫着往前倒去，管子从嘴里掉了出来，于是我和我的身体又慢慢地重合了。

使用医用阿片制剂（opiates）也会出现类似状况，只是没有那么戏剧性。我曾在悬崖上和海里因为粉碎性骨折服用过大剂量阿片。它们没有让"我"像轻烟一样升起：它留在身体内。但它的关注点与身体的不一样。它也不太"注意"（多夸张的一个词）神经元的尖叫，尽管它听得很清楚。吗啡会阻断你的思维。[7] 当我们把砖头丢到脚上时，我们往自己的血液中注射的内源性阿片物质也会阻断思维。如果训练得当，思维本身——随便它叫什么——就能阻止你去思考。

我在牛津一家医院度过了一个有趣的夜晚,但它与人类意识的发端有什么关系?只有一个关系:它表明无论我是什么,我都可以用我们无法理解的方式移动。如果我能在医院里盘旋于护士的头顶,也许我也能穿过墙壁,看穿墙壁,从火化中幸存,用猎户座的星辰腰带系住我的裤子,或者更乏味地,控制住一只驼鹿的身体。

想想旧石器时代晚期的欧洲洞穴壁画。画上大都是动物,而且许多都画得令人惊艳。艺术家们知道野牛如何站立,鹿恐慌时如何向后仰头,以及野牛被剖腹时肠子如何展开。这些艺术家都是杰出的自然主义者,但这些壁画可不是简单的动物集合。在这些自然主义动物中奔跑着一些怪物:兽人(半人半兽的混合体),以及由不同动物的身体部分组合而成的怪兽。艺术家们利用岩石的自然特性使他们的动物栩栩如生。岩石上的一处突起变成了一个头或一块肌肉。你会不可避免地觉得这些动物是从墙那侧的一个世界挤进洞穴里来的。

这些动物从不以在地面上奔跑的样子出现。事实上,除了洞穴墙壁本身,它们从来没有任何真正的空间背景。你永远不会看到它们背后有山川或树木,或涉水而过。它们似乎是漂浮着的。

墙上还有其他的东西:成排的波纹和锯齿形线条、棋盘图案、阶梯、网状和蜂巢状图案,还有圆点——它们通常都叠加在这些费了好大的劲画成的动物图像上。它们是旧石器时代晚期的小流氓乱涂乱画的吗?如果是的话,随着旧石器时代晚期的消逝,这些小流氓就变得更加大胆或忙碌了。到了马格德林时期(约12 000到

17 000 年前），这些图案随处可见。

这一时期的绘画在非洲也很常见——事实上直到十九世纪，那里的人还在这样画——不过非洲的这些画往往是在开阔但有掩体的岩面上发现的，而不是在洞穴深处。在非洲，人物形象要更为常见：几乎和动物形象一样多。人物形象在欧洲壁画中则非常罕见。

非洲的这些人形图案是大师之作，它们通常被怪诞地拉长，并经常弯腰或把手臂放在背后，有些人形还有明显勃起的阴茎。有时它们被矛或箭刺穿，有时有东西从它们的鼻孔里喷出来，有时它们用绳子拉动物。兽人和怪兽无处不在，几何图案也无处不在。

这是为什么呢？主流观点有四种。第一种是"不知道"，人们通常觉得这个答案非常认真。第二种是"为艺术而艺术"，这显然是胡扯。许多欧洲壁画都位于非常难以抵达的地方，有些位置甚至很危险。最著名的例子是位于法国西南部拉斯科的"亡者竖井"。你得从岩石的一道窄缝中挤进去，然后还得垂直下降 5 米来到一处岩架上。（试着在黑暗里，或者拿着一支浸透野牛腰油的火把干这事。）只有这样，你才能看到一个有四根手指的鸟头人，它即将被一头垂死的野牛顶伤。这不是适合做画廊的地方，它也不是画廊。另外，"纯艺术"的概念也无法解释几何图案的存在或性质，更不用说它们与图像的并置。而且，哪怕有许多未被使用的墙面，许多图像却是直接画在早期图像上面的，这个事实也和此观点相互矛盾。

第三种理论是"狩猎巫术"，它曾经很流行，但它对几何图案的解释并不比"纯艺术"论更好。它也不能解释画面为何缺乏投射物。如果绘画的目的是朝被猎杀的动物施加某种咒语,以确保狩猎成功,我们应该会看到许多动物被扎满矛或箭。但很少有这样的图案——只有3%到4%。我们对当时重要的猎物种类也有大致的了解,它们并不是洞穴壁画上最常见的。

南非考古学家戴维·刘易斯–威廉斯(David Lewis-Williams)可能偶然发现了一部分真实的故事。[8] 他提出了第四种理论。和我们一样,他也想知道非洲南部的岩画是怎么回事。后来,他读到十九世纪七十年代对布须曼人(Bushmen)的采访记录,事情便逐步明朗了。布须曼人说,这些绘画和雕刻是由"充满超自然力量"的人创作的,也就是萨满。在可能长达24小时断水断食的幻境舞蹈[1]后,萨满们踏上了他们的灵魂之旅。有时候,他们鼻子里的细小血管会因脱水而变得脆弱并破裂——因此图像中出现了流鼻血的状况。萨满在幻境舞蹈中采用俯身的姿势。兽人描绘的是为了在灵魂世界里旅行须得占用或舍弃动物形态的萨满,许多其他的图形显示的是他们在那个世界所看到的东西。这些岩画其实是**旅行书籍**。

这些几何图案可能是普遍存在的"内视"现象,与意识的许多变化状态相关。它们是你进入另一种意识状态时看见的,无论有无精神药物的辅助。我们在濒死时刻很有可能都会看见这些东西。意

---

[1] 幻境舞蹈是一种仪式舞,舞者在舞中动作不能自主,呈现恍惚或神迷状态。——译者注

识状态的这种改变通常与身体的正常边界被改变这一感觉有关——因此出现了被拉长的图形。你是否在进入或离开一个梦境时感到自己奇异地变大或变小？还有勃起？在萨满出神之际，当接近狂喜的顶点时，阴茎便会立起。萨满们说，进入一个女人就等于进入另一个世界，而不敏锐的男性身体并不能清晰地区分是进入了阴道，还是占据了角马的身体。

世界上许多地方都有被刺穿的人像，这展示了萨满的业务范围。[9] 米尔恰·伊利亚德[1] 和简·哈利法克斯[2] 编撰了一些可怖的目录，记载了萨满承受的严酷考验——特别是在他们接受启蒙的时候。成为萨满不是一件易事。启蒙并非发生在夏季节日帐篷里的几小时中，无论鼓声多么震天，苹果酒多么熏人，普通的裤子里有多少大麻。在进入灵魂世界的初始幻境旅程中，学徒萨满通常会经历折磨、肢解和死亡。接着，她破碎的身体会经历重建，再生于现世的肉体中。她再也不会和以前一样了。因为另一个世界是她新的出生之地，她有权住在灵魂的居所里。她拥有双重国籍，因此可以为她身处俗世但受灵魂影响的客户代理交易。她可以把东西从灵魂世

---

[1] 米尔恰·伊利亚德（Mircea Eliade，1907—1986），著名宗教史家，著有《宗教思想史》（*Histoire des croyances et des idées religieuses*）、《神圣与世俗》（*Das Heilige und das Profane*）、《萨满教：古老的入迷术》（*Shamanism: Archaic Techniques of Ecstasy*）、《神圣的存在：比较宗教的范型》（*Comparative Religion: Patterns in Comparative Religion*）等。——编者注

[2] 简·哈利法克斯（Joan Halifax，1942—），医疗人类学家，著有《萨满之声：梦幻故事概览》（*Shamanic Voices: A Survey of Visionary Narratives*）等。——编者注

界带回来——比如那些绳子上的动物。

人类象征符、宗教等事物向世界大声宣告"**我是**",而能够证明它们出现的最早的真实证据,正是与这些萨满旅行的证据同时出现的。这表明——然而无法证实——精神之旅本身就是意识的**起因**。[10]这不是自我辩白的瘾君子的疯狂理论:它在考古学界占有重要的地位。X 脑袋里的声音在催促他去旅行。为了找到自己或创造自己,他必须从洞壁的另一侧回望自己的身体,也许那时他的太阳穴上会长出鹿角。要想进入自己的头脑,他就必须离开自己的头脑。

对于正在冬季树林里瑟瑟发抖的我来说,这听起来似乎很合理。旅行能开阔思维:灵魂之旅或许改变了思维,或创造了思维,或把它从受困的物质外壳中解放了出来。也许这是一个离你自己够远就能看清自己的问题。在麻醉气体的作用下,我离开我的身体,升到大约 6 英尺外——这足以使我相信,我的"我"有一个超出我想象的结构:它由不同的部分组成,当我健康活着且没有药物干涉时,这些部分紧密纠缠在一起,以至于我们把它们视为一体,但它们是可以被强行分开的。如果 6 英尺的距离尚能如此,那么对于一个从未有过"我"之概念,并且追赶驯鹿的脚程也从未超出 5 天的生物来说,从一个截然不同的世界看自己会产生什么效果呢?如果你乘飞机从自己的房顶上飞过,你俯瞰下方,指着一个几乎认不出来的小盒子说"瞧!那是我的房子!",那么,从另一个世界看到的景象难道不会让人着迷地感叹一句"瞧!这是我!"吗?

我们今晚睡不着。"你还醒着吗？"我每隔几分钟就无缘无故地问汤姆。"是的。"他总是漫不经心地回答。

我这一侧庇护所的黑暗膨胀着，搏动着，挤压着我们。树木在压力下呻吟，它们不是黑暗的一部分，但和我们一样被困在黑暗中。乌鸦在晚上通常是安静的，但在矿山巷道旁一棵高大的桦树那边，有一只乌鸦喋喋不休：它在随着每一次呼吸说话，就像一个恶魔的节拍器。几个小时后，它突然停下了，好像有什么东西扼住了喉咙。黑暗也停止了搏动。它需要乌鸦的呼吸来维持自己。

白日缓慢且勉强地到来了。我们能听到人们正前往曼彻斯特去提高国民生产总值。

即使是现在这样的隆冬时节，高沼地上仍有蔷薇果、老山楂果、成群的田鸫和红翼鸫，我们目力所及的山谷里还有乌鸦和秃鹰在捕食。乌鸦的叫声在空谷传响。我们营地上方田野里的羊一定是被它们挖了眼睛。一只兔子发出了如轮胎急转弯般的尖啸，白鼬会从它的颈静脉处放光它的血，它会变得干瘪。

为了搭建庇护所的屋顶，我们收集了一切能收集的东西。没有多少材料，只有一些老欧洲蕨，还有去年夏天为了给绵羊驱蝇从它们身上剪下的成堆的劣质羊毛。尽管很不真实，但我们用防水布做了屋顶。（我们其实应该杀一两只鹿，把它们的皮缝在一起。）旧石器时代晚期任何头脑正常的人都不会对它嗤之以鼻。

汤姆是个纯粹主义者，这事让他很生气。他只会用燧石刀来切割，而且宁可挨饿也不愿意吃馅饼。他自己制作石器，[11]在诺福克的一个花园里敲敲打打，我认为他的纯粹主义部分来自每个孩子看到自己所做的事情能打开世界大门时的惊喜。他是一个原教旨主义者，狂热地沉醉于令人兴奋的能动性。

狐狸的身体在他面前敞开。他压得太用力，以至于它的肠子翻了出来。现在他更加小心翼翼了，在燧石刀切入狐狸的皮肤之前，他会先把皮肤提起来，切口上至喉咙，下至腿部。狐狸的胸口上，被车撞的地方有一块瘀伤，皮肤下的血液就像覆盆子果酱。汤姆把它吊在一棵树上，用一根棍子戳入它的一条腿筋，剥掉了剩下的皮。有的地方刮刮作响，有的地方像奶油波浪一样翻滚下来。他把狐狸的皮从头到脚翻了过来，我们透过狐狸的眼洞看到了树林。X会像穿套头衫一样把它披到自己头上，然后透过它的眼洞看着月亮入眠。

汤姆在地上擦了擦燧石刀，然后退后看了看尸体。即便是现在，它看起来也比最健康的家犬更有活力。"多好的结构！"汤姆钦佩地说。没有哪个狩猎采集者会这么说话。

他转头对付兔子。剖第二只时他已经轻车熟路了。他知道该切哪里才能让关节爆开。关节表面像曾经灵活的眼睛一样闪闪发亮。当兔子头上的皮被剥掉，眼睛没有了眼睑时，人们就很难对这动物产生感情了。

我帮汤姆处理了其中一只兔子。用自己制作的刀具切割感觉更干净。你要为这些刀口负责，无论事情有多糟糕，承认这是自己做的会更好。用刀杀戮比用枪更干净，因为你不能虚伪地以距离的缓冲为借口。你看着这只动物,决定杀死它,然后把刀扎进去,它便死了,因为你。如果你扣动的是扳机,你可以对自己说,这动物的死是大量工程的结果。被告席上有你的共同被告:枪械工人和枪支经销商,军火制造商和给你发放杀戮执照的警员,他们稀释了你自己的罪责。就连失手的可能性都能帮助你设法逃脱指责。但如果你把刀扎进去,那么把刀扎进去的就是你,就是这样。

我们用山楂树枝生了一堆火,用兔子做早餐。它们很瘦,没有脂肪,所以我们把兔子烤了,却只能啃炭。一人一只。不需要谁来告诉我们不要吃狐狸。我不确定那是为什么。但如果 X 杀死了一位猎手,他的生命将被剥夺。[12]

他们在旧石器时代晚期的德比郡可能也吃兔子,但最后一次冰期使兔子灭绝了,我们现在吃的这些兔子是罗马人引进的动物的后代。[13]

汤姆说:"它们尝起来确实很老了。"

它们非常老。和其他一切由星尘组成的事物一样。过去无处不在:安顿在我们的基因、蛋白质、骨骼和算法中。我们呼吸着过去。挑灯写下上一句话时,我吸入的空气里混杂着 X 呼出的最后一口气。弯腰嗅闻泥土时,我闻到了横亘过往 5 亿年的一个瞬间。所有这些年岁,一年叠着一年,一月挤着一月,被打包送进我的鼻子里。这一瞬间,我栖息在数百万年的压缩岁月里。如果我能捋顺这些年岁,我就能嗅到新生代一处环礁诞生时的硫黄味、一头翼手龙的口臭、一支罗马军团的脚气、一个澳大利亚洞穴探索者鞋底的马来西亚橡胶味、上个月酒吧里礼物套餐的味道,以及一小时前一只乌鸫的恐慌。

有时我觉得我看到了 X。谷仓边上有时会站着一个身影。我只在余光里看到过他,只要我一转过身,他就跳进了石头里。有时还有个小点的身影跟着他,那一定是他儿子。我转身后他会多待一会儿,好像想跟我交朋友。我们来这里是要得到他们的帮助,但看上去这个男孩需要我们的某种帮助。

在旧石器时代晚期,这里的人类在欧洲上上下下,来来回回地折腾,紧随着冰原后缘或赶在冰原前方,追逐春天。冰融化时,他们便搬到化冻回春的地方。大地冻结时,他们便去往任一青草还在生长和鲜花依然盛开的地方。有一些人嘲笑那些返回南方去享受生活的人,他们可能留在冰原上,脸上起疱,眼睛疼痛,靠骄傲和崩断牙齿的干肉条生活。他们舍弃舒适和饱腹,换取了一种优越感和快活的雪地追踪生活。我知道他们是哪种人。

这个山谷有时被冰川覆盖。有时没有。但不管有没有,对那些渐渐进化成我们的人而言,我们的庇护所不失为一个合理的冬季基地——只不过,有一个洞穴,或至少在我们背后有一堵石墙会更好。他们的行动是由动物决定的,迁徙的驯鹿会用蹄子踩花山谷底部的小路——而在如今的公共假期,这条小路上会有成群结队的背包客挎着荧光色的腰包,咯咯笑着走过。如果风向朝着它们的鼻子或屁股,蹲在我们防潮布上的人类气味虽不会触及它们,但一支带燧石尖的矛却可以。如果风向偏往一侧,情况就会复杂一些。即使风正面吹到猎人的脸上,它也可能像弹球机里的球一样,沿着树木或山谷的另一侧反弹回来。气味在山谷中飘荡。我在这里花了很长时间想绘制风的漩涡。在山谷中,你只有一次投掷或射击的机会。错过了,你就要挨饿,就不得不跟在兽群屁股后面。

他们就是这么做的。驯鹿有自己的路线,而这些路线也成了猎人的路线。驯鹿在一个季节里可能会跑上几百英里,猎人紧随其后。驯鹿休息时,猎人也休息。驯鹿迁移时,猎人就打包行李,推倒帐篷。这就像一场婚姻——一场郑重其事的、不离不弃的婚姻,双方相互尊重的程度超出我所知道的大多数婚姻。

猎人的关联对象不只有驯鹿:还有他们与驯鹿踏足或躺过的每一片土地,搏动着信息流的每一口空气,以及与他们签定了一份关于毁灭和欢愉之义务的庄严且令人战栗的合同的所有生灵。所有生灵意味着**一切事物**。因为一旦猎人发现他们自己有灵魂,他们就会发现其他的一切都有灵魂。这一发现决定了人类思想的全貌,直到大约 400 年前都是如此。这造成了一个屡见不鲜的严重问题:既然人类必须吃饭,而一切事物(包括植物)都有灵魂,这就意味着人类的每一口食物都是某种拥有灵魂的生物。[14] 这个问题通过礼仪、祭奠、祈祷和致歉等规则得到了解决,或至少得到了缓解。而这些规则构成了道德生活的支柱,并最终成为宗教生活的支柱。我们现在不再看到这个问题,便认为这些规则是多余的。

我们很容易将狩猎采集者的生活浪漫化（就像我刚刚做的那样），但不可能高估他们世界的**本质的**意义：充满效用与动机，有沉甸甸的道德的重量与随之而来的责任，闪烁着可能性，从最初起就被笼罩在一个包罗万象的故事中。

"给我讲个故事吧，爸爸。"汤姆请求道。

我却没有故事可讲。

今日的德比郡已经没有驯鹿了。行为现代性的人类把它们吃光了，然后转向绵羊，以及体形小而温顺的原牛——它们后来被称为奶牛。有一次，我花了一个夏天，沿着我认为驯鹿经过峰区时一定会走的路线前进：沿着谷底，越过山肩和分水岭；穿过石楠丛、欧洲蕨和足球场；涉水过河，沿碎石坡蜿蜒而上，艰难地沿路跋涉；踢瓶子，咒骂汽车，捡起碎裂的蝴蝶。这个过程没有告诉我太多关于驯鹿的事，但它教会了我如何哀悼失去的东西——这在不久后便会派上用场。

既然没有驯鹿可以追踪，而狍子在寒冬里又只待在离村子菜园太近的地方，我们就转而追踪兔子、喜鹊和知更鸟。它们也有巡回路线。

然而没有兔子、喜鹊或知更鸟这类东西。这里只有个体。

有一只眼睛黏糊糊的大雄兔，鼻子上有一道疤，他不喜欢早上起床，而且总是傲慢地看着年纪更小的生物，好像兴致勃勃是不负责任的。我看着他在中午大摇大摆地出去，嗅嗅湿重的空气，对这个宇宙表示嫌恶，然后又回去睡觉了。我在他的洞口对面的老荨麻丛里待了五个小时，最后我的脖子成了土鳖虫的一块领地。这个坏脾气老头五点钟出来，跳入了黑暗里。十一点整我准时听到扒拉声的时候，他回头看到我，被火把激怒了，卖弄般地吃了一些自己的粪便，以示他有多么放松，然后钻回了地洞里。

还有一只尾巴上有块白斑的喜鹊，她属于一个古老又凶猛的家族，来自树林中那棵最高的黑刺李树顶上的一个巢屋。她比她的兄弟姐妹温柔，并为它们感到羞愧。当一只绵羊因为受袭而被激怒时，她会旁观，她咯咯的鸣叫就像软石相击发出的声音。她起得比其他喜鹊早，她观望我们，比起散落在地的食物残渣，她对我们更感兴趣。

她是一只鸟，所以她有两侧世界。来自左眼的视觉信息并不与来自右眼的数据流整合。当她的左脑在看橄榄球比赛时，她的右脑可以阅读但丁。她移动她的头——嘀嗒，嘀嗒——这样她的两个部分都能接收我们。就好像她的整个儿都想了解我们——因为尽管她的大脑是分裂的，但显然还是有一个**她**，拥有欲望、偏好、计划和恐惧。这是极大的慰藉。其他喜鹊和我们在一起的时候是不会嘀嗒转头的。他们有左侧或右侧就够用了。

她在我们的营地开启并结束她的一天。当我们从油布下蹒跚走出，蹲在荨麻丛里，啃着兔子骨头，用小树枝刷着牙时，她就在我们旁边的墙上，发表她的意见。当山头吞没最后一缕微弱的阳光时，她又站在了墙上，嘀嗒嘀嗒，看着我们安全地升起火来才离开。但在其他方面，她都独立自主，有非常固定的日程安排。先是田野谷仓——"幽灵谷仓"，全家人都在这里时，我会给孩子们讲鬼故事。有时那里会有一只野猫留下的田鼠或鼩鼱。她满怀歉意地扯着它，就好像自己是一个因聚会上缺少素食而感到尴尬的素食者，然后她捏着鼻子一口把它塞下去。接着她就到村顶的田野里去，那儿每年都有奶牛死于铅中毒，她在一片片裸露的土地上仔细翻找（獾在那里搜寻过蠕虫和蛞蝓）；然后到山谷里去找些浆果和徒步游客的三明治；接着是山脊上的高树，她要站在枝上晃一晃，看看远景；之后是我们树林中央，她飞上一棵其他喜鹊看不上的树，打个盹儿，也许还能找到一只垂死的松鼠；然后她又去了公路上，那里可能会有一只被压扁的獾，但肯定会有足够多被碾碎的野鸡；接着她回到我们这里，为了转转头，道声晚安。

也有一只知更鸟。他蓬头垢面，在传承DNA的战斗中，他表现得最糟糕。他失去了一只眼睛，我怀疑这是否意味着他的世界的右侧对他来说不存在。

他的活动区域非常有限。他不出树林。有时在早上，他会栖息在离喜鹊只有几英尺远的地方，不遗余力地看着我们，用他那细长的老腿短促地上下抽动，然后静止，只有某些恶意蓄力的生物才会有这样的静止。等到喜鹊离开后，他会停留一会儿，略微放松一些。接着，你能看出他渐渐下了决心，他点点头，扑扇着翅膀离开，去寻找可以猎杀的东西。他很容易被追踪。他几乎是在点头示意，停下来让我们更容易跟上他。他在树林里绕上一圈再回到我们的篝火边，行程描绘出一个近乎完美的五角星形。

这些动物教我们了解树林和山谷，就像旧石器时代晚期的祖先通过驯鹿，了解此地方圆几百平方英里内的德比郡中部的土地一样，也像我的孩子们教我了解整个世界一样。

不过我的主要导师是只野兔。在旧石器时代晚期，这里可能没有野兔。那时或之前，在英国都没有发现它们的踪迹。它们可能是随罗马人一起来的。但它们熟知此地以南的旧石器时代晚期的欧洲世界：当意识如云般沉降，或从地面蒸腾而起时，它们在德国的一片树林空地上用棕色和黄色的眼睛观望着。虽然德比郡的第一批人类也许不认识它们，但是当我看着一只野兔的眼睛时，我的感觉一定和那些人看着一只驯鹿的眼睛时感觉到的一样。换句话说，我感到饥饿（我想吃它）和恐惧（因为杀死一只野兔或驯鹿不是件小事）。

这几天我们只吃了腐坏的馅饼、路毙动物和煮熟的蔷薇果。我感到空洞又憔悴，尽管我在水坑中看到的是双下巴、摇摇晃晃，并且非常现代的自己。汤姆做得更好。他不受我的很多设想的约束，其中一个设想就是我们应该按时吃饭。他现在很苗条，不需要做什么调整，但他的储备也少，当他突然说他饿了的时候，这话是认真的。而现在，在这冬天里，这话意味着我们必须杀戮。

这只野兔，就像上述那只兔子和那些鸟一样，有自己的日夜循环路线。去年夏天我们第一次见到她（我按照猎兔人的惯例，把所有的野兔都叫作"她"），就在我们目前的庇护所上方的田地里，有一口矿井坍塌，形成了一片洼地。这片洼地留住了露水和热量，风会从它上面吹过，甚至在冬天里都能看到柔软而宽阔的草叶。令人意外的是她竟然会离开。如果不是因为狐狸和交配的需求，她可能不会离开。不过如果中国人的说法是对的——雌兔会因为照在背上的月光而怀孕——那她甚至可能也不需要为此离开。[15] 我们第一次看到她时，她在月光下伸展着身躯，淫荡地叉开了后腿。

但她的确离开了——她在高地的羊群中嚼着草，沿着墙头蹦跳。她总是沿顺时针走。如果我挡了她的路，她就会向上方或下方直线跑开，接着再继续她的循环路线。包括死亡的威胁在内，什么也不能让她逆时针走。她甚至从不走进树林的阴暗处。我跟踪了她几个晚上，花几天时间观察她的耳朵，学着喜爱她，而后决定杀了她。

我不想杀她，而由于我不想，我就觉得我杀了她在道义上也是正当的。我之前杀过一只兔子。我躺在萨默塞特平原一片萝卜田中被水淹没的犁沟里，在她蹦蹦跳跳向我走来时，我朝她的脸开了一枪。我不只觉得内疚，我还觉得不安全。有好几个月我都在小心提防。现在我打算再次磨刀相向。

这一次我想要感到难过。我们在这里太随意了。我们知道自己随时可以离开。道路上的隆隆声使我们的实验显得荒唐可笑。但有一种方法肯定能让我们觉得自己是树林的一部分，是它真实故事的一部分，并且应对它负责，这方法就是杀戮。除非我们是树林的一员，否则它不会**允许**我们杀戮。杀戮需要有悔悟的行为。这不是什么陀思妥耶夫斯基式的想知道杀戮是何种感觉的变态渴望。我很清楚那种感觉，并且憎恶它。野兔不会因为这本书而死，它会死，是因为汤姆和我还有它都是此处的一部分，因为我很饿，因为野兔总归迟早都会被吃掉，就像我一样。

我们做了周全的计划。这只野兔会在外面活动到黎明。她会从洼地的西边进来：草丛间有一条明显的印迹。另一边有一丛抽芽的山楂树。两个人可以舒服地在树枝间坐上几小时，而野兔要躺进她的钟爱之处，就必须经过我们下方。她总是走得又慢又谨慎，担心着狐狸。我们的气味不会沿着树滴落到她身上，往她头上扔一块石头却容易得很，如果还不够的话可以再投一根木棍。

我们完整地排练过了。我们每人都拿一块石头，之后我们会坐在不同的树枝上。这就覆盖了所有可能的路径。汤姆已经用木棍练习了几小时，他是个杀手。他准确无误地击中了 20 码[1]外的一个小目标，而如果从树上扔，他的投掷距离不必超出 5 码。我们不可能失手，我们已经在计划怎么处理尸体了。

我们的行为缺乏真实性，汤姆对这一点很受不了，他认为野兔能帮我们纠正错误。从一开始，他就说我们不应该穿现代的衣服，他还想把兽皮缝在一起。我拒绝了，说那是演戏：这不是对旧石器时代晚期人类进行有形的模仿，而是要进入他们的精神和灵魂世界。

---

[1] 码是英美制长度单位，1 码等于 0.9144 米。——编者注

"可你总是说你身体上发生的变化会影响其他一切，爸爸，"汤姆当时的反驳令人吃惊，"我听你没完没了地谈论身心灵的统一，如果那不是指我们应该穿兽皮裤的话，我就不知道那是什么意思了。"而我还以为他在餐桌上只是在幻想他的自行车。

我当然答不上来，于是我自然就给了他一个冗长的、复杂的、浮夸的回答，然后我们就出发前往德比郡，身上裹着羊毛和尼龙。但野兔即将死亡的事再次引发了争论，我们统一了意见，要把它的皮做成一个觅食袋，或给汤姆做上衣后背，它的股骨做成长笛，风干的肠子存起来做防风衣（灵感来自因纽特人用海豹肠子做的衣服），耳朵（最后会被我们磨坏）做刷子，眼睛做弹珠，肩胛骨做成刀，肋骨制成针和牙签，膀胱制成玩偶钱包，脚制成护身符，头骨戳在庇护所外的一根杆子上——我们俩都解释不清这是为什么，脊椎用荨麻纤维串成项链，肌腱制成火弓的弦，脑子用来鞣制它自己的皮，臀和肩烤了吃，肝、肾和胰腺炒了吃，肺部做成饵用来钓小龙虾，身体煮汤，粪便用来给一块地施肥，好让它在春天给我们开花，夏天长出可食用的种子。

只有在丝毫没有浪费的情况下，这种死亡才可以被原谅。确凿无疑的是，任何浪费都会招致报应。我们不知道它意味着断腿、不寐、腹泻还是闹鬼，但我们知道这惩罚将是严重、即时且持久的。

指定行刑的那天下雨了。我们在树上凄惨地发着抖，像两只湿漉漉的老乌鸦般坚持着。我很高兴。我们将要做一件可怕的事，惬意地杀戮是一种亵渎。

在这出宇宙大戏中,野兔优美地出场了。她果然走近了这棵树,如画一般,在新月的照耀下闪闪发光。她在洼地的边缘停下来,抬起头,用鼻子检查了一下空气,然后慢慢地朝我们走来。

她就在我正下方。我不会失手的。我扔下石头。我失手了。

野兔被身边砰的撞击声弄糊涂了,往前跑去。她到了汤姆的正下方。他不会失手的。他扔下石头。他失手了。

她闪电般地跑回洼地边,顿了顿,想弄清楚到底是怎么回事。没有狐狸、秃鹰或猫头鹰从天上扔东西。她离我们只有几英尺远。没有树枝挡住我们投掷的木棍。我们举起手臂,扔了出去。我们不会失手的。我们失手了。她逃进了田野。

X大笑起来。

我狠狠松了一口气。我们没有准备好。我是指仪式层面。我能感觉到X有严格的礼节———种他从野地里学到的礼节。死亡要遵守祭司的法典。我们隐约感觉到树林和野兔都在这法典的管辖范围内,但它的编排显然是复杂且生死攸关的。错漏或敷衍任何一个步骤都是危险的。

那天晚上,我们第一次无视饥饿睡得很好,或许就是因为饥饿:因为树林现在是我们的家了。我们的失败意味着我们是其中的一部分,受它看守,服从它的规则。如果我们是现代殖民者(比如我),在车道尽头拿着上好油的猎枪下了车,那我们就已经杀了野兔,在火边愉快地吃了她的臀肉(配上一支美味的红葡萄酒,它肯定是被放在一个 4×4 的食篮里,由一个妻奴呈上来),还把剩下的肉挂在树篱上,觉得自己特别有男子气概,与自然和谐一体,造诣登峰造极。

我们能逃脱树林的惩罚吗?不能。那只野兔愤怒的灵魂会强烈要求正义和安宁,她会跳到皮革的乘客座位上,会在设备齐全的厨房里来回踱步,(尤其)会在卧室的长毛绒地毯上走来走去,直到它做完一切必要的事情。我们甚至可能都不会意识到我们已经被审讯,被判决,并且被执行了判决。这种无知只会让判决加倍严厉。对树林守则的无知是一个已经严重恶化的特征。

我们试着学习仪式,它是正确做事的方法,这方法能让我们避免冒犯此处苛刻、守序、复仇心切的守护者。所有的一切都很重要。我们看着雨落在一片叶子上,汇入石块下的水迹,然后我们又望向叶子,观看下一滴雨。我们试着以大黄蜂的视觉分辨率去了解雄蕊,用堤岸田鼠的嗅觉去了解蜗牛黏液,用鹬冷漠的眼睛去了解树梢上飘舞的叶片。我们看到岩石上地衣的图案,然后对自己大喊:"这可不像新西兰地图。也不像飞机。它甚至不像一个大胡子男人,或一头狼。它就是它本身的模样。"我们禁止自己说话时使用明喻,因为如果我们正确地看待事物,任何事物都和其他事物完全不一样。在这种自我克制之下,隐喻就自相矛盾地如野火丛生。事物并不与其他事物相像。但它们可以是其他事物。树在风中并不像狮子一样咆哮,但它可以是狮子。

我们恪守树林的时辰，遵循它的心境。当它发怒时，我们朝天空挥舞拳头。当它阴郁时，我们就坐在树桩上，愠怒地望向不远处。当它伤心时，我们安抚它，也要它安抚我们。这是神人同形同性论吗？肯定绝对不是（不过神人同形同性论是一种被严重低估了的实验方法）。我们并没有在以自己的形象映射森林；也就是把我们自己投射在森林上。是它在映射我们。如果我们听之任之，它会做得很彻底，它会磨掉我们的做作，唤醒我们，融化我们自身各部分之间以及我们和其他事物之间的分歧；它会开拓我们，培育我们；会让我们变得环保又有趣；给我们起更好的新名字。但我们不会听之任之。我的胃消受不起如此代价高昂的治疗，而且州政府说，汤姆迟早得返回学校。

有一条肮脏的水沟从地下爬出来，想变成一条小溪。我们坐在沟边，把脚搁在沟里，以此满足它的野心，它对此应付自如，还唱起歌来。

我们知道，树木们都由一个巨大、稠密又敏感的真菌菌丝丛连接在一起。它使森林成为一个有机整体。只要踩到一部分，就是踩了所有部分。践踏一部分，就是虐待所有部分。

我们尽量轻轻地走。当我们的行为报告在树与树之间传递时，我们感觉不到脚下的菌丝在嘶嘶作响，但我们可以从树叶和树皮上察觉到报告说了什么，并因为羞愧而开始守礼。

我们试着减缓至树木的节奏，又加速到跟上鹪鹩心跳的速度，因为这个森林里有许多平行时区，如果我们能自如地在所有时区穿行,那我们也许能尝到时间本身的味道,或者完全逃逸出时间——这两者是一回事。我们试着在脑海中让鸟鸣声慢下来,以便在满耳杂音中听出加密过的悲伤曲调。

汤姆觉得,当我们躺在庇护所时,他能听到头部下方小型哺乳动物的呼吸。我不怀疑这一点。但是当我称赞他的敏感时,他否认了。"别傻了。没人能听到这些。"

"但你说过……"

"我是开玩笑的。"

不,他不是开玩笑。

我们看云,看火,看昆虫腿上闪着金属光泽的关节,看鸟类内脏的布局,看一片叶子在树顶上摇动而树的其余部分都静止,看某片叶子边缘去年夏天被毛虫在它自己被吃掉前咬的那一口,看一颗忘记掉落的种子,看被汤姆的光脚踩进地里的另一颗种子。

我们提醒自己,我们有从未用过的鼻子,气味总是在不知不觉中涌进来,而我们的气味总是倾泻而出。我们注意到寒冷本身的气味,这是一种基础气味,就如蓝色是一种无法被继续分解的原色一样。我们也注意到进入我们鼻子的还有伴随冬天庄严降临的其扈从的气味:蜗牛柑橘味的黏液,我们自己的屎,羊毛脂,虫洞里的霉菌,发酸的哀丧的空气中那些不同的、更有尘土味的霉菌,还有苍白的阳光照射下的风中的海藻。

不过,森林还没有反响,我父亲倒是来了。这并不意味着我们未能学会仪式,这意味着我们学得很快。

我父亲与此处有感情。我们住得不远，他只要有机会就在森林里踱来踱去，用老式手写体给我写非常正式的信，描述他去了哪里。当我有考试的时候，他会给我寄几袋辟邪的树叶、细枝和球果。我会把它们放在我的考桌上。我们想当然地认为（尽管我们从未找到合适的语言就此相互交流），这片土地上有某种智慧，它流淌在树叶间，流入我的笔下。我还留着这样一袋，它现在就在我的书桌上。

在几百英里外的一个市政焚化炉里，我们焚烧了他，就像焚烧我的母亲一样，燃料是来自阿拉伯半岛地下某处的古代海洋动物尸体。我们聘请陌生人穿上黑色西装，摆出肃穆的表情，开一辆锃亮的汽车载他从一个焦渣石车库出发。这辆车有流畅的自动变速器，而他生前快活地旅行时只开过他破旧的路虎。我们还聘请了一位根本不认识他的牧师，让后者根据我们的笔记和飘渺的神学来说一些亲切的话语。

没有什么能像此事一样无情地暴露出我离树林的世界——X 的世界——有多远，哪怕是我的笔记本电脑、我的还原论或我的中央供暖账单也比不上。我现在能看到 X 了，当他看到我们对我爸爸所做的事时，厌恶地摇着头。我们应该脱掉他那套旧的粗花呢西装，列队把他抬到高沼地上的一个平台，把他放下，让乌鸦把他带走。这一带的文明人都是这样做的。或者像他们在几千年后开始定居时所做的那样，把他直接埋在壁炉下面，因为离开壁炉就是离开家庭，这是不可想象的。然后孩子们就会在他的上方，长大和玩耍。

他在这里很快乐。此处是他的一部分。现在他被焚化了，虽然焚化的地点在萨默塞特，但他的一部分确实成了此处的一部分。树木曾在隐喻层面唤起他的灵感。现在，它们从实际层面唤醒了他的灵魂。他的碎片穿过它们的气孔，嵌进了它们的细胞壁。

但他从前常常忘记自己是此处的一部分。他连续看好几个月的电视，才想起电视让他难受，然后他就会带着一个塑料收集袋再次前往山上，写一封过去那样的信，又露出像我小时候看到的那样的笑容。

虽然他爱这里，爱我和汤姆，虽然他已经穿过了树木气孔的珍珠色门扉，但在这里找到他还是令人意外。也许他是在抗议自动变速器的粗野，或是试图为汤姆的考试指出幸运树叶，或者他只是想和我们一起去露营。又或许他成功地申请到了祭礼导师的职位。这毕竟是旧石器时代晚期死者的典型工作，也许我们死后都会融入旧石器时代晚期，到那时，所有时代的形态都随着我们肉体的消散而消融。无论我爸爸为何会在这里，可以接近他这件事都鼓励了我。这表明事物之间的"墙"正在变薄。如果我们要安全地杀戮，我们就必须分解"墙"：去找野兔，请求砸死她或刺死她，或者把自己变成野兔（这更高级），如此一来砸中她头部的石头就是砸中我们头部的石头，于是我们在道德上便不必受到谴责。

我爸爸是个老师。他从未停止过教学，我怀疑他现在也没有停止。他穿着一件沾满粉笔灰的夹克，手肘上还贴着皮补丁，身上散发着煤焦油肥皂的气味，戴着一条国民信托基金的领带，总是用钢笔写字，还在学校集会上声称，如果有动物尸体可以给他儿子做标本，他会很感激。他回家时车后座上总是放着一堆东西，晚上他会坐在我的标本棚里，给我介绍每一个器官的情况。他对木头很在行——他是一个颇有天赋的木匠及雕刻家——但他忍受不了形而上学。然而他基本上是个典型的爱尔兰人，动不动就哭，而且毫不怀疑山脚下有小精灵。他本应该很早就见过 X，远远早于我们，他应该会和 X 分享旧烟斗，了解后者迄今为止生与死的历史。

我现在明白了，我爸爸偶尔的不自然是编排好的。和 X 一样，他知道既定的世界要求人们以特别的方式接近它：你只有穿着合适，洗净耳后，按规矩走路，才能被接纳。

车里那些动物躯体对他来说有神圣的重要性。毫无疑问，他在它们身上预见到了自己死去的身体。他经常冒着生命危险跑到马路上，就为了捡起一只死獾，以免它被压烂。"把他留在那里有失尊严，"他说，"我已经把他放回花丛里了，他该待在那儿。"那是纯粹的狩猎采集者。我看得出来，他死后可以教授关于事物本质的知识，他现在必然已经了解它们，甚至更加权威。

"爸爸，"汤姆说，"在桤木边上，那两只松鸡在打架的地方，就是你夏天坐着看书的那里，那儿总有煤焦油肥皂的气味。"

"那不奇怪，"我回答道，"那里相当泥泞。实际情况是，所有死去的植物都在厌氧状态下腐烂，产生沼气：硫化氢、甲烷和其他东西。那就是你闻到的气味。"

你能做的只有盯着，嗅着，想着你的爸爸。还记得被刺穿的萨满们艰辛的旅程吗？萨满们从这旅程中满载而归，带回了兽群迁移的相关知识，更具反响的是，他们还带回了不同的视角：对自身的认识，即自我意识。那些旅程痛苦又可怕。自我意识涌入人类历史，可能是源于一次植物致幻剂导致的海啸般的呕吐，任何一位在秘鲁小屋里围着碗作法进行死藤水[1]降神仪式的现代致幻术师都会告诉你，这过程并不舒服。意识的启蒙绝非轻而易举，它不是通过阅读自助书籍，或者一边吃比萨一边谈论上帝就可以得到的。你要么被撕成碎片，要么沿着一条比产道大不了多少的通道爬进地球的肚子。

多年前，我在这附近一个沼泽的泥炭洞里斋戒了几天后，便长出了黑色的翅膀，飞过我自己和沼泽的上空，就像我曾经在医院里盘旋在我自己上方一样——只不过更贴近城市，我滑翔经过水库边的一条道路，呱呱地叫着，吃了一只青蛙，还把自己的喙扎入了一只死了很久的羊的胸膛。

这事把我吓呆了。我不想回去那里，并且发誓我永远不会回去。后来我对真正的萨满教有了足够的了解，因此我认为把我变成乌鸦的这段经历称为通灵是很傲慢的。真正的通灵要可怕多了。我

---

[1] 死藤水由卡皮木和死藤等植物熬制而成，可用作催吐剂和泻药，亚马孙热带雨林中的部落萨满常在仪式中用它作宗教致幻剂。——译者注

对那种轻松愚弄人的萨满通灵毫无兴趣,它让萨满听起来像泰迪熊。然而他们是真正的熊,长着带血的牙。

每次我读到关于萨满教的新知识,都要重申自己的誓言。我才不要跟它有什么关系。然而我现在就在树林里,深信萨满通灵的经历是探究人类起源的关键要素。我震惊地想起,基督教世界的原初神话就是一个被刺穿的萨满的故事,他往返穿梭于此世与其他世界之间,据说承载着伟大的天赋,为人民做出伟大的创举。几天后就会举办一场筵席,以纪念这其中的第一次旅程,村中教堂的优雅钟声有时也会让人想起关于萨满的一切。所以当我们坐火车回家时,我不会再逃避萨满通灵。正相反:我将被投射入一场庆典,它是通灵之旅最清晰的实例之一。不过现在,树林不断地对我提出更多要求:白天挠着我的脸,晚上吸走我身上的热量,悄声低语,表述着威胁或团结:"你是我们的一部分,再进来一点。"

我不是英雄。我搁置了萨满通灵之旅的念头。或者我认为我搁置了。我想我是在强迫自己。

X可能是一位萨满或准萨满。也许这就是他和他儿子在这里的原因。萨满总是游走于边界。他们生活在定居点的边界,将人与荒野联系在一起,他们也处于日常意识的边界,与另一侧的灵魂谈判交易。如果真是如此,X在自己死亡另一侧的此处如此从容就是很自然的。也许他想教男孩如何飞翔,如何学会蒲公英的语言,如何说服驯鹿冲过悬崖,如何以正确的方式迎接他杀害的动物,或是遇见战神时应该采取什么姿态,使用多少致幻蘑菇才能听到狼喉咙的颜色，如何把一个受伤的灵魂从鼻孔里拽出来、包扎完再推回去。不过主要的课程将是地理相关的：穿过星星的路径、死者走过的道路，以及邪恶涌出地面时穿过的裂缝。

我觉得他儿子被吓到了。他宁愿和汤姆一起往池塘里扔石头，或者用棍子玩杂耍。但如果他的父亲还没有捕捉到自我意识，那男孩就应该小心了。这种情形很容易传染。

我们在微弱的阳光下醒来，与我们的哺乳动物和鸟类一起巡逻，在帽子里装满最后一批浆果，乐观地设下荨麻编织的陷阱，用我们带来的燧石敲打出手斧，在公路上搜寻肉类，搜掠道路上的肉，睡觉，并对自己的脚吹毛求疵。

时间以它自己神秘且飘摇的方式流逝。我在家里都不戴手表，并且把电脑上的时钟都隐藏了。当自由如此容易获得时，为什么会有人选择受制于时钟的极权主义呢？汤姆也没有戴手表，他观察着时间奇怪的运行状态，与他观察啄木鸟、兔爪和苍蝇眼睛时一样入迷。

"今天好像是从昨天开始的。"

"那片云静止了一天，然后决定奋起直追。"

"这片树林里的一切都很古老，但它们全都不会变老。如果我们待在这里，不知道我们能不能永生？"

"爸爸，是什么决定一天的结束？是太阳还是星星？哪一个最重要？"

晚上我们呼吸着雾和烟,和羊一起咳嗽。湿木头在火中尖啸。当我们躺下时,我们能听到的只有防水布的拍打声、火焰的嘶嘶声和树木的咆哮声。

我开始认为意识的苏醒并不需要戏剧性的灵魂出窍。你只要常常盯着火看就行了。火把切实的生物变成了象征:它让每个人都变成了会讲故事的隐喻性动物。火使创造者同时成为毁灭者,并展示了这一点。它混淆了物质的分野。它从液体和固体中制造出气体。它吞食木头,休眠,可以被人类的呼吸唤醒。它使空间变得毫无意义。它可以作为黑色真菌球里的一簇细小的黑色火花到处旅行(汤姆和 X 就这样带着它),但同时它也可以填满一座森林。它生来就是一种隐喻。没有哪种政治哲学是不能盯着火焰推导出来的。没有小树枝,原木就烧不起来。小树枝给原木带来毁灭,同时将其神化。

隐喻也可能是恐惧的造物。我们被设计成一种没有蛇却自以为看到蛇的生物,原因很明显:一连串错误的肯定比一次错误的否定要好。一次错误的否定就可能让你完蛋。想象一下,你正穿过灌木丛,在昏暗中返回当晚的营地。你正要把脚踩上一块石头,就看到那里有一条鼓腹巨蝰。于是你设法避开了它。你感恩地喘着气,回头看了看蛇。可那根本不是蛇,只是一截粗大的树根。你肯定会忍不住提醒自己,树根可以和蛇很像,[16] 不是吗?这是个明喻。明喻和暗喻是不一样的,但在蛇和树根的这个例子中,它们的区别并不算很大。那天晚上坐在火堆旁,你是不是很容易就会想到可以用树根来代表蛇呢？象征的革命从此在你的脑海里爆发。它一旦开始，就不可能停止。当然，死板又规整的左脑会抗议。[17]"那只是一截树根，"它会发牢骚，"蛇会咬人，树根不会。它们是完全不同的。"但这种唠唠叨叨的辩护占不了上风——至少，在左脑的"政变"几近完成之前占不了上风。灌木丛里突然充满了故事。灌木丛燃烧起来了，就像很久以后它为摩西所做的那样。事物突然不仅仅是它们看上去的样子了。每个客体都有一片未知领域；一切都有<u>所指</u>——至少是潜在的所指。比起从前，这个世界无限地拓宽，无限地多彩，无限地复杂且无限地相关了起来。

就像所有事情一样，这也始于非洲。至少在 10 万年前，那里就开始使用代赭石了。在南非的布隆伯斯洞穴中，有一块代赭石在 7 万年前就被精心雕刻上了图案。也许我们不应该单单对石头上的人类印迹感到太过兴奋：它不仅具有象征意义，而且具有实用性。（代赭石的开采历史至少有 30 万年，它被用作黏合剂、润滑剂和皮革制备用品。）不过，你至少可以安心地把雕刻过的赭石看作象征之火中的一道微弱火光，这片火焰向北蔓延，直至无处不在，使大脑燃起一片通明。

非洲并没有多少其他的关于这片象征之火的明显迹象。在摩洛哥有距今约 7 万年前的穿孔贝壳，在以色列卡夫泽和斯虎尔的旧石器时代早期墓葬中有距今约 13 万年的陪葬品。毫无疑问，在非洲还有更多发现有待面世，第一批行为上现代的人类是欧洲人这种说法是错误的，但即使考虑到欧洲中心论的偏见，也还是有一些特别的事情发生于大约5万年前的欧洲。它们就如同小火苗般缓缓沿着尼罗河谷蔓延,向东穿过黎凡特,再北上越过安纳托利亚,然后在欧洲撞上了一大片干燥易燃的神经系统灌木丛。如果像某些人那样,想象此时欧洲出现了一场推进象征的基因突变,那就有点异想天开了。更好的假设是,象征的趋势存在着增量积累,当这种积累达到一个人口统计学临界点时——轰!

我们暂时不再试着杀戮。取而代之的是拾荒,这是旧石器时代晚期狩猎采集者的重要生存手段。或者是汤姆的生存手段。从路边草坪里捡的兔子和野鸡的脂肪与骨髓使他容光焕发。他口袋里装着烤腿,蹲在火边,一旁还有吐掉的心脏。

我已经停止进食了。我发现洁净的味道可以像醉酒或性爱的味道一样让人上瘾。我非常渴望第一天禁食之后带来的那种宁静又微光闪烁的清亮,所有的事物都隐隐露出迹象:它可能和外表看起来的不太一样,我们看到的只是表面;如果我们稍微转过头,就会发现连灰色的桦木树干都令孔雀尾显得像苦行僧的袈裟。

禁食三天后,痛苦消失了。我又累又舒服。我不怎么感觉得到寒冷了。汤姆没有禁食,他独自踏上觅食之旅。在一天的大部分时间里,我都静静地躺着,观察,等待一些事情发生。那些闪烁的微光来了。

等待,没有屏幕,没有游戏,没有人,没有娱乐感,这听起来像地狱。但它如此令人兴奋,使我忍不住喘息,并且几乎无法保持安静。我与微光一起颤抖,知道某事即将发生,它会改变一切。

禁食没什么特别或困难的。它很容易。你只要停止往嘴里塞食物就可以。对大多数人来说,在人类历史的大部分时间里,禁食都像排便一样是生活的一部分,对健康来说也必不可少。那些时候,应对空腹的能力要比如今打字或开车的能力有用得多。就像狼一样,我们生来就习惯餍食而后挨饿。规律的饮食是致命的。能经受饥饿的细胞寿命更长。它们有时甚至会**变得更年轻**。[18] 这也许就是微光背后的真相。也许一个越来越年轻的我正在仰望天空。你可以预料到这会产生有趣的感官效果。

因为我没有和汤姆一起吃饭,所以我没有注意到他对食物做了什么(我要对亲爱的社会工作者们说,我有确保他获得足够多的食物),但我开始发现,在火边吃饭之前,他会先去树林里待几分钟。我什么也没说。因为他显然没有想邀请我。但这让我很好奇,有一天,当他顺着山谷追踪狍子,试着发出完美的寒鸦鸣声时,我沿着他吃饭前去的方向走去。这是一条被踩旧了的小路。

它带我穿过一片白桦林间的草地,越过一堵墙,穿过一条荆棘拱廊,进入一片空地。那里有一块大石头,是被矿工挖出来丢弃掉的。石头上有小块的骨头和腐烂的肉。[19]

雪从苍白洁净的天空中冒出来,起初轻飘飘的,后来就不那么轻了。防水布被它们的重量压得下沉。雪带来了野鹅，还有一种新的水晶般的寂静。寂静有不同的种类，就像雪有不同的种类。

如果我们有合适的眼睛，从前便能看到各种踪迹。现在我们不可能错过这些踪迹了。雪冻结了动作：时间被压缩在一处。周二和周五并排躺着，被一起解读，并在彼此的光中被诠释。这应该是时间在上帝面前的样子，以永恒的现在时态就位。

雪改变了我们的动物向导们的日常活动。兔子坐在他地洞的入口处，当雪花落在鼻子上时，他就会打喷嚏。喜鹊不去田野了，也不老是嘀嗒转头了。知更鸟几乎抹消了他的五角星行动路线。而野兔固守着她的洼地。她的眼睛几乎不会露出于雪线以上，雪覆盖了她的背部。她肯定只能看到白色。六天六夜静止无异的茫茫白色。

"如果你们一定要玩这个游戏，"香气扑鼻的女士说，"那真的应该等到夏天。或者至少是春天。"

她错了。此时显然是待在这里最重要的时刻。冬天必然是这本书的第一章，也是具有定型意义且最长的一章，因为它是**我**的第一章，以及具有定型意义且最长的一章。早期的欧洲人生活在黑暗和冰雪中。如今，我们大多数人在摇摇欲坠的玻璃盒子里生活、工作及繁衍，我们只能如此避免疯狂，因为这些建筑让我们想起高耸的冰川，那是继非洲的荆棘灌木丛之后，我们的第二个家。我们在一棵非洲金合欢树下孕育而成，而后欧洲人在一个冰洞里长大，一头披毛犀在洞外哼哼唧唧。

我们总是期盼夏天，认为冬天就是一个难捱的季节，但冬天是我们的经典寓言萌芽的时期，也是人们窝在一起，使人与人之间的关系（乃至差异）更加明显的季节。人际关系和个性化都在黑暗中欣欣向荣。而黑暗里还有**别的**东西——到处是尖牙和毛发。

如今，在某些圈子里，说我们是自然界的一部分是一种老生常谈。这说法全然正确，同时也全然不正确。当然，你在春天来临时可以认为自己属于树林的一部分。但没人认为自己属于一片咆哮的树林。一个真相是，我们是自然界的一部分，而另一个真相是，我们不是自然界的一部分，人类的自我意识正是从这两个真相之间的张力中喷涌而出，流入冰原，并凝固成如今构成我们的材料。

我想，当我们想到终有一天我们将回到黑暗和寒冷中时，这些想法可能会带来一些安慰。或者可能不会。

我很担心汤姆。他成了邪恶的贝尔·格里尔斯[1]的信徒。他对生存的技术比对生存的意义更感兴趣，他用贝尔的帝国式语言谈论征服和胜利，声称荒野是一个必须被欺骗或碾碎的对手。这是一种不合时宜的语言——它属于新石器时代（我们很快就会听到它的腔调），西方基督教对《创世记》中治理大地之命令[2]的误读，使这种

---

[1] 贝尔·格里尔斯（Bear Grylls），英国电视节目主持人、探险专家，因Discovery频道真人秀节目《荒野求生》（*Man vs. Wild*）而闻名。——编者注

[2] 神就赐福给他们，又对他们说："要生养众多，遍满地面，治理这地。也要管理海里的鱼，空中的鸟，和地上各样行动的活物。"见《圣经·旧约·创世纪》（1:28）。——编者注

语言变得更加精炼和残忍。山是征服不了的。当某天你选择攀登一座山峰时,你顶多只能期望这座山决定不杀死你。如果你够机灵,你就会花时间和精力试图说服它不要这样做。我们早已放弃了和解的努力,如今大地怒不可遏,预备倾覆到我们头上。(现在谁又能否认这一点呢?)

汤姆的技术(燧石刀、刮刀和斧子、植物纤维绳子、诱捕陷阱、尖端淬过火的矛、将他的投射范围扩大了一倍的投矛器、他的力量和准头)变得不再是执行圣礼的工具,而是与荒野开战的武器:它们会构成一道墙的一部分,将他和树林区隔开来。我想,这就是人类历史中切实发生之事的再现:它是一个警告,提醒我们那些为我们所用的东西是如何反过来使用并改变我们的。

但大多数时候,汤姆是我进入此处的通道。他还是个孩子。了解世界的过程是一个**记忆**的过程——不忘的过程。[20] 他和所有未被我们败坏的孩子一样,遗忘的东西比我少得多。另外他还有感官上的优势,因此他摆脱了认知专横,也不会恶意地把壮丽的树林缩减成单调的命题。

语言和命题的束缚使我的思想无法延伸触及真实的世界,不过这种束缚在松动。不说话很有帮助。它帮助我有意识地呼吸。但这项工作速度缓慢。无论这树林里的旧石器时代晚期居民对语言学有多少研究,我都确信他们把语言用作一种工具,而不是(像我这样)让语言建构出一整个虚拟世界,而他们(像我一样)被迫生活其中。

我昨晚又看到 X 了。当最后一缕天光消失时，他正靠在一棵树上，直视着我。我看不出他脸上有什么表情，但过了一会儿，他举起一只手，算是告别，转身走开了。这时我才看到他走起路来一瘸一拐的。他的左腿扭伤了。

汤姆带着一只松鼠回来了。他把火焰拨旺，炙烤松鼠，然后坐在那里看着黑暗而不是火光，这可不像他。当大熊座的眼睛攀上萨拉的房顶，向下斜视我们时，汤姆开始说话了。但他并不想让我回答。他对治疗师必须自己也受伤的理念感到困惑。我帮不上他。我也很困惑。

他转身回到了黑暗中。

现在我有八天没进食了。

"你没有以前那么肥嘟嘟的了。"汤姆说。他是对的。我的颧骨嶙峋瘦削，我和树林之间的边界也越来越薄。我们在互相渗透。我的形状一直在变化。

我所说的"我的形状"是由其他实体压制而成的，这些实体包括人类和非人类，都围绕在我身边。如果拿走我与世界的关联，我就不复存在了。如果不以我生在其中的关系网的联结为措辞，你就无法描述我。如果不以我的世界中其他造物的位置进行三角定位，你就无法确定我的位置。

X 知道其他造物的位置。因此，他比我更清楚我的位置。他知道荆棘灌木丛里躺着一只狍子，橡树顶上有一只松鸦，还有一头狼正从我头顶的昴宿星团上跑下来。他看到我只有很少一部分在这里，参与着这里的事。他看到我跟汤姆说话时，汤姆很不自在地挪着脚。我不再相信语言能完美对应它试图描述的事物。因此它无法把事物黏合在一起，无法将部分合为一个整体。X 住在一个完整的地方。他的小片小片的苔原连成了一片。而什么能让我们的树林变成一个整体呢？

当我躺在那里，看着雪花随无形的曲调起舞，听着风如交响乐般轰鸣，看着白嘴鸦在野地里跳着四对方舞，看着星星盘旋时，答案显然是，音乐。

后来，我惊慌失措地写信给生物学家戴维·哈斯克尔（David Haskell），他是鸟鸣方面的专家，我请求他向我保证音乐"在时间次序和神经层面上都先于语言"。当然是这样，他回答道。"上述两者看起来都是身体的动作：大脑的声音控制中心和肢体运动系统源自胚胎的同一个部分，所以一切声音表达的发生根源都可以被称为舞蹈，或不那么高雅的说法，鬼步。也许，我们需要的是一种基于肌肉、神经和骨骼的认识论。"

是的！我们迫切需要这种认识论。不仅是为了了解旧石器时代晚期，也为了了解现在。另外，也是为了作为人类好好生活，因为我们对自己生活的世界一无所知，甚至更糟（因为语言给我们提供了虚假的事实），我们怎么可能在这样的世界里好好生活呢？所以我要跳舞、走路、奔跑，把所有的谎言赶走：我要用我的锡口哨，用我在比雷埃夫斯一个烟雾缭绕的地下室里听过的B小调弥撒和里贝提克[1]来驱除它们。

我也将使用五感中不止一种的感官（当然，感官远不止五种）。我现在只用上了眼睛。如果说只有五种感官，这意味着（先不考虑想象、认知和语言这邪恶的三位一体带来的失真），我最多只能获得关于世界的可得数据的五分之一。想象一下，仅根据20%的相关信息，就对事务或关系做出决策。那样我们会破产，我们的人际关系会变得很糟糕。然而，这正是我们现在应对**整个世界**的方式！比起我们未充分利用的、萎缩的感官，我们的直觉更成熟、更明智、更可靠。我们凭直觉认为世界是一个样子，但我们的感官坚持认为世界是另一个样子。这两类理解之间存在令人恐惧的差异。难怪我们在这个世界上觉得不自在。我们不知道它是什么样子的，并且我们在某种程度上**知晓**我们不知道它是什么样子的。想象一下，如果我能再得到另外20%——比如，注意到那些不断涌入我鼻腔的气味，那我居住在这片树林里将会觉得多么满意和兴奋。想想看，我能从生活中挤出多少东西，我的生活能丰富到什么程度。X就像狐狸一样运用了他所有的感官。如果他不这么做，那他在长出胡子之前就死了。

---

[1] 里贝提克（rebetiko）是指代希腊城市音乐的术语，它是希腊的非物质文化遗产之一。——译者注

这是未来要做的工作。此时此刻,我必须应对这闪烁的微光:我得不带怨恨地观察我胃里传来的抗议,最重要的是,要为我的儿子做点父亲该做的事。

汤姆的理念很清楚:如果我们想用合适的方式来办事,我们需要一条狗。他都查过了。他说,狼可能在4万年前就被驯化了,这片树林里如果有一条被驯服的或温顺的狼,那树林将大为不同。他对这两件事的看法都是正确的——不过我怀疑北欧冰原的这部分地区是不是在那么早的时期就有狗。他脑子里想的是像大勒车犬那样的生物,在昏暗的光线下,你可能会把它误认为是狼。我们很容易就能从埃克斯穆尔的一位朋友那里借一条。

但我反对。

英国没有驯养的狼,只有狗。这些狗和我们共同演化:为了我们而演化。不幸的是,我们对它们的影响远远超过它们对我们的影响。研究狗更像是人类学而不是动物学。(也许这种情况最近发生了变化,也许现在它们开始推动我们的演化,而不是我们推动它们。我希望如此。)它们的身心都承载着后旧石器时代人类的历史。狗和人类的共同演化从新石器时代开始就加速了。

如果你想知道我们离自己生来适合的居住地有多远,就看看现代的狗吧。那些不幸的生物气喘吁吁,额发上系着蝴蝶结,脸被压扁了,腿也弯了。真正的狗——它们的脸像狼一样——从遥远的过去看着你。但那过去并没有遥远到能让它们出现在这片树林里。

当然，一条真正的狗比我们更适合这旧石器时代的树林。那将是另一个问题，它将取代一切。树林将对它而不是对我们做出反应，而我们会对狗而不是树林做出反应。我们本应研究人类，但如果多了一条狗，我们就会转而研究狗——而且它还会是现代狗。狗会使我们与树林隔绝。我们将通过狗的感官而不是我们自己的感官来感知树林。我更愿意独自出行，避免这种替代经验。

所以那条勒车犬不得不留在埃克斯穆尔。

雪还在下。待在家里的人要担心暴露于冷空气中、长冻疮和被舍弃。而随着陆地的轮廓渐渐消失，大地变得更加尖锐且危险。鸟儿们有了一种新的绝望。振翅开始变得更为艰难，但一旦开始便很难停止。夏天时，鸟儿们在树林里飞得轻松自如、优美流畅。现在，这飞行变得狂乱且断断续续。我在宁静中把一切都转译成音乐，但只有不和谐的音符。白嘴鸦和知更鸟，狐狸和斑尾林鸽，野兔和树，两相倾轧。

寒冷透露的是关于个体消亡或转化的学问：关于跨越边界前往我父亲所在或不在之处的旅程的学问。我把汤姆抱得更紧了。

知更鸟和喜鹊靠得更近了。我很高兴他们更想要我们的陪伴而不是我们的食物。我们是他们古老善良的棕灰色世界的一部分。兔子在雪地里挖草（就像 X 的驯鹿挖苔原上的地衣一样），有一天他在一堵墙边留下了他的双耳和一只脚。只有野兔和狐狸在寒冷中泰然自若。如果我躺在洼地的边缘，就能看到雪地里冒出一小缕水汽。它来自野兔的鼻子。她躺在一个雪洞里，这个雪洞是由她自己的引擎加热形成的。

我们也试着用雪来对抗雪，在庇护所的两侧筑起低矮的雪堤。它们可以挡风，让我们觉得我们对寒冷有所应对。

我们有足够的食物。野鸡在寒冷中晕头转向，并不费心去躲开车道。我们也足够暖和了。在下雪之前，我们疯狂地收集木材，把它们囤积在防水布下，而这个由土鳖虫和蜘蛛组成的社区已经有其他难民加入了避难行列。那里头还有一只长尾田鼠。当他在树枝间睡着或躲避时，我们能看到他抽搐的尾巴尖。这尾巴使庇护所成了我们的家。

我们的火堆是核心。它源源不断地为我们输送热量。那里至少总有余烬。汤姆觅食归来时总说，他会把火唤醒。我没有和他说过这样的想法，或这样的话。事实上，他似乎认为火甚至不需要余烬就能存在。它总是在木头里，等着被唤醒。就好像火是木柴的灵魂——是激活并定义万物核心之火花的一种特例。

他不让我照看火。这是他的事。他绕着它的动作就像牧师绕着祭坛般缓慢而谨慎。当我建议把庇护所搬到一个更干燥的地方时，他不同意："因为我们不能真的移动火。"

他的直觉是对的，不过事实上，完全接受汤姆关于家族之火的神学的古人，找到了搬家的方法。当埃涅阿斯[1]抱着年迈的父亲安

---

[1] 埃涅阿斯（Aeneas）是希腊、罗马神话中的英雄人物，当特洛伊被希腊攻陷后，他从特洛伊逃出，成为罗马人的祖先之一。——译者注

喀塞斯走出特洛伊的大火时，埃涅阿斯的儿子阿斯卡尼俄斯也在他身边，捧着火堆。[21] 火是神圣的。它就是家，家本身是神圣的。哪里有火，哪里就有家。[22]

维吉尔[1]记录了一些事情，它们的起源比荷马的青铜时代早得多，比东地中海血统的罗马化特征更能体现人类的身份。X 的防火袋里有一个家。家在一团苔藓中闷烧着，等待着重新闪耀。流浪并不意味着被驱逐。

安喀塞斯手里拿着一个罐子，里面装着祖先们的骨灰。它们如火一般定义了家。古代人类总是把死人带在身边——装在袋子里，放在厨房地板下，挂在手腕上，放在壁炉架上或桌子上首。我们把父母的骨灰塞进亮闪闪的（中国制造的）盒子里，这些盒子是我们从精美的产品册中挑选出来的。我们为我爸爸花了一大笔钱，所以他的盒子上有黄铜镶角。然后我们把这些骨灰盒扔在萨默塞特的一个潮湿的洞里。而我们还疑惑为什么我们觉得自己失去了对法则的掌控。在乌鸦把我父亲的尸体清理干净后，我应该把他的头骨装进我的背包里，用他的牙齿做项链，用他的骨盆当枕头。

冬天是一个可察觉到边界的季节：可行的与注定的；黑与白。树的枝桠戳穿了风。事实上，自然界的一切都与边界相关。如果你的脸离地面足够近——只要不是喷过抗菌剂的城市公园或工业农场

---

[1] 维吉尔（Virgil）是《埃涅阿斯记》的作者。——译者注

的田地，你就会知道移动一英寸的变化就如同从南极洲移至亚马孙河的变化。如果你了解这一点，那么在树林里散步比乘坐私人飞机所能做的任何事情都令人兴奋得多。每一步都是跨越许多疆域和边界的旅程。是的，这里存在一个整体，但这个整体之所以完整，只是因为它充满了生机勃勃的个性化，因为它由边界组成。真实的世界并不是一团糨糊状的同质化世界。它不是单一文化的。X从不会两次跨过同一事物。他永远不会说"我们走过草地"，而是说"这个脚趾踩着这些叶片，那个脚趾踩着那些"；他能说出每一步踏过的15种草的名字，为碾碎它们乞求原谅（可能是用它们自己的语言），并感谢它们为他提供缓冲。

所有的变化——**所有的**——总是并且只能来自边界。从来没有任何重要的事情来自中央——比如议会、比如内阁、比如董事会、比如让部长们听取意见的智库。演化需要边界。如果把世界变成单一文化的，边界的长度就会变得更短，从而使变化更少，进而使演化更少。这不是什么好消息。

假设行为现代性始于40 000年前，新石器时代始于10 000年前，而我们开始变得如现在一般现代，是1 000年前的事。（但我们会看到，我在本书后半部分将论证，这最后的转变过程发生的时间要比上述时间晚得多。）假定25年为一代。具有行为现代性的人类有1 600代，其中1 200代（75%）处于旧石器时代晚期或中石器时代。现代人则有40代，占人类总世代的2.5%。如果人一生的时间是70年，那么其75%大约是53年。我们作为个体的大部分发展是在53岁之前完成的。而我们作为人类的大部分发展是在旧石器时代晚期完成的。我们是更新世人类。

把现代人看作标准人类的观念是可笑的。我们是最近才出现的明显不适当的变种。但请振作起来：我们可以逆转这种突变。

如果故事从解剖学意义上的现代智人首次出现时，也就是20万年前开始，那我们在这段历史的95%的时间里都是狩猎采集者——是一种边界生物，因此也是一直在改变并带来改变的生物，这很令人兴奋。现在我们大多数人都处于城市、运动、假设的中心，因此不再像早期世代的人类那样改变我们自己或改变世界。我们认为我们处于一个快速变化的世界。哦，也许是吧，但人类如今并不像旧石器时代晚期改变我们那样产生变化了。我们现在把变化视为焦虑和消亡。我们所能看到的变化不是精微差异的增多与细化，也不是理解的加深，而是恣意破坏的行为：是对从本体论上优于我们的事物、场所和存在模式的掠夺。

瞧，把这些话通通倒出来后，我感觉好多了。下周同一时间继续？

斋戒之初的期待心情已被眩晕取代。我正在一处岩架上，下方深不可测，一片黑暗，我不知道下面有什么。我们的体面正岌岌可危，当我们把路毙动物塞进包里，拖沓着路过酒吧返回山谷时，人们会投来奇怪的目光。

我吃的最后一样东西是一只刺猬。那是九天前的事了。从味道来看，刺猬一定是从还活着甚至风华正茂时就开始变质了。我吃下的这一只还在肚子里的某处，我打嗝的味道，闻起来就像在蛆虫养殖场。我对它死在牲畜运输车的车轮下表示的遗憾，远甚于它的父母和孩子所可能产生的遗憾。

我们正被这片冬季树林的边界所改变。我们在村子的边界上，白天和夜晚的大部分时间都在火边度过。我快饿死了，我的禁食体验也已经到了极限边界。

我们对自己是哪种生物的认识开始变得模糊，并且，谢天谢地，我们各自的能力以及能在此地消磨的时间也到了极限。很快我就能重新坐在书桌前，深情地望着云朵，听着电子鸟鸣声，称自己为自然作家了。

此刻对我来说最重要的边界，就是睡眠和清醒的边界。我在无人地带待了很长时间。

我之前怎么就没想到呢？如果你想知道意识破晓之初是什么样的，哦，那就在破晓时观察意识。就按字面意思，在清晨，在光明和黑暗互相交融时。观察你自己的苏醒。在许多宗教中，醒着做梦是一项重要的精神训练。[23] 现在我知道为什么了。它是审视自我意识的一个强大渠道。

当光明与黑暗相遇，当意识与潜意识相遇时，并不存在朦胧的昏暗。没有什么不定形的东西。相反，这是一个清晰得异乎寻常的领域。它明亮得就像十月的阿提卡[1]。其不寻常是因为现实在向一切层面的存在展露自我：向触觉和忧惧；向手指和肠道；向睾丸和大脑；向大脑皮质轻薄曲折的外层；向稠厚的鱼脑——其由磷脂组成、浸泡在海水里，并充满了对蛇颈龙利齿的记忆；向我的一部分——这一部分知道狼的染色体数目，喜欢坐在火边以便在狼来时将燃烧的火把戳到它的脸上。其不寻常是因为这些层面平常总是互相对抗，但在此它们亲密友爱。

我只要打个盹儿，然后让汤姆看见我打瞌睡就踢我一脚，就能听到它们的交谈，并知道它们之间的某种联系。饥饿是有帮助的（只是并不好受），但即使你在挨饿，比起祖先常常使用的诸如吃致幻蘑菇之类的方法，徘徊于清醒和睡眠之间的无主之地也远没有那么难受，对肾脏功能的风险也小得多。

疲倦的守夜人坐在德比郡苔原的营火旁，罩在麋鹿皮兜帽下的头耷拉在胸前，他一定很熟悉这个领域。事实上，只要我们不是睡在隔音的盒子屋里，而是睡在有猫头鹰、狐狸和尖啸的死亡的真实世界中时，我们都会去往那里。就好像人类的睡眠本身就是用来溃散的。当它溃散时，我们要丰富得多。不知道这是不是露营的部分吸引力所在。不眠的社会妨害者开着装满白色苹果酒[2]的白色厢车围着雨中泥泞的场地，这样的场景只能用"睡前狂想"来形容。

---

[1] 阿提卡（Attica）是希腊的一个地区，雅典就位于此区。——译者注
[2] 白色苹果酒，即透明无色的苹果酒，其酒精浓度为7%—8%，价格比姜黄色苹果酒便宜。——编者注

现在听着（我在自言自语）。看待人类意识诞生的传统视角显然是错误的。意识出现的时代远远早于旧石器时代晚期，而且拥有意识的不仅是人类。许多非人类生物显然也有自我意识：这在灵长类、鲸类和几种鸟类中已得到了确凿的证明（它们当然完全没有新大脑皮质——这表明意识与大脑演化的最新创造无关，因此我们也就没有因为演化序列而一贯自命不凡的余地），而且，许多人认为意识在自然界中无处不在。[24]

我们很不擅长寻找意识。我们倾向于认为，如果意识不能以**我们的**示意方式显示出来——例如，看着镜子里的自己，指出脸上的特征——那就意味着根本没有意识。不过我们现在越来越善于寻找它了，我们越擅长这一点，发现的意识就越多。宇宙似乎是一个非常肥沃的花园，利于意识的生长。

然而，很明显，旧石器时代晚期的人类意识发生了**某种构造性的变化**——无论起因是变革、启示还是演化。一种新型意识从之前存在的意识中产生，抑或是后者的增补或替代。

在公元十七世纪之前，世界上几乎每个人都认为世界是一个整体，而且其中的每一个小事物——从鹅卵石到鲸——都拥有某种意识。我倾向于同意这个想法。东方和西方的宗教都认为，整个宇宙拥有一个意识——可能等于，也可能不等于宇宙中存在的个体意识的总和。

这一宇宙意识与个体的特定意识之间的关系是一个永恒的谜

题，同时又至关重要。在对这一关系的解释中，我认为最有意义的是伊恩·麦吉尔克里斯特（Iain McGilchrist）的解释：它开启了意识与物质的关系。²⁵ 个体意识是宇宙意识在某种程度上受到物质制约后产生的。就好比我的身体，它像变形虫的伪足一样，吞食了一点宇宙意识。在一段时间内，这一点点宇宙意识呈现为我身体的形状。身体决定了意识的表现方式。我们在这里讨论的不是什么粗糙的笛卡尔式二元论，这种理论认为，一个灵魂，即真正的我，擅自占据了我的肉体，并告诉所有人我的肉体就是他的。

有许多不同类型的身体，也难怪（我们渐渐认识到）有许多不同类型的意识。虎鲸的身体和我的不一样（哦，就像狂野男孩汤姆会说的那样，可能**不完全**和我的身体一样）。它的自我与我的不同，所以它的自我感觉也与我的不同。肯定不是更小，只是不同而已。

在旧石器时代晚期的人类中，出现了一种**新型**意识（或者至少是一种对人类来说很新鲜的意识），显然，身体形态并没有随之发生重大变化。它是在 X 身上出现的。这才能更好地解释他隐藏在胡子后面的困惑，以及他儿子那没有胡子的脸上所展现的恐慌。

禁食、闪烁的微光、睡眠的边界、树叶的边界、物种的边界、啃过的骨头的边界，以及一切类别的边界，在我体内创造了一种新的意识。

在汤姆踢我之后紧随而来的那些瞬间，我看到了脸孔和图案。这些脸通常很和善，但也很坚定。在睡眠的边界，我以为会有一位咯咯笑的花神,提着一篮花朵,露出乳头,但这场景从未出现过。这些脸不是幽灵的脸:它们比其余的一切都更**沉重**——它们来自一个比此处更坚固的世界。有时它们顶着树叶或被树叶覆盖,这些树叶能穿透德比郡的石墙,就如燧石刀穿过空气一样。这些脸从不说话,因为它们位于语言之前,并超脱出语言,所以它们的雄辩之于我们,就像树叶之于石头。它们使我显得完全是柏拉图式的,或者荣格式的(如果这两者有区别的话)。

在这些脸孔后是一个几何矩阵,或是一片布满间隔均匀的圆点的天空,或是一个由方格状蕨类植物组成的繁茂的植物世界,人们说饮了死藤水就会看到这些。蕨类植物摇晃着,衬托出这些脸孔是何等宁静(就好像这一点需要被展示一样)。

有时会出现正在脱皮的形体。在皮肤之下,你能看到它们的真实面目。有时,只有飞起来才能接触到它们,或对它们进行合适的考察。X 是其中之一。他的眉毛比我以前想的还要浓密。他更像是人们通常说的穴居人。他的儿子悬停在后面,苍白且笨拙。

当我挣扎着掀开眼睑时,汤姆正在削木棍,或在笔记本上画图案。有时候,那些图案正是我刚刚看到的,你可以对此随意解读。有一会儿,我能透过靴子看到我腐烂的双脚,看到庇护所泥地下滑行的蠕虫,看到我爸爸温和地对火堆的脏乱表示不赞成,看到一头驯鹿在嗅一个手提袋,看到一只乌鸦衔着一根人的手指,还有一棵树挥着它的手臂庄重地鞠躬。

一切都将不复从前。我无法再相信石头**仅仅**是石头,或树木仅仅是树木。我也无法再拒绝相信自己或相信汤姆。树林里突然充满了故事，充满了角色，充满了为某个戏份试镜的灵魂。

春天，太阳、嫩芽和流动的汁液将讲述它们自己的故事。但此刻，在冬天的树林里，负责讲故事的是我。这个故事必须被讲出来。如果不把它讲出来，就会发生不好的事情，并且再没有别人来讲它。

我记得在许多文化中，人们只能在冬天或在黑暗中讲故事。[26]这可能是因为，在其他时间讲故事，是篡夺了其他更权威的说书人讲述的特权。我还记得，正如不讲故事会造成灾难一样，故事可以治愈、修复和救赎。有时它们甚至能让人死而复生。

于是，我结结巴巴、含含糊糊地开始给汤姆讲故事。

"再讲一点，"他说，"再讲一点。"

他很快就会长成一个男人。如果我是个合格的父亲，我会让社会服务人员玩忽职守，把他送到寒冷的地方去禁食，体会恐惧，并了解他自己的故事。而如果我是个合格的儿子，我会把我父亲挂在我脖子上。汤姆知道故事很重要，但他还不知道哪些是正确的故事。

这是我的错，我非常苦恼。现代的成年仪式包括在停车场喝垃圾苹果酒喝到烂醉；像被颁发《妥拉》[1]经卷一样收到一部智能手机；在养鸡场获取工作经验——或者如果是中产阶级的话，就在保

---

[1] 妥拉（Torah），又译"托拉"，字面意思为指引、教导，狭义上通常是指《摩西五经》，为犹太教的根本经典。——编者注

险精算师那里工作。我想，让孩子们以他们可能继续下去的方式开启新的人生阶段，这种做法至少是诚实的。让一个孩子准备接受忘形的狂喜和猎杀披毛犀的训练，然后再把他送到一个呼叫中心去，让他一辈子待在那里，这么做可能是不厚道的。

喜鹊在倾听，甚至在黑暗中也是一样。我讲故事时，她歇在离我肩膀一英尺远的地方。我说话时，她很安静。我停下来时，它就叽叽喳喳说一会儿，然后朝我们点点头，飞走了，直到清晨再来。

我现在很冷。当我站起来，走出去撒尿的时候，血液需要花一段时间才能涌入我的双腿。在我的想象里，我的动脉就如被碾碎的稻草。

眼前闪烁的微光让我感到疲惫，因为我觉得我应该全神贯注于它纹理的每一次细微调整。我想吃东西，不是为了吃（它似乎是一件很恶心的事），而是为了让事情再次变得单调。我不想要每一刻都如此丰富。我不想要这么多的可能性。所有的词语关联都让人筋疲力尽。我并不真的想要自由。我想要一份菜品口味相宜的小菜单，不需要让我做出太多的选择。带着无限的可能性生活，并勇敢地承担在可能性中做出选择的责任：生而为人就是如此。

虽然我越来越冷，树林却越来越暖。现在雪上有洞了；路毙动物开始发臭，我们也开始发臭。寒冷刺痛了我们的鼻孔：现在鼻孔又活过来了。我背上有一处溃疡，那是我唯一觉得热的地方，当它渗出液体时，就会散发出如同脏猪圈里的稻草的味道——我很喜欢这种味道。我的呼吸有梨汁的味道，连我自己都这么觉得。这是营养不良时酮的味道。等我回家时，我就能穿上过去的裤子了。

"等我回家时"这个念头真是大错特错，却又无法不去完成。这是对树林的背叛，喜鹊再也不来了。

我们打包行李。这花了几分钟时间。我们从树上扯下防水布，卷起来塞进帆布背包里，一起塞进去的还有睡袋、燧石、长矛、火烧硬的棍子和笔记本。

X 和男孩的样子现在更清晰了，他们站在谷仓旁。这个男孩有一双野兔般的金色眼睛。

回家将是艰难且危险的。当你曾自由、有意义且随性地生活过，就很难再玩后旧石器时代的游戏了。这就是为什么所有的政府（他们都是在新石器时代诞生的）都害怕人们做我和汤姆正在做的事情。他们憎恨、恐惧并嫉妒那些流浪者：后者都是没有标签、冷静自持的自由人。看看他们的立法。他们知道，人一旦尝过自由的滋味，便永远也不会忘记（哪怕其并不想要自由）；他们的谎言将昭然若揭；他们精心构建的主题公园——他们称之为"真实生活"——的欺诈和脆弱将败露。进过树林的人都不会再玩这个游戏了。

尽管如此，我还是害怕忘记这里发生的事。事实是，有那么一会儿，我们是此处的一部分。狩猎采集者**无法**忘记他们是这其中的一部分。如果忘了,他们就会死。活着就是呼吸,而呼吸就是有意识地将森林纳入自我。鲸的呼吸在自主控制之下。鲸的一半大脑必须保持清醒,以指挥横膈膜继续工作。如果一头鲸完全睡着了,它就会窒息。这就像是在旧石器时代晚期一样。如果你不去森林,你就死了。这在今天也一样,如果我们知道这一点的话就好了。

我能在牛津郊区做一名狩猎采集者吗?我能成为我踩过的每一个地方的一部分吗——哪怕我穿着闪亮的鞋子?我想这是一个专注力的问题。我可以在这方面越做越好,就像你可以经过多年练习学会注意自己在呼吸一样。然而如今有一场针对持续注意力的系统性战争,就像我认识的大多数人一样,我也是一名受害者。

在从森林去火车站的路上,我折断了一根树枝,反射性地说"对不起,原谅我",然后找到一颗老黑莓,吃了下去,又出于直觉说"谢谢"。我已经取得了一些进展。感激是狩猎采集社区的关键特征。这种感激与丰收节的感恩截然不同。

当我们走了一英里路来到村庄时,我们已经跨越了40 000年,所以我的视线在四处游荡,寻找乐子。我再次成为现代人,而现代人并不以意义为乐,因此我也不再寻找意义。然而,当我们经过一堵墙时,墙上一个中世纪的石雕头在眨着眼睛,那只喜鹊俯冲下来,停在一把铲子上,嘀嗒嘀嗒地转着头。

"我喜欢那片树林。"汤姆说。我绷住舌头,没有问他是什么意思,因为我害怕会摧毁一些珍贵的东西。

村里的一些房子上挂着旗帜。这让我愤怒,而这种愤怒又鼓舞了我。这又是一个迹象,表明有所变化。我因为我的爱国而愤怒。任何真正了解并热爱一个地方的人都知道,旗帜是非常不适当的东西。认为一面旗帜可以代表一座山谷或一棵树,这样的观念是一种亵渎。没有一个狩猎采集者会有旗帜。

当我们到达乡村小车站时,时间开始令人厌烦地一段接着一段往前滚动了。树林里没有任何线性的东西,但现在它们无处不在:窗框、建筑的边角、时刻与目的的有序线条。

"这里全是些盒子。"汤姆说。

我在德比吃了一袋薯片,闪烁的微光停止了。

当我们走进房子时,每个人都倒吸了一口气。

他们的惊讶不是冲着 X 和那男孩,那两人光着身子站在外面,站在垃圾箱和一口装满椅子的大铁桶之间,他们的惊讶是冲着我们。

除去血腥的环城公路上大怪兽 24 小时不断的轰鸣、屏幕里的呢喃声和孩子们打架的尖叫声,牛津的寂静冷清是令人震惊的。我们已经习惯了风一阵阵撞击在干砌石墙上的声音,习惯了山毛榉的嘶嘶声、乌鸦或高亢或低沉的叫声,还有老鼠窸窸窣窣的声音。在远方的树林里,一切都在不停地变化。每次我们抬头看那棵橡树,它枝桠之间都以过去不曾有,未来也不会再有的方式彼此关联。云层顶部的断面**每一刻都是全新的**;麻雀之间的交谈声**每一段都是全**

新的。在那石灰岩上蔓延的雨点，先是摊成拳头大小，然后是鹿头，最后是圣杯。

我尽力在牛津观察同样的现象。我赞同大卫·阿布拉姆（David Abram）的观点，他说"世界上只有相对非野性的地方"。我顽固地没完没了地跟人说，即使是消毒最彻底的购物中心也是荒野的一部分，那里到处都是偶发事件、真菌和令人兴奋的污秽。但是，每当你稍稍想起这些天在真正的荒野中经历的事，"只有相对非野性"的部分就会变得令人恼火。从我坐的地方看不见天空。一辆宝马开过去了。接着是一辆福特。然后是一辆敦豪速递货车，它在给隔壁的记者送墨盒。然后又是一辆宝马。一位朋友在电话里说："恐怕我现在不能聊天，我真的很忙。"

不，你没有很忙。你的眼睛和大脑在过去一周里做的事还比不上它们在旧石器时代晚期的树林中十分钟内必须完成的工作。而你的手臂、腿、耳朵、鼻子和触觉感受器多年来什么也没干。

我们认为荒野里没有声音、运动和事件。我们出租乡村小屋，"为了获得一点宁静"。这说明我们是多么的闭塞。在乡间漫步应该是一场震耳欲聋的、危险的、疯狂的、令人筋疲力尽的噪声之旅。

如果今日这种被掠夺过、被燃烧过、被污染过的荒野替代品会对我们造成这样的影响，那么想一想，真正的荒野——如果它还存在的话——会对我们有怎样的影响。那将像是喝了一杯由速度、海洛因和 LSD 致幻剂混合而成的工业鸡尾酒，跳着舞穿过一家随着

"感恩而死"乐队[1]的节拍演奏着莫扎特《安魂曲》的俱乐部,并且每时每刻都提防着自己的肚子被一头穴熊撕开。

X和他的儿子,在我们牛津南部的这一片地方,一定会觉得他们是在某片反常的沙漠里。兽群不见了。鸟儿安静得可怕。但即使是在这里,X也会看到头顶上飞过的成群野鹅,注意到它们在哪里吃草,并规划靠近它们的路线。在寒冷的季节里,水禽是很重要的。在某些地区,它们就是生命本身。X的睾丸可能正舒适地窝在一片天鹅绒里;他大概有一副鸭皮绑腿,一件鹅皮大衣——它的羽毛贴在他的胸前和背后,还有一顶祖母送给他的刀嘴海雀帽;他的天鹅脚掌火袋也许是防水的,涂了红脚鹬皮腺分泌的油。我敢肯定,他被风吹伤的鼻子上涂满了黑鸭油,而且我怀疑,他在帽子下面颅顶旁边藏着熏鸭肉条,如果他没能捕捉到其他猎物,这些鸭肉条能让他活一个月。

要了解旧石器时代晚期的水鸟,去沃什湾、索尔威湾甚至冰岛都毫无意义。你最好闭上眼睛坐在圣詹姆斯公园的长椅上,屏蔽掉大本钟、飞机和巴士的喷气声,感受那些肥得可憎的鸭子在你周围一边喧闹一边放屁。或者更好的选择是开车,就像我们刚从德比郡回来的第二天那样,开车去往斯利姆桥,去往塞文河口,记得把车窗摇下来,关掉暖风,穿上薄T恤、短裤和人字拖,因为寒冷生出

---

[1] "感恩而死"(Graceful Dead)是一支美国乐队的名字,该乐队组建于1964年,开创了迷幻摇滚的先河,于1995年解散。——编者注

小鸡皮疙瘩，跨过毒青蛙，前往大鹅池。在那里，你会发现鹅和鸭的密度和过去一样，但是要想把燧石尖矛带进大门就有点棘手了。

你可以从河边各种隐蔽处看到罗马人的停泊处。如果海水被抽干，你也能从远处的淤泥中看到一些中石器时代的影子，两头狼并排行走的脚印，一些笨拙的野牛，一些高抬腿走路的鹤和一些人类。苍白的天空有时被交织在一起的呼啸的田凫群遮蔽，或者被转弯如电光火石般飞快的滨鹬染成银色。在那里，如果你暂时忽略那些关于翅膀运动和头部形状的薄薄的指南手册，忽略为了把望远镜捅向荒野而掀起的窗户，你就能对旧石器时代晚期这个沸反盈天的"大都市"有所了解，这狂热的嗡鸣声与人脑中嘶嘶的静电声无关，也与企业的计谋无关。

"为什么它们老是飞来飞去？"我们八岁大的乔尼问。

"因为它们能飞！"

"或者，也许是因为天气晴朗吧？"

"是的！"

当我们回到家，真正的冬天开始了。

我们郊区的冬天和树林里的冬天并没有太大的不同——至少我想这么告诉自己。我们保持状态。我们认真研究。我们裹好衣服，冲到冰天雪地去找食物，找同伴，找理念。我的日常生活就是搜寻零碎的理念，用它们烩成一餐：我的这种搜索和旧石器时代晚期的觅食唯一的真正区别在于，如今，冬天的树林里或树上挂着的理念和夏天一样多，或者更多。

我们试着讲故事：讲格陵兰岛空中的天鹅路；讲总被黑暗遮蔽的光亮；讲寂静的雪下的忙碌；讲我们脚下地核深处的火焰；讲知更鸟头脑中的思想，这种思想远远超出它自身，延伸到了我们的头脑中。

黎明时分，我们躺在沼泽上，衣服在泥里冻得发硬。我们听着野鹅飞进来，想着如果我们在它们可爱的长股骨上钻孔和吹气，会发出什么声音，想象海篷子是否能跟它们的肝脏搭配成为美食。当我们在路上发现死鸟时，我们煮了它们的骨头，还用钳子把它们的舌头揪出来，发现乌鸦的舌头像一把小剑。我们看到本地的狐狸害怕塑料，看到本地的松鸡缺了一个脚趾，看到当你提到"感觉"这个词时著名学者们脸上的恐慌。

但最重要的是，我们观察：观察猎户座从东向西跨越，观察金牛座和双子座两两相望，观察光线缓缓渗入黑夜的边界。

X 和他的儿子消失了。我们把他们留在门口后，就没见过他们了。我不知道他们是不是躲进了幼儿园后面那片乱糟糟的树林里，但我日夜常在那里走动或坐着，却一直没见过他们。也许他们不想在每年这个适合讲故事的季节为我的故事添砖加瓦——因为如果一个故事不是你自己的，那它就不是一个好故事。不过要注意，如果那故事**单单**是你自己的，那它就会非常非常无聊，所以我本来以为他们也许能帮上忙。

冬天里我们只是玩。德比郡的树林始终存在，它要么冷嘲热讽

地倚在每个房间的角落里,要么瘫在椅子上,并且永远都在质问我,态度往往是粗鲁的:

"你有没有想过,如果你留在那儿,你会变成什么样子?"

"看见你那越来越大的肚子了吗?你能让一群狼吃一个月。"

"你在这暖和的屋里打鼾时,错过了那只野兔一生中的奇事。你对此有何感觉?"

"洼地水面上那层冰凝成了一张脸的样子。你觉得那是谁的脸?"

树林和草原都已成为过去,在那些地方,我和大家慢慢地交织在一起。我们的骨骼是在那里锻造出来的,也只有它们知道自己是由什么组成的。

我骑着自行车去了图书馆,花了数周的时间寻找人类骨骼的配方:达尔文、丹尼特、布莱克、杰弗里斯,还有无数无名学者,他们的办公室书架上放着装了燧石的罐子、头骨和袋子,文章里写了详细的脚注。

当我写作及睡觉时,我手里拿着汤姆做的旧石器时代晚期的手斧,半信半疑地希望它能成为我和古老的黑暗之间的超导连接器,希望它能帮助我了解我的骨骼是如何形成的。

我坐在幼儿园树林的地上,咒骂着环形公路,开始迅速地转头,因为我知道真正重要的事物——比如死者,或过去,或X和他儿子,或人骨的配方——总是在视野的远端,但如果你足够快或足够幸运,如果它们选择被你看见,那你就可以在不经意间察觉到它们。

真正把过去和现在联系起来的工作正在我的脚下进行。蠕虫正在把去年秋天的叶子拖进土里,当霜冻来临时,它们还会翻出一点点撒克逊农民、诺曼税吏和维多利亚时代的女家庭教师——这一切都在孩子们从森林大学返回时粘在他们的耐克鞋底,而后被擦在地垫上。就算是地下,也有枝芽在膨胀、舒展、抽尖并推进,它们看不见,但是自信满满地朝向即将来临的光明,就像非洲的远古人类一样。

我们有很多事情要做。我们有老调子,有最后期限,有派对,要绕着公园摇摆行走,要笨拙又自负地试图理解别人以及因失败带来的孤独,我们有醉醺醺的欢乐,也有甚至比这更好的清醒的欢乐,有一些来自《尼亚尔萨迦》[1]和号称圣诞节的侵略传奇中的令人不安的时刻,还有喝了农场苹果酒后感觉到的某种又盛大又古老的东西——就好像这酒是用宇宙树的干果子做成的(如果这段话不能选上"虚伪角落"[2],那我就太失败了,《私探》也一样失败),我们还会抱着期待某事发生的想法去墓地,会冲向海浪,我们有来自伯罗奔尼撒半岛的成箱的便宜红酒,会在清晨飞跑着想抓住野鹅——因为它们每天都在与日出完全一致的时刻飞来我们家,我们

---

[1]《尼亚尔萨迦》是冰岛13世纪的悲剧史诗,描述了公元960年至1020年间冰岛的生活全景。——译者注
[2] "虚伪角落"(Pseuds Corner)是英国讽刺杂志《私探》(Private Eye)的栏目,专门搜集媒体上登载的被认为是虚伪做作的文字。——译者注

在后花园还有用陷阱捕到的田鼠抖动的热腾腾的尸体——我们就是想看看还有谁和我们共享这片领域。

  我们在原地踏步。而 X 和他的儿子一定在黑暗中编造故事,好让他们在这一年剩余的时间里活下去。

春

当灵魂来到森林时,会有一些事先发生。一切都安定了。会有十分钟左右尖锐的、沉闷的寂静。它不像其他任何一种寂静、其他任何一种安定或其他任何一种气氛。这个时候,如果你的腿还在的话,你就该跑起来了。否则,你将被默认为是其中一分子。

——马丁·肖(Martin Shaw),《小神灵》

冬天是人类好奇的季节。春天是人类漫游的季节。尽管我害怕冬天,但我懒惰、多愁善感、喜欢故事,你很难让我走出洞穴,远离炉火,开始成为故事而不是述说故事。靠脂肪生活要更容易些。

在旧石器时代晚期,春天是贫瘠的季节,人们身上肋骨分明,而随着雪的消融,土地的肋骨也显露出来。

我已经被冬天掏空了,但你看我的样子是看不出来的。

"你知道,这种萨满教的事情,你得正确地掌握,"一位睿智而刻薄的朋友说,"那是过去旧石器时代晚期的世界。如果你不是一个经验丰富的萨满旅行者,却想写出旧石器时代晚期的故事,那就像你脚都没有沾湿却想写游泳一样。"

这是夸大其词,但并没有太过分。于是我咬紧牙关,四处打听,最后在萨默塞特郡的树林里砰砰敲响一辆大篷车的门。

"进来,"波莉喊道,她身上散发着檀香的气味,"别害怕。"

波莉什么都不怕。20年前,她在一次常规手术中停止了呼吸。她走在一条隧道里,抱住了已逝的祖母,然后不情不愿地被一个干劲十足的麻醉师拖了回来。她辞去了英国医疗服务体系的档案工作,前往中亚。在那里,她靠马肉、地衣和每周少许的毒蝇伞[1]为生。她满头大汗、抽搐、恶心,握着朱迪·嘉兰[2]那只巨大肥厚的手(还带着爪子),她们一起凝视时间之外的虚空,吃着巧克力豆和壁虎。之后,她在丝绸之路沿线的一个狼保护区打扫厕所,而后回到英国西部的家中。

她说:"这些都没有档案工作可怕。"

"虽然你可以相信我,"她接着说道,"但你没有理由这么做。江湖骗子多的是。那些人在周末参加一个萨满教的课程,之后便开始自己做这个行业的生意,在网站上贴满美洲虎、橡树和星星的照片。我们得慢慢来。如果你感到害怕,那你进错地方了,我们会马

---

[1] 毒蝇伞(Amanita muscaria),又称毒蝇鹅膏菌,英文俗称fly agaric,是一种含有致幻成分的菌类,菌盖呈鲜红色,有白色至淡黄色鳞片。——编者注
[2] 朱迪·嘉兰(Judy Garland)是二十世纪美国演艺明星,1969年去世。此处应是波莉的幻觉。——译者注

上退出来。"

我们的确是慢慢来的，但即便如此，对我来说还是太快了。我在波莉家待了几个星期，躺在柴火炉旁的泡沫垫子上，学着把自己缩成一团，以便能穿过希腊海滩上的一个洞；迫使我的肩膀穿过周围粗糙的草丛，在一棵老棕榈树的树根下蠕动，弯腰，站起，一直向下，无视墙上的眼睛，穿过徐徐沸腾的溪流，进入一片林间空地。一只狐狸在那儿等着我，像猫一样咕噜咕噜叫；在我勉强辨认出的星系图案里，有黄色眼睛缀着黑色斑点。他**听上去有麝香味**，因为在这下面你可以听到气味，嗅到颜色。有时他会对着我呼吸，就像温泉草甸上的风一样；有时他又会用柔软的爪子撕开我的胸膛，在里面翻找；有时，如果我要求他，他就会和我一起从隧道里上来，到这外面的垫子上，然后坐进车里，一路来到 M5 公路上。

"他来了，这是好事，"波利说，"也许你准备好去德比郡了？"

我一点也不确定，但总之汤姆和我还是去了。

我们到那里时，太阳刚落山。我们的旧庇护所挺过了冬天。一只狐狸在我上次睡觉放枕头的位置留下了一坨粪便，我觉得这很吉利。我们把防水布挂在树枝上，生起一堆火（"不，是**唤醒**一堆火，"汤姆坚持道，"你不记得了吗？"），爬上几棵老树好打个招呼，然后去搜寻我们认识的动物。

我们知道坏脾气的老雄兔已经死了，独眼知更鸟也不见踪影，但嘀嗒转头的喜鹊很快又回到了她的老树枝上。经过这个冬天，她学会了用一只脚倒挂，并为此十分自豪。她扭着头，看我们是否在看她并赞许她。

那只野兔？我不知道。我在洼地那里没能看到她柔软的耳尖，不过这并不意味着她不在那里。今晚是满月，如果她还活着，她将纵情沉溺其中。

汤姆把一切都弄得整整齐齐的：整理石炉，收集蕨类植物，将其盖在防水布没有遮到的屋檐上，清除通往林间空地的小路上的灌木，他在那里留了一些食物。

"不要搞得太舒适了，"我对汤姆说，"我们会经常转移营地的。"

现代人和旧石器时代晚期人类的主要可见区别不是穿着，也不是他们的多毛，甚至不是我们自身的羸弱，而是他们的世界大同主义和动态生活，以及我们的狭隘主义和静态生活。在冬天以外的季节里，他们四处旅行，与自然亲密接触，旅途多姿多彩。当他们与每一处新地点的灵魂达成新的协议，并尽力不让自己挨饿时，他们才智迸发。而我们通常在相同的地方旅行：相同的盒子，相同的设施和相同的食物。我们坐着、瘫着或躺着，由着奴仆往我们张大的嘴里扔卡路里。

在春秋两季，驯鹿要长途跋涉数百英里，以每日 35 英里的速度前进，猎人有时会像印鱼[1]跟着鲨鱼一样跟着它们。我们正前往我认为驯鹿可能去过的地方。我们会找出那些最容易伏击它们的位置，比如一条狭窄的通道。正是在这种杀戮关隘的附近，旧石器时代晚期的人们季节性地聚集在一起，并创造出了旧石器时代晚期（比 X 的年代要晚）最伟大的杰作——拜占庭时代之前最精致的二维艺术。[1] 艺术、社群、政治和宗教全都与驯鹿的季节性迁徙有关。

我不喜欢所有这些关于旅行的主意。我觉得我需要知道如何正确地了解一个地方，从而成为*它的*故事的一部分，并由此隐约窥见自己的故事。神话学者和故事作家马丁·肖说，最好的故事不只是*来自*一个地方，还要*属于*一个地方。"找到那个曾经认领你的地方。"哦，在冬天的某些时候，我的确觉得我们的山谷在努力邀请我。当然，我对自己说，这就是旧石器时代晚期的感觉，当时人类和非人类世界的边界就处于相互渗漏与不存在之间，而伟大的统治规则是互惠：我接受，你给予；我给予，你接受；我获得，你也获得。难道我不应该留在山谷里巩固我的所有权和归属吗？

好吧，我不能。它们走了，我也得走。

她还在这里！她没有在月光下伸展四肢，而是绕开月光清高地游荡：从一片黑暗滑进另一片黑暗。她的肚子很大，左右晃荡，她

---

[1] 印鱼（remora），海洋鱼类，头颈部有椭圆形大吸盘，常附着在鲨鱼或其他较大海洋生物的身体上。其因吸盘形状像图章而得名，又称鲫鱼。——编者注

像一个驾驶颠簸船只的水手一样，小心应对着这种晃荡。

洼地里有狐狸的气味。难怪她放弃了这里。她腹中可能有四个胎儿，她不能只考虑自己。

但是，野兔和喜鹊也不足以带来宽慰。树林本身已经厌弃了我。

有时候，我们会在白天偷偷离开自己的领地，跳到树后，或者瞄到远处行人的衣服颜色就趴到地上，用狼一样的眼睛看着他们走过，想着他们背包里的巧克力流口水；想知道在这些古老的山丘间穿行数小时后再回到停车场打开新闻，会对他们造成什么损害。他们待在家里不让自己经历这样的变化不是更好吗？有时候，我们躺在大路边，就像在看一部血腥电影一样，被它的暴力、冷漠、鲁莽、哀号和震颤吓得心惊肉跳。有时候，我们在黑暗中窥视村庄的某些房子：孩子们在吃东西，在争吵；情侣们温声细语，大吵大闹，互相漠视。几乎看不到谁能好好地盯着另一个人多看一会儿。我们试着写出他们的故事，以及一切是如何融入他们所选择的故事的。为什么是**那张壁纸**？为什么是垂死斗牛士的那种图案？为什么偏偏在今晚炸鱼？

到了夜晚，我们周围尽是杀戮和躲避杀戮的行动。一只仓鸮就像影印机扫描臂一样，井井有条地扫描着田野，时不时降落，制造一声尖叫。狐狸们和一只疾速穿行的兔子你追我赶。一只灰林鸮错失一只田鼠,扑进一团荨麻里。远处有一只獾,嘶吼着,口溅飞沫,被人用钳子从土里拖出来,扔进一个袋子里。(我们没有电话,无法报警。)而且毫无疑问,村里有个男人正在打他的妻子。

汤姆睡着了,梦着巧克力和驯鹿。我醒着,想知道 X 去了哪里。他缺席了,而且事实上整片树林都舍弃了我,我也想知道这是不是因为某种残忍无情或是漫不经心。至少这个念头有很地道的旧石器时代晚期风格。我是不是忽略了某位需要去与之攀谈的人?我是不是未作多想就吃了那块烤猪肉,没顾及它属于我某位亲属的臀部,而他还在那里,看着我嚼着的每一大口?我是不是嘲笑了别人的不幸?这些事中的任何一件都会关紧并闩上通往树林的门,把 X 送走,并让树林抵制我。杰伊·格里菲斯(Jay Griffiths)谈及过"自然的仁慈"[2]:这仁慈属于那些从土地上获取道德的人。这并不意味着带血的爪牙是仁慈的来源。我一直听着那些咆哮和尖叫,并不想让达尔文成为我的道德导师。竞争、死亡、浪费和混乱并不会让我们变好。树林似乎对人类比对猫头鹰更有所期待。

我梳理了过去的几个月,审视过去的愚蠢、玩笑和矫情,突然,当教堂钟声在三点敲响时,我明白了!是因为我在一次演讲中提问时冷嘲热讽、自吹自擂。我认为它是可以解决的,但需要采取一些激进的措施。禁食是最理想的,但我想在明天早上离开之前把自己和树林的关系处理好,所以我起身出去,脱光了衣服,在风里瑟瑟发抖,沿着汤姆的小路走到放着腐烂食物的石头那里。我就这样站在那儿,额头抵在树上,牙齿打战地念着某种未成调的求主垂怜曲，直到下一个小时到来，我终于能回到庇护所。当我在睡袋里躺好，我看到月光在汤姆的小路上闪闪发光，听到 X 的软皮靴在墙后走动。

"爸爸，"汤姆早上说，"你知道为什么夜里小路上的草比路两边的东西更亮吗？——因为草叶会**反光**。这都是硅的功劳。月光会从硅晶体上反射回来。"

没错，汤姆，没错。

我们向西走出山谷，带着一袋牛肉干，一块防潮布，踩着露水前行。直觉告诉我们，驯鹿一定在这里奔跑过。天很冷：一种令人饥肠辘辘的冷，吸干了你所有的意志和欢乐。如果前面有驯鹿，它们的酸味（就像在一个地窖里，每个人都在吃泡菜，并竞相打嗝的味道）会随着粪便一起落在地上，很快，就连粪便也会屈服于寒冷，不再散发热气。寒冷意味着我们可以从很远的地方获知一大群驯鹿的位置，因为我们能看到它们呼出的水汽。旧石器时代晚期的猎人就像希伯来人一样追着云柱前进。

今天我观望着乌鸦的深谋远虑。他们的意图比我七零八落的意图完整得多。那只大力扇动翅膀从田野一角飞向另一角的乌鸦，远比我像一个**行为主体**。行为主体了解他们自己：非人类世界——旧石器时代晚期的人类归属其中——拥有完整的一致性。主体意味着含义和意义。这片田地作为整体有某种**含义**。它有判断，也有方向。

这神秘的场面话是狩猎采集生活的支配性公理之一——就如市场至上和利益至上对我们来说是基本原理一样。

有时候（只是有时候），我能让自己接收到乌鸦的意图，当这种情况发生时，很难不去相信鸟类的运动是比卫星云图或医学生物化学实验室更可靠的预兆。

狐狸精灵在我身边某处小跑着。有时，我看到草叶在他尾巴的轻拂下摇摆，或在他柔软的脚垫下匍匐。这只狐狸很沉稳，但即便如此，当他嗅到前方驯鹿的气味时，我还是能感觉到他的兴奋。

我们稳步向上爬，穿过大门，翻越阶梯。很久以前，土地沿着我们所走的地层折叠，后来它展开了，但没有完全展开。羊的头骨比活羊还多，一对喜鹊被钉在谷仓门上。一只蓝冠山雀在它们下面跳跃，吃着风抖落的蛆虫。

汤姆正在追踪驯鹿。他发现自己做这事比我做起来容易多了。他已经有几个小时没说话了，只在我指出什么或试图表达什么的时候，咕哝着让我闭嘴。他非常正确。我说话只是想掩盖我没做好这份工作的失败。

小道穿过一条公路，离开这处地层，沿着一条等高线穿过山毛榉树林。汤姆不喜欢这样。"这不对，"他说，"它们应该在下面。"于是他加快速度走完这部分路程。我们右边有一长溜参差的黑色石牙。再远点是石南丛和一些烧毁的汽车。前面的小路向下延伸到河边，与河水并行了一小段。小路下方有一条缓缓流淌的河，河道以每年几英寸的速度在地面扭动。七岁时,我们在北方的高沼地野餐,一场雨落在我身上,从我的鼻梁滚落,也许它和现在让我的靴子嘎吱作响的雨是同一场。

汤姆现在走在我前面很远的地方,走得越来越快,古怪地弯着腰。有时他的手指会碰到草地。"慢点。"我喊道,但他不理会。我老早就想停下来了。我想坐在河边,吃着松鼠,想着田园牧歌。但是我没有机会。他现在已经不见了,他挤过树篱,跑了一段路(从脚印可以看出来)。也许他受不了我做伴。我不怪他。也许他想甩开公路。这一点我也不怪他,虽然这是一条相当温和的公路,只有零散的路虎车和载着毛茸茸的黑牛去市场的拖车。

我们无法避开集镇,我也不想避开。我父亲在这里买过钉着狐头黄铜扣的红背心,而我曾在猎物商店里指着鹧鸪和水鸭,我还曾想在这里买一个电围网,好让妹妹进不了我的卧室。

汤姆在桥上等我。他一直想套住那条鳟鱼。"但我从来没想过要吃这种鱼。它们靠吃薯条和罪肉[1]生活。"

"罪肉?"这是我父亲的一种说法,但他从没在汤姆面前说过,我也从没说过。

"为什么这么急?"我问道,但不指望得到回答。他也只是说:"我们应该继续前进,就是这样。"接着他出发了,向西北推进,弯着腰,用手指探索着,穿过有白色石墙的寒冷的小块荒田,白嘴鸦

---

[1] 原文为"condemned meat",即被判定为不适食用的肉。——编者注

翻腾着，一只狐狸站在墙头上，想知道我们带来了什么，一只大型猛禽重重落到树梢上，浑身是肉。

我想我现在知道汤姆要去哪里了，不过我不确定他是否知道。这条小路在前方七英里处伸入山间的一片区域。那里因谋杀而臭名昭著。如果你踩到草地上，山谷的崖面便会倒吸一口气。总有一只黑鸟，在某处标记着进入大门的人，还有一只鸟在峡谷上方，登记着离开的人。在这里，大部分世界都隐于地下，即使在春日刺眼的阳光下，山脊顶端依然笼罩在黑暗中。

汤姆在山间通道的入口处。"这里。"他强调着，挤进入口，走了上去。两侧有一些小山洞。他向它们点点头。"不是那里，"他说，"还没到。"他走向山坡间凸出的一根石梁。他爬到了山顶。"就是它了。"（不是"这就行了。"）他说着，然后扔下背包。

"现在做什么？"我问。他耸了耸肩，坐了下来，看着路口，公路在那里开始陡峭向上。没什么可看的。从谢菲尔德和曼彻斯特来的一日游游客停了车，沿公路向上漫步50码，然后折回。一个瘦子孤零零地骑着自行车，穿着闪亮的黑色衣服，碾着路面经过，眼镜后面的眼睛紧盯着前轮附近的一小块柏油路。大黄蜂、兔子和云朵来来去去。汤姆的视线一动不动。

一日游游客喝完最后一杯茶，重置卫星导航系统，调转头回家。蜜蜂把鼓囊囊的黄色花粉袋拖进它们的蜂巢，把山谷留给了兔子、云朵、黑鸟和我们。汤姆摸到他的包，把它扯过来打开，拽出一件羽绒服，穿上，还戴上了兜帽。他的头没动过。我从我的包里拿出一些肉干,递给他一块。他不动声响地接受了。我在他下方的一处岩缝里生了火,用的是我们扛了很长一段路的木头,希望他能下来暖一暖手,但他没有。

这里白天没有多少阳光,就算有也跟随蜜蜂进入了山中,现在一弯月牙在谢菲尔德上空摇晃着,沉入了夜色。汤姆仍然坐着。我有点心烦。这是我的项目,不是他的。我才是敏感的那个,自命通灵的那个。我愿意认为这是出于父爱的保护心理——我不希望他与尖啸的荒野相联系,这荒野在古老时空的深处,是我无法照看他的某处——但可能我只是嫉妒。他就在这里,以一种我没有做到的方式待在此处。而我却遍布四处:一部分我在牛津,一部分我在关注火车时刻表,在关注三段论,在关注神经症,在关注希望,在关注中世纪冰岛和蜘蛛生物学,一切都受制于希腊出品的文化基因,这些基因在德国被转译,被我爸爸误解,一旦我睡着并开始做梦,它们就会被排斥。如果我能像汤姆一样只待在一个地方,时间旅行就微不足道了。如果你在一个维度上充满自信,你就能在所有维度上充满自信。

我打了个盹,又在火堆熄灭时醒来。汤姆还在上面。他一动不动,但警惕又清醒。我走上去坐在他旁边。"怎么样?"他又耸了耸肩。这一次,我因为羞愧而清醒,便和他坐在一起。

他是对的。这是它们会来的地方,男人们会在这里等着。这个山谷是通往西北高地最好走的阶梯。大群驯鹿会匆匆攀过隘口,散布到山坡上。它们一进入山谷就能闻到人、狮子和大型猫科动物的气味，因为这些气味永远不会飘到半山腰，而是会像驯鹿一样被困住。它们会惊慌失措，其中一些会试图折返。它们会喷着响鼻，尖叫着，喷溅麝香味的尿液，踩着带短弯钩的蹄子四下转头，推挤着那些还想向上爬、还没有嗅到死亡气息的驯鹿，踩上它们的后背，挤翻它们，把它们的脸踏进泥里，把双腿折断，让眼睛爆裂。接着，不等它们整理好撤退的队列，人类就会跑出洞穴，喊叫着冲下汤姆坐的平台，喊叫着把燧石长矛投向那一大群生物，下午吃进去的草会从它们的腹部往外流得到处都是，山谷中将从底至顶充满蒸汽、血和胃液的味道。而后，人们会停止喊叫和投掷，坐倒在地，一边呼号，一边做出某种在旧石器时代晚期的德比郡与如今画十字意味相同的手势，并在接下来的几天里剥皮、炙烤、刮削，并尽力安抚所有绕着山谷小跑的灵魂，它们不知道自己的身体发生了什么，也不知道自己的腿为什么不像往常般附着在躯干上，而是被吊在阳光里晒干。

那时山谷里和山谷附近应该有很多男人、女人和孩子。他们会从四面八方涌来，其中有些人从几百英里外赶来。他们知道驯鹿当时会在那里，并根据太阳和月亮来计算自己到达的时间；他们知道会有盛宴、故事、宗教狂欢、林中性爱和婚姻介绍；他们知道自己会看到一年没见的熟人，后者来自更大的部落：与这些人的DNA相融合更是合情合理，他们的女儿与这些人能生活得更好，这些男人有更高级的燧石，可以与之交换兽皮，这些人还有海狸皮可换取女人或代赭石。

我们已经习惯于认为狩猎采集者是平等主义者,与任何现代企业或现代社会相比,他们确实是平等主义者——至少在一年中的某些时间如此。但是和其他领域一样,考古学和人类学也有一些流行趋势,人类学家大卫·格雷伯[1]和考古学家大卫·温格罗[2]重现了一些关于因纽特人和太平洋中西部狩猎采集者的旧研究³,并为其平反,这些研究的结论与旧石器时代晚期考古记录所呈现的景象并无二致。

在那些更为现代的社群里,政治和社会学随季节而变化。季节本身主要也不是由温度、降水或光照决定的,而是由动物的运动和植物的生长决定的。在一年的大部分时间里,正如我对 X 和他儿子的描述那样,基本单元为觅食小群组,他们的组成由家庭纽带或职能决定。他们之中有挖树根的,有猎鹿的,有捕海狸的,有采浆果的,有时还有烧饭的和守要塞的——因为生活并不总是变动不休。

相对来说,这些小群组与有害的地位假设论无关。在生活的这个阶段,显然每个人都是被需要的:他们的职能相互依赖,他们的贡献都很重要。浆果会和烤驯鹿肉一起被嚼碎吞下。肯定会有一些

---

[1] 大卫·格雷伯(David Graeber,1961—2020),美国人类学家,无政府主义者,伦敦政治经济学院人类学教授。著有多部关于官僚主义和经济学的畅销书,包括《狗屁工作:一个理论》(*Bullshit Jobs: A Theory*)和《债:第一个5000年》(*Debt: The First 5000 Years*)。——编者注

[2] 大卫·温格罗(David Wengrow,1972—),英国考古学家,伦敦大学学院比较考古学教授。与大卫·格雷伯合著《万物的黎明:人类新历史》(*The Dawn of Everything: A New History of Humanity*),该书于2021年9月出版,成为大卫·格雷伯的遗作。——编者注

粗野的丈夫认为狩猎比采集更棒，但也会有聪明的妻子公正地指出，家庭食谱中的植物可比动物多得多。总体来说，那是一个相当平等的竞争环境。

但在季节性的血之盛宴中就不一样了。在那里，狩猎者（大多为男性）是主要的供给者，在人群聚集的部落氛围中，有更多男性的自我意识，他们相互刺激，形成在一切会议室或内阁中都能看到的恶魔般的增效作用。随着人数增加，一个有规则和强制力的阶层社会便在这个季节出现，而后分解，直到第二年再度出现。在这个社会中，有拿着燧石尖长矛、穿着野牛皮靴的警察，有戴着猛犸象牙耳环的法官。死者吵吵嚷嚷地环绕在法官及律师的颈部和手腕上，死者靠在警察局的柜台上，发表演说，起草判决书。

于是，旧石器时代晚期的狩猎采集者从等级制度中进进出出，从时时变化的季节性大杂烩中抽取一些政治和社会学的可能性。在政治上，他们比我们这些单一政治文化的现代人更有经验，更老练。等我们谈到新石器时代的剧烈变化和国家形成的大转变时，这一点将会很重要。

是什么力量决定了旧石器时代晚期的社会和政治结构？有人说，旧石器时代晚期的狩猎采集者只是玩弄权谋的黑猩猩，我们这些人也一样。黑猩猩怯懦、自大、暴力、顺从、控制欲强、迷恋地位。是的，故事就是这样，我们安装了一些黑猩猩没有的认知软件，但这并没有使我们的本性产生真正的变化。我们只是升级版的黑猩猩。

这说不通。人类不是——或者至少曾经不是——任何简单的东西。软件升级创造了一种前所未有的关系能力（我们很快就会讲到它），这指的不仅是与其他人类的关系。为什么要这么严格呢？一个典型现代人类的意图有 5 级："彼得认为（第 1 级）简觉得（第 2 级）萨莉希望（第 3 级）彼得猜想（第 4 级）简打算（第 5 级）……"[4] 抛却任何人类中心论的偏见，单单想象一下这样一个大脑，如果它发现自己在一座森林里，因为各种差异性和代理介质而头昏脑涨，它会怎么办。事实上，别想象了：试试吧。用语言或催眠摒除自己的偏见，然后乘火车去一处你觉得不适应的地方，之后在没有食物或性干扰的状态下，在那里坐上四天，你会知道有一百万双眼睛在评估你，其中一些是复眼，还有许多其他类型的感官在评估你，其中一些可能知道你的胰腺正在如何运作。要知道，这些评估者比你年长很多；他们在这个地方远比你适应得多；他们的思想和你的一样，远远延伸出了他们的头骨——也许和你的一样，延伸出了宇宙的边缘；他们神经元中的电子正在影响 10 亿英里外电子的自旋。让他们进入你的领域，此后检查你的邮件，看是否收到了他们的邀请。

我不能过于激动。旧石器时代晚期的狩猎采集者并不总是像服用了致幻剂一样穿过树林。但他们确实从渗入他们的非人类世界中，获得了自我的概念，从而获得了关系、社会和政治的概念。

这并不是指在森林溪流边快乐地唱赞歌，不过它确实意味着他们与圣方济各[1]一道"与牛称兄弟",也的确意味着他们知道雨水平等地落在义与不义之处,知道万物相互依赖,知道由于我们所有人都总是处在致命意外的十字准线上,而扣扳机的手指蓄势待发,所以没有人可以自我夸耀。

但在这苔原上没有开明的、慈悲的民主。这里有地位,有某种自由市场,只不过后者被达尔文的正统学说(即合作、社群和利他主义形成了自然界大部分的复杂性)夸大了。狗真的会吃狗,且对于狩猎采集世界来说,更重要的是,雄鹿会互相争斗。我们说,旧石器时代晚期的世界从自然界中获取了它的线索和形态,那就无法不得出结论:它也从自然界中获取鹿角,有时人们用那些角相互攻击。和大多数现代武器不同,当时鹿角的使用有其目的,不过它们一样很锋利。在旧石器时代晚期,显示人类侵略人类的证据很少,不过等级制度似乎存在——甚至存在于较小的狩猎和采集群体中。有雄鹿,也有雌鹿。

角并不是故事的全部,不过在考古记录中,在我们思考世界结构后得出的推断中,它们比其他隐喻性的人类结构更明显。还记得电影《我盛大的希腊婚礼》吗?丈夫可能是(想象的)头,但妻子是脖子,她可以把头转到任何她喜欢的方向。她才是掌控者。毫无疑问,在旧石器时代晚期也是如此——一切得体的文明都是如此。

---

[1] 圣方济各是天主教方济各会的创始人,他是动物、商人、天主教教会运动以及自然环境的守护圣人。——译者注

谢天谢地，尽管雄鹿吼得很大声，但实际上到处都是母系社会。威廉·欧文·汤普森[1]说：

> 因为我们将人类与自然、主体与客体、涵义与分析、知识与神话、大学与宇宙分离开来，于是除了诗人或神秘主义者，任何人都很难理解冰河时代人类的整体主义和神话思想。我们用来讨论这段过去的语言，是和工具、猎人和**男人**有关，但我们发现的每一尊雕像和每一幅画作都在向我们呐喊：冰河时代的人类文明是艺术的文化，是对动物和**女人**的热爱。[5]

男性的权力和地位，就像勃起一样，都是短暂的。女性的影响，就像月经一样，永恒循环并且必占上风。只有女人生的小仔才能生其他小仔，诸如此类，直到永远。男性猎人只会把死去的小崽带回家，在那一周烤了吃。

当我在理事会停车场找驯鹿精灵时，我就在想这个。

X不在这里。他为什么要在呢？他不是我的男仆，也不是导游。他有自己的工作要做，有自己的路要走。可能他只是不喜欢和我们在一起。

我在观察汤姆，想弄清楚他看到了什么。他什么也没透露。当太阳从谢菲尔德升起时，他终于转过身去，在岩石上翻了个身，拉

---

[1] 威廉·欧文·汤普森（William Irwin Thompson，1938—2020），美国社会哲学家，文化批评家，诗人。——译者注

着兜帽遮住眼睛，睡着了。他就这样留我自己胡思乱想，真是太不厚道了，我的脑袋就像这个山谷一样，大肆咆哮，鬼影重重。要是有个伴就好了。白天比夜晚更难熬。夜晚就**应该**是鬼影重重的。这是自然规律。但早晨应该充满希望，有培根卷和日程清单，大家赶着上学，某趟列车可能取消了，这个时段没有食尸鬼出现的空间。但生物学最终驱除了所有念头，我也睡着了。我记得我最后想的是，我爸爸就是在山脊那边为我的考试捡了那些转运松针。

汤姆把我踢醒。"该走了。"

"该去哪儿？"我问。他指了指北方。

"但是为什么呢？"

"来吧。"

英格兰的脊骨从这附近起始，穿过泥塘、沼泽和高处洁净的牧场，一直延伸到苏格兰，它加固了土地，又将其分割开来，它俯视着磨坊、寂寞的农场和更为寂寞的住宅区。看来这就是我们要去的地方。

我印在泥炭上的脚印就是我的居所。这是我的居所，一路往东直到谢菲尔德。在这里，我认识了"居所"，也明白了"流亡"。我从未见过哪个西方人不是在流亡——离开童年的乐园，离开自身起始之处，去往他们所属的地方。

X 没有流亡。他如此依恋这片树林，以至于死后 35 000 年他还在那里。毫无疑问，他也永远离不开我们牛津垃圾桶旁的人行道。**这**就是贵族派头：你拥有并属于你的靴子置放之地。

"你来不来？！"

"来，汤姆，我就来。"

我爱这个地方。现在依然爱。我就像旧石器时代晚期的狩猎采集者一样以它为食。没有它我会饿死的。更重要的是：我可能会未出生就死去。每天晚上，等到霓虹街灯熄灭时，我都要走出去，爬上一座我称之为西奈的小山——因为我要在那里会见一些居住于烟火中的事物。在西奈山山顶上，总能闻到高沼地上甜美的空气——石南花、将变成煤炭的泥炭、松鸡的气息，还有狐狸——并且总有一些新的东西，超越了气味和思想。我在黑暗中用圆珠笔在笔记本上快速地写着。这几乎是无意识的写作，因为就像《纳尼亚传奇》里的魔法衣橱一样，这里是凯尔特文化的"薄处"之一，与另一个宇宙只有一口气或一件皮大衣的距离，在那个宇宙里，感知和构成的一般规则都不起作用。我对这项业务的贡献极其模糊，以至于自那时起我一直在想，我和我以为属于我的那些想法是否有任何关系。春天和夏天，我在笔记本里压扁花朵，秋天和冬天压扁小草。我可能是想说，这些文字是用山间的汁液写成的，就像花瓣的颜色或草叶的污渍。

然后我把一切都毁了，我真是个可恶的势利小人。当地的综合学校对我来说不够好。哦，不。于是我坐 51 路公交车进城，大步走进图书馆，拿出《公立和预备学校年鉴》开始翻找。

我父母没多少钱，我需要奖学金。我在广告上找到了一笔很高的奖学金，没有告诉父母便申请了，然后在信箱旁等了几个星期。

"你能帮我通过这场考试吗？"我一边问我父亲，一边把信封递给他。

他打开信封，看了信，我想没有人能比他当时更安静了。

"你为什么想考这个？"他非常温和地问道。我耸了耸肩，像汤姆平日里那样。

最后他说："如果这是你真正想要的。"

我为此责怪他。他应该知道，像"你"和"想要"这样的词，远没有"我"开始做的这件事情那么重要或有意义。他应该把信封扔进垃圾箱，然后把我拖上一座山让我摆脱自我。但是相反，他尊重了我那完全抽象的自主性——它令我恐惧又震撼，他教我怎么用省略号，告诉我一些写论文的小窍门，开车带我往南走了几百英里——在那里我吃力地学了一些三角学；搞混了法语的过去完成时；用我自学的拉丁语让古代百夫长说出一些他不太可能说的话；正确地辨认出胫骨；用令人作呕的华丽散文描述日落；像敲打地毯一样殴打架子鼓；像戴了扑粉假发一样装腔作势地在钢琴上弹奏小步舞曲。

由于某种原因，他们给了我奖学金。他们一定是疯了。我父亲睿智地说："哦，这将是一次有趣的旅行。"我母亲偷偷哭了，还买了一箱雪利酒。

我和谢菲尔德的朋友和好了，但这对他们来说不是一件重要的事，为此我相当受伤。我爬上西奈山寻求祝福，告诉山谷我这么做是为了它好,我在老铁皮箱里塞进我的泰迪熊,麻木地坐在我们家老沃尔沃的后座,让我的父母开车送我去学校,开始秋季学期。

这是一场灾难。我现在才开始意识到这是多么大的一场灾难。一开始,我就认为这是一场灾难,因为他们没有说"优秀啊,老伙计",也没有在火上烤松饼,而是窝在被子里看色情小说,叫我滚蛋,去死。方圆几英里内都没有平顶硬草帽,也没有飘仙酒,要想划船,我就不得不在周末独自一人搭巴士去一个工业园区。我把家里寄来的信,还有那些冷杉球果和树叶护身符,锁在我的床头储物柜里,把一切神圣的东西都挡在心里那面匆忙建起的墙后,而这堵墙刚刚开始遭到侵蚀。我可以过普通的学校生活而不汲取神圣的东西:的确,不让异教徒接近神圣是道德的本质。我同时生活在神圣和世俗之所——这是一种自发的精神分裂的壮举,它使我自那以后在使用人称代词时就搞不清自己指代的是什么。我们都这样做过:上过寄宿学校的人都不适合谈恋爱或担任公职。[6]我用希腊字母写日记,因为我知道那些没有文化教养的人看不懂。有一天,他们撬开了我的储物柜,夜里,他们一边在宿舍抽烟,一边传阅我父母寄来的信。我拼尽全力打断他们的鼻子,但他们人数太多了。

慢慢地,我开始明白我做了什么,只是我不能向父母承认。对我来说最容易认识到的是,我背叛了我的朋友和我的家乡。走在谢菲尔德路上的任何人都不会偷看我的信,西奈山附近的任何人都不会像那些没教养的人那样谈论性。因此,我的不幸显现成了一种多愁善感的北方民族主义——这种民族主义妖魔化了南方和南方的一切。

每天晚上睡觉前，我都踮脚站在马桶盖上看外面的公路，把我的爱和忠诚送上前往北方的卡车，而当卡车从北往南来时，我便吸气，因为它可能捎带上了西奈附近的泥。"英格兰北部的人啊，"我轻声念诵，"我看了他们一天。他们的心落在荒芜的丘陵，他们的天空沉郁灰暗。从他们的城堡可以看到远处的群山。"[7]我们在谢菲尔德郊区的房子很难算得上是城堡，不过只要带着信念，你就可以从那里看到我心目中的山所在的地方，那么我的心当然是落在荒芜的丘陵上的。我再次向西奈说出誓言，脑中又覆盖了灰暗的天空，然后打开厕所门，回到那烟雾中。

所有这一切与旧石器时代晚期的相关之处在于，我所有的道德观念和身份认同都是地方性的：它们与褐色的泥炭水一起从北方乡野渗入我的身体；它们被编码在麻鹬的歌声中；它们可以从西奈山下树林里狐狸的步态中被推断出来。这情况对于狩猎采集者是一样的，和我们大多数人不同，他们是由他们恰巧所在之处造就和供养的。为了找到它，为了了解它的重要性，我不得不失去我的故土：它必须被剥夺，从而使我能把它夺回来，并发誓再也不放开它。那所学校完成了至关重要的剥夺。[8]

从那以后，尽管我一直流亡在牛津，但那褐色的水一直是我的家乡。从那以后，我一直觉得我必须为自己的背叛做出补偿，直到最近，我还对回到谢菲尔德感到紧张。我以为高沼地和山谷会背转身去不再理我。我不能怪它们。我想象自己从一处粗砂岩岩架上跌落，被一阵来自斯坦内奇柱[1]的复仇狂风吹倒，在金德撞碎脚踝，陷进一处沼泽的塘口变成化石，又或者只是被泰兹韦尔附近某家农场的运奶车撞倒——我孩提时曾在那里工作，却为了明亮的南部阳光而抛弃了它。一切都将是完全公正的。我所能期望的最好结果，就是有时间来把一切推回正轨。

我想，这就是狩猎采集者在大地上穿行的方法。对我和他们来说，这片土地上到处都是代理者：它需要关注，也需要回应，它不仅有力量影响我们的生活，也有积极的意愿这样做。[9]它不仅仅是人类剧本的一个舞台背景，一个让我们可以表演的舞台。它是主角。

事实上，这片土地及其副代理人克里斯原谅了我，我小时候曾和他一起采集飞蛾。西奈允许了我的回归。几十年后，我再次坐在那里，而它屈尊对我说话。它非常和蔼。但我现在已经懂得不能擅自主张。

最近我写完了一本关于大海的书。我一直为这本书绷着神经。海非常大，我非常小。我觉得试图写它真是太傲慢了，于是我把这本书的背景设定在一个小回水湾的寒酸小港口里——它几乎不算是海，真的——希望波塞冬[2]不会因为我的放肆而愤怒地来找我。

当我编写完最后一点时，我们在北德文郡。我长长地松了一口

---

[1] 斯坦内奇柱（Stanage Pole），位于英国峰区国家公园内，标志着德比郡和南约克郡、哈瑟西奇和谢菲尔德的边界。——编者注
[2] 波塞冬是希腊神话中的海神。——编者注

气，然后与一位朋友以及汤姆一起，去我喜欢的某处海面游泳。大海生气勃勃，但没有什么不寻常的东西。我们游完泳。朋友和汤姆走上了岸，我在齐膝深的水里，也正往外走。就在此时，我听到身后传来一声咆哮。一道房子那么高的巨浪从头顶向我压来。我以前从没见过这样的东西，在那以后也没有遇见过。它已经近在咫尺了，我没法跑出它的范围，于是便试图从它下方潜过去。可我没有足够的冲力，或之类的东西。它把我卷起来甩了大约 50 码远。我的腿在一块岩石上撞碎了。接着我又被拉回了大海。我并没有失去知觉，另一道更小的浪头把我拍回了岸上。几个旁观者把我拉了上来。

医护人员最终还是赶到了那里，给我注射了不少吗啡。其中一个说："我得在他挂掉之前找到一根血管。"于是我以为自己就要死了。我没想到事情会这样。我第一个念头是孩子们要如何应对此事，第二个念头则是纳闷，草稿里究竟有什么东西使我的放肆变得如此不可容忍。

一架直升飞机来了，一个聪明的外科医生把我重新拼装了起来，所以结果证明，我的放肆不是致命的。但第二个念头非常有旧石器时代晚期的经典风格，只不过我的措辞比较希腊化。

"快一点来好吗？"

"好的，汤姆，我就来。对不起，我只是在想事情。"

"你就不能边走边想吗？"

"嗯，有时候能。对，一般都能。"

"我们真的需要继续前进了。我们睡太久了。"

"对**什么**来说太久了？"

没有回答。我们已经走了整整七个小时。

但他已经出发了，现在是向着正北，沿一条小溪逆流而上，它最初的融雪水来自将 X 的先祖拦在法国的冰川。他走到了山谷的顶端。我汗流浃背、嘟嘟囔囔地跟在他后面四分之一英里的地方，我看到他停下来，然后像搜索中的猎狐犬一样绕着大圈搜寻。他这样做了三次，停下来仔细观望前方。绕到第三圈时，他又离开了，果断地冲向方圆几英里内唯一的一棵树——地平线上的一棵花楸树。

他一定会在树那里等我吧？但他只停留了片刻，好回头看我一眼。我能感觉到他的沮丧和急迫，但我的骄傲和困惑令我无法生气。现在我们开始走向一道山脊的中央。我很惊讶。我以为他会从一种地形移动到另一种地形，但现在看来，他要去的地方没有什么独特之处。

他又加快了速度，而我每走一步就落得更远。有一会儿我看不到他了，开始担心起来，但他又出现了，正往山坡上跑，他低头钻过一<u>丛欧洲蕨</u>，又悄悄绕过一长溜像蛇一般蜿蜒的粗砂岩的顶部。

这次他停下来等我了。不仅如此，当我一瘸一拐地走过去，他已经打开了他的睡垫，烟也从火堆里袅袅升起。

"今晚睡在这里，是吧？"我问。

"我是这么想的。可以吗？"

"当然可以。"这显然和我没什么关系。

于是我们仰面躺着,嚼着羊胡子草的木茎,听云雀跳来跳去,捻掉腿上的扁虱,看一只茶隼追踪着田鼠尿液在草中形成的紫外线迷宫,感受着大地贪婪地吸走我们的热量。光线并不比热量待得更久,但它是突然消失的,接着星星就出现了。我对星星的看法和常人一样。这景象没有向我透露出多少和狩猎驯鹿有关的信息。但这还是跟我没什么关系。

夜里,有什么东西在快速地喃喃自语,好像有很多话要说,但无论说了什么,句式都不成章法。这可能是一股泉水正被迫从我们头下方深处的石孔里钻出来,或是一只不眠的巨怪,还可能是我体内的声音,又可能所有这些东西都是一体的。

我仰躺着睡觉。南美洲的萨满巫师说,美洲虎不会攻击脸朝上睡觉的人,因为它们能从脸上认出和自己相似的存在。不管外面,或下面,或上面是什么,它都是某种个体,我希望它也认为我是种个体,为了团结而放过我。当我满身露水地醒来时,汤姆正蹲在火边烤着草叶。

他说:"当它们移动时,有一种叮当声。你听到了吗?"

"当什么移动?"

"星星。"

不,我没听到。但中世纪的人肯定听到了,并以这声音为基础建立了一整套宇宙论。

汤姆踩灭了火,抡起袋子走了。

接下来几天一直是这样：汤姆在远处嗅着，专注地眯着眼，逆着阳光和风；不说任何没必要的话；嚼肉；看到远处有人走过，他就躲起来；慢慢把火生起来；断断续续地睡觉；在黑暗中起床，就为了不错过任何东西。我们现在看到的大部分星光，在 X 和他儿子于此捕猎猛犸象时就已经朝这片高沼地奔赴而来了。

我的脸通红，汗水让我发痒。我的腹股沟磨得生疼。我很担心我身上被扁虱咬的几处——其中一处在腋窝。我们的粪便又黑又细，汤姆喜欢像狐狸一样把它拉成小圆丘状。

我没法让自己相信狐狸精灵在这里：他活在我思想的朦胧处，但现在我的思想充斥着阳光。他可能正在旧石器时代晚期的地层上小跑，就在我们下面许多米深处。这里的泥炭——我认为它们是北方乡野的精华——只有大约 12 000 年的历史。在 X 的时代，巨大的兽群——尤其是猛犸象——在这里的大草原上吃草，没有留下任何能形成泥炭的东西，还沉积了数千吨肥沃的粪便，中石器时代的树木就是从这些粪便中生长出来的。

然后，一切突然间就结束了。正是上午 10 点左右，汤姆正在走上某处堤岸的半路上。他停了下来，快速地环顾四周，然后原地转了个身，快速朝我走来。

"我们回去吧。"

"现在？为什么？"

愚蠢的问题。唯一真正的问题是怎么回去。当然，我们确实应该步行回去，追溯来时的脚步。但汤姆的态度很明确。一切都结束了，我们得尽快回到基地。

可我们已经走出足足 70 英里，在这丘陵脚下只有很小的路。这需要花一段时间。

"我们至少洗洗吧，"我提议道，"我们得搭便车，这会儿我可不想坐在我自己旁边。"于是我们往回走了几英里，来到一条小溪边，脱下衣服，躺在一处石洼里，头埋在瀑布下，像狗一样抖毛，在草地上打滚，把臭衣服又穿回身上，滴着水沿下坡路走到一处车道上。

上帝是仁慈的，并且偏爱旧石器时代晚期，车道上一辆拖拉机带上了我们，把我们丢在一个村庄，接着一位嗅觉失灵的龅牙牧师开车把我们送到另一个村庄，一个精干的石棉脱模工又把我们带往另一个村庄，在那里，我们被一个正在越野跑的优秀运动员带上，他胡子稀疏，身上的气味和我们不相上下，他给我们吃薯片，还给我们讲述关于剧痛的故事，欢快地将我们一路送到巴士站。

黄昏时分，我们回到了树林里，带着食物以备无法狩猎或觅食之需。汤姆根本不烦心生火的事。白猫头鹰还没飞过萨拉的山顶牧场，他就已经睡着了。

第一批小夏候鸟来了。它们都是雄性，要在雌性到来之前占据一方领地。你只能看到它们在绿意萌发的树冠上活动的影子，听到它们瓜分树林的歌声。在我们身旁，有一首细弱的、病恹恹的歌。如果我们能靠近这只鸟，我们可能会看到在刚果孵化的虱子正在吸它的血,它抓着德比郡树枝的脚趾上还粘着马里某个绿洲中的细泥。

在狩猎采集者看来,春季树林里鸟群数量的爆发,必定与树枝上的叶子和泥土上开出的花朵数量的爆发相类同。每年春天,我都会连续几小时凝望天空,但我从未见过从南方随风而来的第一批棕柳莺。冬天时它们不在那里,然后在某个春日,它们突然就出现了。显然,最直观的解释是,它们就和植物一样,寒秋退缩至地里,如今的阳光又把它们引诱了出来。[10] 我从未见过一只鸟儿从地面冒出来,这并不奇怪:水仙花在阳光下绽放的那一刻你多久见一次?

因此,在狩猎采集者脚下的土地中,到处都是沉睡的活物。冬天的大地打着鼾,颤动着,如果你的耳朵和脚足够灵敏,就能感觉到。在旧石器时代晚期,葬礼似乎不是很常见,不过还是有一些(并且显然比我们发现的多得多),而把一具尸体埋进土里肯定就像在交通高峰期把它放在皮卡迪利广场中央一样。到处都在活动:起身、摔倒、翻腾、喷气、困倦地变换姿势、张开翅膀、伸展腿脚。在许多文化传统中,地球——以及大地——是一种电池。在复活的传统中,我们回到地里,重新充电,重新形成并再生。在《荷马史诗》中,一个战士被杀后,他的身体悄然地从他的鼻孔里出来,回到地里。许多冥想者坚持认为,如果他们直接坐在地上而不是坐在禅室的垫子上,他们的心就能更有效地与智性结合在一起。也许垫子干扰了"气"的流动。工业化的农民将骨粉和血粉撒在他们的土地上,这样玉米就可以从尸体中生长出来,为活人提供动力。我们会说,"他长眠于地底",意思是他藏在一个安全的地方,等待时机以再度归来。

X和他儿子整个冬天都躲在这里,吃熏驯鹿肉和干鲑鱼,偶尔来一把榛子,用火和意志力驱走黑暗;把火看作消失的太阳的碎片;向一个死去的伟大萨满的灵魂鞠躬,后者被困在X脖子上挂的水晶中;感觉到家中一位老妇人生了热病,于是下到阴间去寻找她逃逸的灵魂,把它冲洗干净带回来;用他们的指尖敲打绷在鹅骨框上的松鼠皮,直到他们的眼睛在恍惚中震颤,舌头像蛇一样伸了出来,品尝鼓声所召唤的灵魂宿主的气息。当羽毛从一群灰雁的领头者身上掉落到草原上时,X把它编进了自己头发。雁知道三个领域——天空、大地和水——并能自信地在三者之间穿梭,因此可以帮助X在下界、中界和上界之间交涉路径。

煤焦油皂的气味又回来了。

我们周围有什么东西在骚动。草叶无风而动。不害怕我们的喜鹊,从一棵黑刺李的树顶上往下看着,紧张不安。

很难让汤姆开口说话。他咕哝着赞成或反对,或者反射性地说一句习语,但仅此而已。不过,当他不知道我能听到他的时候,他就会唱歌或吹口哨。有一段口哨的调子奇怪又凄切,"啦哩哩哩,哩哩",我以前从未听过。在几乎完全不借助语言的情况下,我们对彼此肢体语言的理解远胜从前,或者至少远比从前依赖于肢体语言。

所以，汤姆又一次带我去了我要去的地方。旧石器时代晚期的狩猎采集者并不是没有语言：他们有。但我怀疑它是否像我的语言之于我一样，决定了他们世界的形态和颜色。

考古学家对行为现代性的探索一直是对象征主义的探索。文字是终极的象征："喜鹊"代表那种黑白相间的鸟，尽管这个词无论是书写出来，还是以一系列复杂的喉部动作形成可听的形式，显然都与那种鸟截然不同。这个词代表了好几种显然不是它本身的东西：通常所说的喜鹊，特指的某只喜鹊，喜鹊的性质等等。要使用这个词，词汇使用者和词汇倾听者的思想必须相契合，并且两人都必须认识到对方拥有思想，并且明白他们的思想能够产生并确实产生了契合。这一切都非常复杂。哪怕以最简单的方式使用最简单的词，都意味着需要做出许多非常复杂的心理学和哲学假设。为此，你需要大量的硬件和一些经过精确调整的软件。X 两者都有。他和他的祖先已经拥有它们很长时间了。

要理解他是如何看待德比郡的树林，我们必须前往非洲，了解一些基本的演化生物学。

自然选择不是心灵感应。它必须亲眼见证才能付诸影响。它能看到腿脚的效率和爪子的力量；如果大脑的某些变化产生了什么作用，它就能看到这些变化；它看待行为的眼光极其敏锐。

大脑显然可以对行为产生深远的影响，但头骨内部的"房价"极其昂贵：大脑约占人体总重量的 2%，但消耗约 20% 的能量。每克脑组织需要的能量大约是肌肉的20倍,它必须努力证明这一差异的正当性。它确实工作得很卖力。大型灵长类动物的大脑工作特别努力的领域以及工作的目的都是**关系**。一个独行者可以用一个不怎么大的大脑应付过去。但如果你想要很多朋友,你就需要一个大的大脑。关系越深越复杂,你需要的大脑就越大。一夫一妻制的动物比乱性动物有更大的大脑。

在灵长类动物中,大脑额叶的大小和它们所在群体的典型规模之间存在鲜明的线性相关关系。[11] 我们的大脑额叶大小表明我们应该处于150人的团体中。这被称为"邓巴数"[12],以牛津大学演化心理学家罗宾·邓巴(Robin Dunbar)的名字命名,他在这一领域做了很多工作,并创立了我将于此描述的语言演化理论。

一旦你知道了邓巴数,你就会发现它无处不在。它(大致)相当于整个历史和整个世界上的军事团体的规模,相当于公元前6 500年左右的新石器时代村庄的规模,相当于《土地调查清册》中记录的英国村庄的规模,相当于十八世纪英国村庄和阿米什教区的规模,相当于较大的狩猎采集者区域集群的规模,相当于你脸书上朋友的规模,以及具有实际功能的商业分组的规模(例如戈尔特斯公司,他们将每家工厂的员工人数上限设定为200人)。为什么?因为只有在每个人都充分了解其他人,并因此能够信任他们的情况下,人类社群才能发挥最好的作用。比起地位或经济奖励,互惠和信任才是更有效的社会和商业润滑剂。

灵长类动物是特别的,灵长类的人类尤其特别。平均来说,哺乳动物大脑总容量的 40% 是新皮质（现代较高级的运算部分）。在类鼩鼱哺乳动物身上，这一比例降至 10% 左右，在非人类灵长类动物身上，这一比例多至 50%，而到了人类，这一比例更是多至 80%。我们比鼩鼱思考得更多，互相联系得更紧密。或者至少我们**有这个能力**。

在人类羽翼渐丰的非洲平原上，足够大的族群规模使灵长类有了演化的可能。更多的眼睛意味着更有可能看到捕食者；更多的牙齿意味着更有可能把它们赶走。不过，庞大的族群规模也代价高昂。它带来压力，而压力带来重要的生物学影响——尤其是对雌性。压力使她们停止排卵。在灵长类族群中，最底层的雌性通常不能生育，因为她们的压力比地位较高的雌性更大。对于人类和狒狒来说，在规模大、压力大的族群中，应对方式就是在自己周围聚集一批真正的朋友：与你相互了解的朋友。[13] 但是，正如邓巴数所论证的，你不可能有无数可靠的朋友。友谊需要神经处理能力（因此我们大脑的容量限制了真正友谊的数量），同时也需要时间和努力。

在非人类灵长类群落中，友谊主要是通过梳理毛发来获得及巩固的，它们花费在这上面的时间远远超出了保持卫生的需要。这远不止虱子这么简单。演化是非常巧妙的过程。它使梳理毛发成为一件非常愉悦的事，因为这个过程会触动一些只对轻抚毛皮做出反应的神经元（C 类传入纤维），并导致身体分泌自然产生的阿片类物质（内啡肽）。内啡肽使我们感到放松、快乐，并亲近那些在我们因阿片类物质而兴奋时离我们很近的人。我有很多毛发的时代已经过去了，但我能理解为什么黑猩猩喜欢其他黑猩猩摆弄自己的毛发。在巴勒斯坦阿拉伯语中有一个词，写作 na'i'man，仅用于或主要用于描述理发带来的特殊幸福感。也就是说，有这样一个词表明了以梳理为介导的内啡肽释放的力量。足够亲密到可为你梳妆的朋友能改变你的情绪和生理。如果你是一只雌性东非狒狒，又有很多梳理毛发的伴侣，你可能就会有更多存活下来的后代。

我们在不快乐的环境中也看到了阿片的力量。如果你的受体被阿片类物质淹没，你会想要独处：想想海洛因成瘾者在吸毒后自我强加的社会隔离。如果你的阿片受体被化学阻断了，你会迫切地想要被梳理头发。

你可能会认为，灵长类梳理毛发的时间长短与群体规模有关：群体越大，梳理毛发的时间就越长。在某种程度上确实如此。但你不能整天梳毛。你得采集食物，警戒豹子，授精受孕，抓紧时间睡觉。梳毛时间超过一天的五分之一就不可行了。那该怎么办呢？

从这里开始，事情就变得真正有趣了。还记得人类的邓巴数 150 吗？如果仅靠梳理毛发来维持这么大的群体，我们要花 43% 的时间梳理毛发，那代价将是致命的。必须有别的东西来补足这个缺口，也的确有这样的东西。我们已经开发了许多其他无须触摸就可以分泌内啡肽并形成关系的策略。那就是笑声、无词汇的歌唱 / 舞蹈、语言、仪式 / 宗教 / 故事，[14] 罗宾·邓巴说。

我们比其他灵长类更善于笑，但也笑得更费力（我们在笑时要呼气和吸气，而它们只呼气），毫无疑问，一个笑着的警察比一只笑着的倭黑猩猩体内流动着更加澎湃的内啡肽。[15]演化机制似乎认为笑很重要。它深植于我们的生理中，不需要学习。如果你给一个天生又聋又瞎的孩子挠痒痒——一个从未听过或见过笑的孩子——她会大笑，也会微笑。如果你笑得恰到好处，它就是一种非常有效的社会梳理形式，因为物理性的梳理只对被梳理者有利（尽管互惠主义意味着梳理者自己可能最终也会被梳理），而笑不仅惠及讲笑话的人，也惠及听笑话的人。

如果说有一种力量改变了人类的社会行为（以及群体规模），使之不同于我们的灵长类近亲，那它很可能是笑。我们笑着走出了黑猩猩的世界，成为原始人。（甚至在今天，我们仍然认为笑是人类繁荣的基础。超过一半的征婚广告都注明"要有幽默感"。）一旦我们走上正轨，邓巴确认的其他因素就可以发挥作用了。

要了解舞蹈的起源，我们可能至少要追溯到两足行走的起源（两足行走使人们能高效地采摘水果；并帮助古人类在非洲灌木丛中保持凉爽，因为这种方式减少了被太阳暴晒的表面积）。要想在功能上成为两足动物，你必须有良好的平衡性和协调性：要具备一位像样的舞者所具备的素质。人类的舞蹈实际上只是修饰过的奔跑。试着想象一下四足动物的舞蹈，哪怕它是最优雅的四足动物：那真的不太可行。也就是说，正如考古学家斯蒂芬·米森（Steven Mithen）猜测的，人类可能是通过模仿动物的动作，才有了以功能步态以外的方式移动的念头，现代卡拉哈里沙漠的狩猎采集者就是这么做的。[16] 如果一个两足动物像斑马一样走路，那她就是在跳舞。

有节奏的舞蹈——尤其是与他人一起跳舞——不仅会令内啡肽激增，还会（可能至少是部分通过阿片类物质）产生我们已经见过的那种改变了的意识状态：解离状态，在这种状态下，"我"和身体被迫分离。如果这些意识状态的改变对于激发主观性而言确实很重要，那么将自我认知与节奏和音乐联系起来可能有重要的意义：它可能意味着，音乐能以一种特别动人的方式向我们解释我们自己。这当然是我的经验。

想要区分舞蹈动作和通常伴随并刺激这些动作的声音，是很困难的，可能还很不自然。但值得注意的是，当听觉驱动（比如狩猎采集者跳舞时经常伴随着的鼓声，或是迪斯科的噪声，或是萨满引导新人进入冥界时的鼓声，又或是僧侣的诵经声）与我们大脑中的 θ 波周期相匹配并同步时，它们能促进意识状态发生改变。这些改变本身是令人愉悦的，可能会产生一种追求更多内啡肽的欲望。古代萨满世界中已知的致幻剂（如天仙子、曼德拉草、迷幻蘑菇和致命的茄属植物）似乎含有天然神经递质的类似物质，身体会在 θ 波同步时分泌这种物质。θ 波同步性影响着演化地位较古老的植物性脑干的功能，这种脑干深埋在鱼的大脑中，位于少不更事的大脑皮层深下方，管理着诸如呼吸和心跳之类的功能。据推测，这种 θ 波的同步性也许能让我们接触到脑干中极其基本的古老信息：这些信息通常隐藏在潜意识里。[17] 我们可能会通过打鼓、跳舞、唱歌或服用天仙子来学习——不，来感受——我们的曾祖父母捕食三叶虫时的感觉。我们的实质大部分潜藏于我们的意识之下（我们的意识生活真是非常无聊和琐碎[18]），所以现在这种自我揭示可以改变整个生活。如果你知道——真的知道——你的一半是一只寒武纪奇虾，这将改变你的网购方式以及对日间电视节目的痴迷。我们没有理由认为，当人类第一次在东非丛林中经历这种改变时，其戏剧性会有所逊色。

无论是何种活动，在与他人共同活动时，其分泌内啡肽的效果都会强烈得多。这在演化上很有意义。如果邓巴的模型是正确的，那么梳理（无论是除虱子，讲笑话，还是跟着鼓声在地上跺脚）已经与自然选择相联合，以达到建立关系的目的。而且，这不失为一种精明的经济学，可以使潜在关系人的数量最大化。但也许还有别的原因：**积极参与人类社会事务本身就会被自然所选择**。参与者会得到回报：那些让自己边缘化的旁观者会被生物学边缘化，从而被社群边缘化。

在我所知的情绪调节剂中，与他人一起创造音乐是最强效的一种：胜过圣约翰草、爬山，或拼命奔跑，直到血清素汹涌，直到疼痛自身刺激内啡肽激增。我在酒吧的民乐会上吹口哨、演奏长笛和一种小小的凯尔特竖琴，在大学的爵士乐队里吹小号，这都能让沮丧远离我，使它只能在门口挫败地咆哮，而独自在家演奏乐器是没有这种效果的。爵士乐队的领队是一位德高望重的外科医生，他私下里敲敲自己的鼻子，说："查尔斯，你知道吗？这真的是卧室之外的最大乐趣。"他了解内啡肽。

我对社群的大部分了解和我对政治的全部了解，都源于在酒吧里演奏老曲子。参与者之间的界限消失了，敌意也随之消失。那些演奏过逝世已久的农场主的歌曲的人，没有一个会固守硬球原子模式的自我[1]，或认为自主性应是我们做出决定的唯一原则。谁见过真正拥有自主性的人？如果你见过，你肯定不想和他共进晚餐。如果比赛的奖品是与伊曼努尔·康德（Immanuel Kant）共度一晚，那还会有参赛者吗？

在这些演奏会中，时间和空间都开始变得不同，这不仅仅是因为啤酒。如果在厨房演奏里尔舞曲，你的手指会跟不上它的速度，但在演奏会中，它却无限地慢，慢到从升 F 调到升 G 调要花一个世纪。在两个音符之间，你可能会发现自己正在多塞特的田野里往马车上叉干草。

在欧洲早期行为现代性的记录中出现了乐器。我们所知道的最古老的乐器已经有 36 000 年的历史了——在德国南部的盖森科略斯特勒（Geissenklösterle）岩洞中发现了由天鹅翼骨制成的长笛。在德国西南部的霍赫勒·菲尔斯洞，发现了一大批秃鹰骨制成的长笛，距今约有 35 000 年的历史。X 的包里很可能有一支。

这各种各样的梳理方式让人们聚在一起。在拥有手机之前，人

---

[1] 此处指的应是英国科学家约翰·道尔顿的原子结构模型，他认为原子是不可再分的、微小的实心球体，而化合现象是不同元素按比例简单相加。自我与他者的界线森严，强调个体意志，与之相似。——译者注

类聚在一起时常常会互相交谈。有些人现在仍然会这样做，只不过这种能力正在迅速退化。

于是我们谈到了语言——它是终极的梳理者，追求者，联结者，因此，也是终极的灾祸和分裂者。

我们不知道语言有多古老。我不遗余力地全面研究了关于语言起源的辩论，它激发了语义学（"语言是什么？"），并使人们开始考察语言与考古记录中象征主义的证据之间的关系。有人说语言有 200 万年的历史，也有人说大约 5 万年。最早的语言原型很可能几乎没有增加人类对自我或对世界的感知。因为要实现这样的效果，你需要相当复杂的语言。

语言需要一条能够精确控制呼吸的声道、一个能够完成这项工作的大脑（涉及处理语法），以及一些能够证明重新设计大脑和声道的工程是值得的讨论。

必要的声道改变已经进行了一段时间。两足行走使喉咙向下移位，让喉部更长、更灵活。古人类的大脑似乎也为语言能力准备了很长时间。$FOXP_2$ 基因是支持大脑这种必要功能的标记之一，它参与控制大脑语言回路中的其他关键基因。许多非人类物种都有这种基因，尼安德特人也拥有这种基因的现代人版本（与猴子和非洲类人猿只有两种氨基酸不同），因此这种基因很可能可以追溯到至少 40 万年前，即我们与尼安德特人共同的祖先身上。

因此，从神经和物理层面上讲，尼安德特人都能说话。我毫不怀疑这一点。在他们狩猎、采集坚果、生火（至少在 20 万年前他们就知道如何控制火）和组织家庭单位时，即使是最基础的语言也非常有用。但是偷听他们的谈话并不是很有趣。这就像在火车上听那些关于电子表格的电话通话一样。人们对尼安德特人的总体印象是认知僵化。他们固守陈规。在很长一段时间里，这些规则对他们来说很管用（我怀疑我们现代人没有哪件事能坚持得像尼安德特人那样长久），但保守主义总是致命的——尤其是在尼安德特人所面临的气候变化时代。

尼安德特人令人印象深刻。他们必须在欧洲恶劣的环境中尽可能生存、繁荣下去。他们是杰出的自然学家、优秀的父母、富有同情心且熟练的老人看护、技艺高超的工具制造者（许多现代燧石打磨专家都效仿不了他们切下勒瓦娄哇石片[1]的技艺，做这种石片时，工匠灵巧地制出尖头，直接安上手柄即可使用），以及高效的狩猎者——尽管能力有限。在这些领域，以及其他许多领域，他们都有出色的表现。总的来说，他们头脑中已经有了战胜冰雪和缺少冰雪时所需要的一切。但问题是，你不能把他们脑子里的东西当成一个整体。他们的思想似乎被严格地划分开来。[19] 自然学家不和看护谈，父母亲不和坚果采集者谈。使人口在基因上保持健康的是混合杂交受精。使大脑在困难时期保持效率并使其主人生存的，是大脑不同

---

[1] 勒瓦娄哇（levallois）石片是旧石器时代人类采用独特技法从预制的石核上打下的规整石片，常常无须修整即可作为工具使用，因其早期例证发现于巴黎近郊的勒瓦娄哇-佩雷（Levallois-Perret）而得名。——编者注

领域之间,以及不同大脑之间的知识的混杂交融。尼安德特人两者都没有,所以他们灭绝了,他们可能不是智人杀手的受害者,而是认知僵化的受害者。

神经碎片化,就像所有其他碎片化一样,会造成伤害。

尼安德特人的谈话主题就是晚餐吃什么——而他们的晚餐内容已经持续了数千年。

但是,仅凭我们假定其所说的语言,来判断尼安德特人或任何其他前现代古人类,那是不公平的。生活包含的远远不止语言。事实上,我一直在抨击语言阐述任何真相的能力。

考古学家斯蒂芬·米森综合了我们对尼安德特人交流方式的所有猜测,推断出他们没有我们所理解的那种意义上的语言,但有一种他称之为"Hmmm"[20]的交流模式〔"Hmmm"为 holistic(整体)、manipulative(操纵)、multi-modal(多模式)、musical and mimetic(音乐和模仿)的首字母缩写〕。他们用整个身体说话;他们是熟练的模仿者和哑剧艺术家,对线索和潜在意图有超常的预知能力;并且他们的词汇和语法也很有音乐性。

这一论点并没有得到广泛认可。但米森对尼安德特人的看法即便是错误的,也值得包容。因为他继续假设,尽管我们拥有的人类语言看似战胜了尼安德特人的语言,但早期的交流方式并没有被抹去:它们仍然坚守于我们体内,并且可以被复兴。的确,那些旧的方式在某些方面可能更好,所以我们**应该努力复兴它们**。

尼安德特人在欧洲潮湿的树林里听到了什么?哦,米森说,既然自然界是一个更具音乐性而非语言学的场所，以 Hmmm 模式工作的大脑可能会比我们的更能够准确、亲密地感知它。如果对于某个大脑来说，整体论是美德而非陋习，那么这个大脑就更有可能令人满意地揭示出世界作为一个整体是什么样子的：米森认为，尼安德特人会听到"声音的全景——那是大自然的旋律和节奏，而当它们传入智人的耳朵时，语言的演化却蒙蔽了声音"。[21]

米森认为，正是语言思维的爆发摧毁了前现代古人类头脑分区之间的隔断，让他们强大的大脑得以作为一个整体运作：让概念自由流荡，衍生出其他概念。

我不知道这是否正确。也没有任何人能判断这一点。是词语创造了行为现代化（即令象征泛滥的能力），还是后者反过来创造了词语？也许并不重要。无论如何，语言出现了。没有人怀疑它的力量，它可以创造并组织联盟，规划并测试场景，将这个淌着口水的、多毛的世界分割成易于管理的区块，帮助融化冰、驯服狼、控制火、控制人类，并最终控制其自身的使用者。它可能索取了可怕的代价，但它可能也给了我们自我，因为当我们拥有自我时，我们就可以送出自我，这可能会产生一种新的关系形式。

因此，它可能使我们能够站在他人的立场思考，或者至少让我们提升了语言出现之前我们已经拥有的能力。这是以罗宾·邓巴和克莱夫·甘布尔（Clive Gamble）为首的许多主流考古学家和人类学家的观点。[22]

意向性[1]越强，想象力就越强，讲出来的故事就越令人信服。大多数现代人类都有五阶意向性²³，当你要在想象世界中填充角色时，就会需要它，而且，据我们所知，只有行为上的现代人类拥有它。然而，若要成为莎士比亚，你就需要有六阶意向性²⁴，拥有它的人非常少。如果你是女性，你更有可能成为莎士比亚。²⁵另外，要欣赏六阶的作品，倒是不需要六阶意向性。

这些六阶天赋是为世界级的梳理工作设计的。和我们一样，在旧石器时代晚期，大多数真正的谈话都发生在夜晚，那时人们基本上吃完了晚饭（也和我们一样）。他们聚拢在火边。天相当黑。在摇曳的火光中，肢体语言并不是很有用。而口语要好用得多。²⁶六阶的旧石器时代晚期莎士比亚们令观众着迷，而且邓巴和甘布尔说，自然选择的回报来得很快。莎士比亚们获得了地位、肉食、性和后代。

心理/意向性理论本身也增强了人的自我意识：人称代词用显眼的黑体字表示。猎人们看了看自己，对一只动物说"**我**要杀了**你**"，然后回家思考这句话的含义。在思考的过程中，他们用猛犸象象牙雕刻了一些有着巨大乳房和华美外阴的胖女人的雕塑。然后到了晚上，围着火堆，六阶神话编造者开始讲故事，这些故事提出

---

[1] 意向性（intentionality）是现代西方哲学的一个重要概念，提出它的目的是解释心灵如何指向外部世界中的对象。意向性被看作心灵的基本属性。据记载，最早谈到意向性的是古希腊哲学家巴门尼德，他论述了心灵指向的实际对象和非存在对象。（参考柳海涛著，《集体意向性研究》，中国社会科学出版社，2018）——译者注

并回答诸如"我来自哪里?"和"我死去的父亲在哪里?"之类的问题。

我不太喜欢这个模型。我不明白 Hmmm 模式为什么没有一百阶意向性。事实上我认为,比起一个公式过于复杂、基于语言学的意向模型,作为 Hmmm 基本元素之一的直觉更有可能让我们洞悉他人的思想。邓巴如此阐释六阶意向性[27]:莎士比亚必须想让观众相信伊阿古想要奥赛罗认为苔丝狄蒙娜爱着卡西奥,而卡西奥实际上爱着比安卡。这样说来,它非常复杂。你必须是一个天才,才能在这个基础上建立一个连贯的书面故事,这很容易理解。的确,超过六阶的任何念头都是不可想象的。但是,当这个故事出现在舞台上时,对我们大多数人来说,欣赏它不会涉及任何对写作的严苛要求。我们甚至不会在我们的五阶意向性所容许的程度内,以类似命题的方式来对它进行分析。不,我们将完全无视分析:我们将运用我们模糊的感觉以及对人类工作方式的理解来评价整部作品,囫囵吞枣地去理解。Hmmm 模式依然盛行,并且在调节我们对世界的理解上做了大部分真正的工作。

是的,语言是交流事实的主要媒介,但与情感的表达、身份的形成和表达相比,事实相对来说不那么紧要。语言在意识层面起作用,而正如我观察到的,关于我们是什么这一点,几乎没有哪个方面是由我们的意识决定的,它们也不存在于意识之中。我们几乎全部藏在表面之下。我是什么样的人,以及什么决定了我在意识层面上的行为,这大多从我的潜意识自行流露。Hmmm 是潜意识的语言。它是一种比我们的字符串更古老、更基本的语言。它是前现代人类使用的一种语言，现代非人类也使用它的一些元素。当然，它也是非常年轻的现代人类所使用的主要语言，当我们与他们交谈时，我们发现我们也能流利地使用它。

宝宝语（更礼貌的说法是"儿向语"，简称 IDS）是一种通用语言。我们都会说。当我们和婴儿说话时，我们都会说这种语言，而富有经验的母亲说这种语言时也并不比资历最浅的新手保姆强多少。我们有这个本能。我们的平均音高升高，我们使用层次更丰富的音高，我们停顿更多，我们拉长元音使发音更清晰，我们使用更短的短语，我们重复更多。简而言之，它比我们的日常用语更具**音乐性**，这种音乐性的说话方式远比单纯的语言更能吸引婴儿的注意力。

对着婴儿唱歌甚至有更好的效果。摇篮曲（不同文化中的摇篮曲在乐曲、旋律和节拍上都非常相似）可以改善婴儿的情绪，鼓励早产儿吮吸，从而增加体重。（当然，与非人类婴儿相比，所有人类婴儿都是早产儿。它们必须如此，因为它们硕大的头颅容纳着巨大的大脑；如果让它们留在母体内发育成熟，那它们就永远也无法被挤出来了。）这使米森推测，儿向语的音乐性是专门演化出来的，以应对人类婴儿那不寻常且延长了的无助状态。

音乐与我们的交流比语言更早，也更深入。它所触及的深度并不仅仅是隐喻性的。我无法用语言摆脱恐慌，但我可以用歌声摆脱恐慌。不只是我如此。音乐对我们的呼吸、心率和血压有显而易见的影响。它的作用深入脑干，影响着远在新皮质覆盖大脑之前就业已存在的古老中枢。音乐在许多文化中被用于身体治疗，它减少了麻醉剂和止痛药的使用剂量，并且，音乐疗法在缓解自闭症、强迫症和多动症等许多问题上都很有效。[28]

我们都知道音乐影响情绪的威力，我们的情绪就是我们自己，而我们深思熟虑的思想却不是。情绪是主要的。认知是寄生于情绪之上的。[29] 当我快乐时，我的思考更有效率。但情绪反应本身完成了人生中大量的工作：它们并不总是通过认知来传达。我的大多数决策都是凭直觉做出的，只不过我可能会事后将其合理化，在我不那么自知的时候，我可能真的相信那个理由。我在情感领域里储存了一些粗略的解决方案，经验告诉我它们在大多数情况下都有效。[30] 大多数面对问题的时候，我就会进入这个领域，抓住一个预制的启发式方案，然后启动它。它通常有用。我只在非常偶然的情况下才会用我的新皮质为某个问题定制一个解决方案，而当我这么做的时候，我经常发现相信自己的直觉会更好。

米森由此得出结论，"音乐在发育层面上（甚至演化层面上）比语言有优先权"[31]，以及"语言的神经网络是以音乐的神经网络为基础或模板的"[32]。古人类歌唱先于说话。他们使用 Hmmm 要素。接着，语言协同演化，殖民般进入我们的头脑，升起它的旗帜。

这完美地映射出了语言/认知和音乐/情感之间的关系，我在自己的脑海中清楚地看到了这关系。语言是傲慢且帝国主义的。它意图统治，并且有能力显著影响我的生活方式和感知世界的方式，但它并不像它宣称的那样与现实相一致。它厚颜无耻地推进认知,但这些认知或多或少与决定我到底是谁、我感觉如何或我要做什么不相关。

无论是作为物种还是个体,语言都不是我们的第一语言。它现在不是我们的第一语言——如果你遇到以语言为第一语言的人,你会觉得他们冷冰冰且干巴巴得令人生畏,不会想邀请他们共进晚餐。无论是婴儿还是儿童时期,我们在使用 Hmmm 要素和音乐方面仍然是最为流利的。[33] 音乐是表达情感的一种非常准确的媒介——表达真正重要的情感。作曲家试图传达的情感与听众所唤起的情感往往相当一致。就算听众是训练有素的音乐家,这种共识也不会更强烈:我们都是天生的音乐家。[34]

当然,语言和音乐之间的区别并不是绝对的。儿向语显示了这一点。它既是语言又是音乐。任何人声称由支撑某些语言的那种数学规则所支配的音乐是最强大的音乐——代表太阳神和酒神间,或左脑和右脑间协同的高潮状态——我都会礼貌地倾听,但我不同意,这是为语言的辩护。我的信念是,当语言明确服从于音乐时,它是最有力的,也是最不被滥用的。这进而意味着明确地服从于自然界,因为自然界并没有我们说到语言时所指的那种语言。如数学般精巧的巴赫乐曲的力量恰恰在于,他的数学规则同样也控制着优雅的球体的滚动,控制着雪花锯齿形的花边,控制着信天翁肩膀所能承受的力量。

毫无疑问,在我们作为一个物种的早期,我们模仿了那些对我们来说极其重要的动物的声音。模仿狮子的吼声无疑早于且催生了"狮子"的第一个指定词汇。其后表达"狮子"一意的所有尝试都不那么令人满意：它们更偏向于自我指涉。纯粹的模仿反而更好。这标志着一种适当的谦卑，而且更准确。

最好的词汇和它们所代表的事物之间有一种真实的（不是随意的，也不是文化制造的）对应关系。米森指出，秘鲁雨林中的环比萨人（Huambisa）认识206种鸟类，其中三分之一鸟类的名字在他们的语言中是拟声词。[35] 米森还提及了爱德华·萨丕尔（Edward Sapir）的工作，后者在二十世纪二十年代编造了两个无意义词汇——mil和mal。萨丕尔告诉他的实验对象这两个词是桌子的名字，并问每位实验对象哪张桌子更大。几乎所有人都说是mal更大。[36] 元音在截然不同的文化中都有相似的作用。它们不是随意使用的：它们以某种神秘的，但一致且基本的方式与现实世界的特性相联系。[37]

所有这些段落都意在说明我为什么要更多地倾听汤姆和树林的声音。我会试着使用树林自己给我规定的词汇。

棕柳莺（环比萨人会批准chiffchaff这个名字）的腿就像草茎。它的喙是那种可以用来夹取最细的神经或血管的钳子。然而它的喉咙很强大，听起来就像一个住了一窝熊的山洞那么大。

这只鸟昨晚乘风而来，轮流绷紧两边的翅膀，就像一个在露天游乐场乘着华尔兹旋转游戏车的人穿了紧身牛仔裤的腿在上下用力。10 天前，它还蜷缩在阿尔及尔港一艘船的天线杆上，挣扎着挤在即将带它前往法国的热空气层之间。风沙刮着它的眼睛，于是它时不时闭合瞬膜，咻咻又咯咯地叫着，蹬腿起飞，差点落到救生艇上，然后被厨师拣起，抛向空中，这一次它钻进了正确的气层，前胸和后背都被气流紧压着，它开始了征程，除了在海面上保持平衡和坚持到底，它也做不了什么。有一次，一个浪头冲了上来，几乎要把它卷走了，可惜这浪的速度不够快，接着，它眼前突然出现了橄榄、橘子和木匠拇指那么大的毛毛虫。

但它不能停留。只要还有橄榄，它的心里就觉得不对劲，它的头就会猛地扭向北方。它上下浮动飞蹿过阿尔卑斯山脉的西坡，越过勃艮第的白垩地，在巴黎郊区一名会计师的花园里侥幸逃过一只猫的爪子，搭上一列穿过平原的慢车歇了一会儿，被英吉利海峡灰色的寒冷所阻挠，和椋鸟一起睡在一棵肮脏的树上，然后和一小群来自非洲某处的伤痕累累的棕色小鸟一起飞向海面。现在风的拉扯力更大了。简直要把它的喙鞘吹掉了。很快它就落到了我头顶的树冠上。

哦，可能是这样。这是个故事。这就是语言的作用。它可能全都是谎言。在我讲这个故事时，你可能对那只鸟有了某种感觉，但如果我写了一首迁徙交响曲，你会有更准确的感觉，而且其中没有谎言。

但这片土地上也有一些真实的故事，某些真实的故事是关于我，关于汤姆，关于 X 和他的儿子，关于那只狐狸精灵，关于鸟儿、石头、草、我爸爸以及煤焦油肥皂的,其中一些能用语言来表述。也许真正的宏大故事的确需要语言,或者需要语言来让它们变得宏大而具体。

这无疑是人类发现神话和宗教后最终决定做的事。那是很早以前的事了。

不过,其背景是 X 唱着苔原和猛犸象,而它们也唱着他。据说,世界渴望我们的赞赏,并慷慨地给予回赠。这种赞赏的一部分是以咏叹调的形式出现的:X 和自然界互相歌唱,而他们的歌曲变得具有宗教色彩。

我们可以学会这些歌曲,只要我们学会倾听。

这正是我今晚尝试做的事。

到处都是噪声。有一些是不连续的:牢骚声、咔嗒声、尖叫声、碰撞声。我很确定这些声音都是外界的。但还有一种持续的咕噜声,我说不清它在我的大脑内部还是外部。这是一种来自某个白色东西的咕噜声。

汤姆和我吵了一架,——如果不用语言也可以吵架的话。——这当然可以。我们背对背躺着。他醒着。我能感觉到他的眼睛在转动。他认为那里有什么,但因为我们闹翻了,他不肯告诉我那是什么。不可能是什么很坏的东西——也许只是一只刺猬或一个罗马步兵。

我起身去小便。这是我要做的事。露水很重,当我走回来的时候,它已经泡软了我的赤足,使草叶边缘足以划伤它们,留下细密的伤口。

我辗转反侧。咕噜声还在响,现在又添了别的声音。这座山下有许多废弃的矿井。咕噜声可能是我们身下地底深处的一个白色东西发出的,不过它们通常不会到地面上来。

汤姆还醒着,眼睛还在转动。有一股新的风,一个新的声音——不过它不是来自风。就好像有人在用一根大画笔有条不紊、慢条斯理地画一棵树,有时还会在落叶上滴下一团颜料。山谷对面的谷仓里有亮光,可那里什么都没有,也没有人住。把蜡烛留在那儿噼啪作响是很愚蠢的,因为里面全是干草捆。

不管在发生什么,大部分都发生在我们身下。我们正躺在一张兽皮上。一根骨头戳进了我的身体。一根肠子在底下工作。也许它利用了矿工们挖的隧道。

汤姆在害怕。我搂住他,他没有推开。他的呼吸平静下来,肩膀放松了。很快他的呼吸就跟上了画笔的节奏。

我无法忍受骨头或兽皮,也无法忍受山的横膈膜发出的嘎吱声,于是我起身,走向汤姆祭献食物的林间空地。我走着走着,发现到处都有僵直的东西。树木和荨麻都是一副立正的姿态。一只兔子僵在那里,梗着脖子,发着抖。让整个地方都这样真是太可怕了。只有一个行动流畅的东西,它就在空地中央,直视着我。它垂下头,咬下花朵,接着又回头看我。它是一头鹿,在月光下闪闪发亮。它看到我又胖又笨拙又没有武器,就又关注花朵去了。

我感到双腿附近的草在颤抖。我低头一看，发现是我在发抖。是时候回去继续倾听了。我向鹿鞠躬。它又抬起头来，但没有鞠躬。我沿着闪亮的小路走回去，蠕动着钻进睡袋。

那咕噜声是一种对话。我怀疑那是人的声音。没有语言，但有什么在试图表达一些重要的东西，却被其他许多东西反驳。听起来似乎不会皆大欢喜。

去睡觉是不对的。无论争吵的功过如何，许多人反对一个人是不对的。至少我应该待在这里，以防情况变糟。不过，当我下定决心倾听时，我并没有在想这个。我不应该做调解员。如果我要在这里当调解员，我希望那头讨厌的鹿能多给我一点尊重。

哪怕我没有这种多管闲事的责任感，我也不会睡觉。事情太有趣了。我正试着从句子的形态和节奏中推断出它的意思，我觉得我有点头绪了。它与采光权有关——当有人把房屋扩建得太高时，你在地方法院里就会听到这种争论：房屋上的某个部位是否升得太高，倾斜得太远，蔓延得太广了。

汤姆把我摇醒。我坐起来环顾四周。天还没亮，但有一轮耀眼的明月。云从地面升起来了。它像心脏一样跳动着。它已经触及汤姆的肩膀。咕噜咕噜的说话声现在很响了。荆棘树噼啪作响。蓝色的火花在棘刺间跳跃。什么问题都没有解决。树林想要我做些什么，只是现在更迫切了。

"这不关我的事。"我悄声说。

"没必要大声讲出来。"汤姆说。

现在他在收拾行李,把衣服塞进一个他看不见口的背包里。云已升到他的下巴,像海水填满洞穴般上涨。他在穿靴子,摸索着系鞋带。他从支撑的棍子上把防水布扯下来,用力塞到衣服上面。他在扎紧背包的带子,我知道我也在做同样的事。

树林要么想让我们出去,要么想让我们进来,但不管它想怎么样,它的心情都非常迫切。

如果我们就这么走下坡,将会撞上一条小道。不会错过的。相比我们现在已经习惯的环境,它就像一条高速公路。如果我们顺着小道走,就会来到我们称之为小教堂的谷仓,然后我们将进入熏死人的牛场,接着我们这事就搞定了。

现在,云漫过了他的头,但还没有漫过我的头。我能看到树,我想我看到了一只雄鹿的角。云层顶部完全是平的,像一张桌子。我摸索着拉住汤姆的手。我们什么也没说。我们跑了起来。我可以避开树,但看不见我的脚,我一脚踩进了一个兔子洞,摔了一跤,把汤姆也带倒了。很幸运,我没有折断脚踝或更糟。

我们爬起来,走得更小心。我们在高速公路上了。我们可以感觉到被徒步旅行者们踩烂的泥。这里是门框。它是锁着的。这不可能。阶梯没有锁。我们爬过去了。这是小教堂。不,它不是。小教堂消失了。这片树林有它的意图,浓厚又酸涩。它正在进入我的嘴巴和鼻子。小教堂绝对就在这附近。这里没有"绝对",孩子。雾是不会起泡的。那就别把它从你脸上擦掉。

我想出去。啊,山悄声说:你为什么不早说?

树木和云都停了下来。我们出来了。在树林的边缘有一堵云墙,笔直又陡峭,像桌面一样笔直。我们跑啊,跑啊,跑啊,静悄悄地奔向公交候车亭,四下里只有我们的脚步声,以及颈中血液的流动声。我们不在乎候车亭有呕吐物的味道。一小时后我们就到了马特洛克。

"啦哩哩哩,哩哩。"汤姆吹着口哨。

有一首关于喜鹊的古调是这样唱的:"一只悲,两只喜;四只男,三只女。"

英国有一种迷信的说法:如果你只看到一只喜鹊,你就会倒霉。我经常遇到这样的人,当他们看到一只喜鹊,就会立刻扭头,或者在胸前画十字,或者吐口痰。

他们误解了。如果你看得够仔细,总会发现至少还有另外一只喜鹊。事情就是这样。它们从不孤单。如果你看得够仔细,那你至少总是会很快乐,哪怕你没有子嗣和永恒的家世。

这首古调道出了真理:如果你不仔细看,那就得小心了。

我们去了西边,我们家的人在害怕、悲伤或者想死的时候,总是会去那里。

我们坐在石灰岩山脊边上的一个洞穴里,眺望着塞文海。X或他儿子依然不见踪影,但我们不能指望他们在我们需要的时候出现，我们也不能认定他们想要我们的陪伴。

狐狸精灵不肯上巴士。我不信任他，这无疑冒犯了他。和波莉一起做的事太容易了，一点也不痛苦，而我实际上也不需要从中得到任何东西。

真正沉入地下世界需要转移至另一个维度，它是数学家们所知的许多维度之一。我们的大脑是一个阀门，阻止我们进入日常维度之外的其他维度。当阀门松动时，也许我们所居住的世界就能展现更多真实。也许，到那时，我们会变得更加真实。也许那时我会闻到煤焦油的气味。这个洞里的煤焦油气味几乎令人窒息。

这个洞穴在更新世时很繁忙。他们在此挖出了猛犸象、披毛犀、狼、棕熊、穴熊、狐狸、北极狐、驯鹿、马、野猫、穴狮和许许多多鬣狗的骨头。

X和他儿子肯定知道这个地方，这想法并不荒唐。就在刚才，我和汤姆爬到山脊的顶端，如果是个晴朗的日子，我们就可能看到高尔半岛。1823年，牛津大学地质学教授威廉·巴克兰（William Buckland）在半岛上发现了"帕维兰红夫人"——已知最古老的人类墓葬之一。"红夫人"并不是女性。而巴克兰认为"她"是女性，是因为被涂成赭红色的骨骼（实际上属于一个年轻男子）旁，还有象牙棒、穿孔的玉黍螺贝壳（很可能是被当作珠子缝在衣服上的）和一个用猛犸象牙的病态赘生物制成的坠饰。据巴克兰推断，没有一个英格兰（甚至威尔士）绅士会梦想这样打扮自己。巴克兰还把时代完全搞错了。他的结论是，这个墓葬属于罗马时期。但事实上，它有33 000—34 000年的历史。

那时离X和他的儿子住在德比郡冰原边缘的时代已过去很长一段时间。气候对红夫人比对X友好，在红夫人活着的年代，行为现代性已深深植根于欧洲人大脑中。但是，34 000年前的高尔仍然是一个荒凉、危险且古怪的地方。它并不适合所有人。它会吸引开拓创新的创业者，而开拓的本性通常是世代相传的。整个欧洲并没有那么多家族，我敢打赌红夫人的骨骼里有不少X的基因。这具骨架如今珍藏在牛津大学自然历史博物馆里，我大约每两周去看她一次。我可以在那里站一个小时，盯着她的玻璃橱柜，希望她能开口说话，尽管她没有脑袋。他们一定觉得我很奇怪。

即使X和红夫人不是近亲，营火边也会有口口相传的地名清单，列出可停留、可狩猎和可祭礼的地方。这个洞穴很可能在名单上——要么是一个需要避开的地方（因为洞中满是尖牙利齿），要么是一个等待神启的地方。

天黑了。在海上，一艘集装箱船正把汽车拖向埃文茅斯的码头。威尔士正在点亮灯火。山下的道路堵塞了：有人在中央分隔带把自己切成了两半，正躺在一片闪烁的蓝光里。而在这山上面，大约有一个小时的时间是属于獾的。猫头鹰正在解除僵直状态，开始眨眼。啄木鸟从头部把盘绕的舌头伸出来，插进一个洞里，接着收工，一弹而起，往远处的山谷里飞去，因为鸟儿也有家。

在洞里几英尺深的地方，光线被完全遮蔽。今天很少有人会遇到这样的黑暗。这是一种浓稠的黑暗。我的手变得很奇怪。它们从黑暗中向我扑来,像蝙蝠一样。它们不完全属于我,也不完全属于黑暗。我们又往里走了一些,现在连洞口也看不见了。

汤姆喜欢坐在黑暗中。我还在因为德比郡树林里发生的事感到不安,我想我会被黑暗吓坏的。但我没有。德比郡离这儿很远。在那里我们被卷入了一些当地事务。我们被争端误伤了。那事情其实并不针对我们。而且,就算德比郡的那座山不怕麻烦,一路挪到这里来,它也没法在这么浓厚凝结的黑暗里找到我们。

西藏僧侣会在完全的黑暗中冥想数周。这种挑战通常被称为剥夺感官的心理挑战。但并不存在所谓的剥夺。不仅所有的非视觉感官都活跃起来了(包括许多我从未想到自己拥有的感觉),视觉本身也试图通过一场幻觉表演来表明它仍然是感觉之王:飞溅的火花、由环环相扣的彩色六边形组成的滚动万花筒、拉长的绿色脸庞,而且,在视觉疲惫时,便滚动播放它的旧图像库——只要能防止大脑把管辖权拱手让与听觉或嗅觉。于是我便在多塞特郡沙滩上和父母一起吃冰激凌;同时蜷缩在苏格兰某座山顶下的一个洞里;手里拿着自己的头坐在一个沙漠里;袒胸露背地奔跑在约克郡的一片高沼地上,松鸡纷纷从我的脚下冲出;在萨默塞特郡的一个农场里喝苹果酒,燕子俯冲过我的头顶,高度低到我能感觉到它们翅膀扇起的风;在希腊一座岛屿上与一位诗人在一起,他所有的指甲都被上校们剪掉了;发现我的宠物兔子死了,身体僵硬;望着大海望了一个冬天,想知道为什么没有海鸥。

在这里发出的每个声音都会持续很长时间。这是在提醒我们,其实每一种声音都会永恒持续，只是我们糟糕的听力让我们误以为声音是暂时的。无论是声音还是其他什么，任何事物一旦开始，就不会真正结束。

大部分声音都是滴水声和蝙蝠飕飕的飞行声，但是认真听，你会听到其他声音。水从岩石间渗过时，它会冲刷岩石。每一滴水往下流时，都会带走溶解的岩石。所有的水都是液态的岩石。这种冲刷有它自己的声音——虽然这种声音不会在录音程序的屏幕上显现出尖峰，甚至连含糊的曲线都不会有。正是磨损的岩石的嗡鸣与我身体受损的细胞产生了共鸣，这带来了一种令人毛骨悚然的慰藉。与石灰岩悬崖休戚与共真是非同寻常，哪怕这种感受代表的是我们都在消融的事实。

毫无疑问，它终究不是真正的声音。它无疑是一种思想，或一种通常被忽视的身体感觉。我不知道思想和感觉是否不同。

我的手指蜕皮了。我通常会说我那发潮的屁股麻木了，但实际上它发生的事情比那有趣多了。麻木不是感觉的缺失，而是一个空间的显现，新型的感觉可以在这个空间里展现它们的气质。

我们已经安静地坐了几个小时。这有趣过头了。我没法应对所有的趣味。我想回到简洁的日常视觉世界里。我伸手到口袋里找打火机，手放在大腿上的压力鲜明，几近疼痛。我的皮肤摩擦棉布的声音就像车祸的声音。

"你在干什么？"汤姆低声说，他的声音和呼吸都像飓风。

"没什么。"我说着，抽出了手。

我们又坐了一个小时。接着又响起了车祸的声音，飓风的声音，我按下打火机，天堂裂开了，圣米迦勒和他所有的天使都从山洞顶上摔了下来，我们都在尖叫。

等到我们能直视火焰时，它显得残忍，严酷，毫不妥协。但它告诉我们，我们正坐在一个又大又圆的肚子里，它的高度几乎足以让我站起来，这个肚子向远端缩小，形成一条足以让我在其中爬一会儿的肠道，但是我永远不能转弯。或者，如果你想听一个不同的比喻，那我们在一个宽敞的子宫里，它足以容纳许多肥胖的胎儿，有一根输卵管源自山的深处，插入这个子宫，还有一条产道一路穿过多年生山靛和柳兰，涌向山脊。

我们点亮蜡烛，把它们放在这肚子周围，接着又坐下，开始观察。

我们面对的墙上可能有一棵树，或一条鱼，或一只鸟的翅膀。

"那不对。"汤姆说。他移动了三根蜡烛，于是它出现了，就在我们面前：一头巨大的母牛的前半部分，角的尖端刺向洞顶，鼻孔喷着热气。

我们都向前挪，伸出手去抚摸它的鼻子。接着，因为我们这么做也没有被角抵伤，于是我们向上摸到它粗壮的毛茸茸的脖子，又向下摸到它的前腿——此处振荡着紧张与力量。

这种触觉冲动让我感到困惑。它不应该如此。我们本能地伸手越过栅栏去触摸一匹马的脸，或者越过烛光晚餐的餐桌去抚摸爱人的脸。孩子们伸手抓取，并张开手掌伸进泥潭里。然而，我们的现代偏好是将视觉与认知联系起来。当我们说"我看清了",真正的意思是"我明白"。"眼见为实。"我们认为整个创作过程都是视觉性的:我们称之为**想象**。但是,当我们是最根本的自己时——即当我们是孩子,或与动物相处,或陷入爱情,或在门迪普的一个洞穴中发抖时——我们克服了这种偏好,怀疑自己的眼睛,想要肯定我们坚实的身体正牢靠地与坚实的世界相联,此时只有触摸能给予这种肯定。

旧石器时代晚期洞穴"艺术"中最常见的主题之一是人手,以赭红色描边。我们自己也用吸管和中空的鸟骨在厨房墙上喷出这种作品。人们对它们有不同的解释。有人说这是初潮少女的手,她们来洞中学习何为妇女,赭红色代表经血。有人说它们表明洞壁被视为分隔此世界与彼世界的膜——另一个世界是萨满出神时进入的世界——而手印代表怀着渴望推动这层膜,也许是一种表示尊敬另一侧世界居民的行为。但人们普遍认可手印的绘制时间早于——有时远远早于——精致的动物壁画的绘制时间,这些壁画往往和手印出现在同一洞穴中,手印常常簇拥在某部分岩石上,这些画有手印的岩石后来被纳入壁画[38](例如簇拥着一只疙疙瘩瘩的脚,又或一只眼睛)。触觉感知似乎先于视觉表征,并可能决定了后者。人们可能先发现了野牛的脚,然后由此摸索着发现了它其余的身体部位。

我抚摸着岩壁,想知道那里还有什么。我注意到,象征会引发象征:鼻子暗示着臀部,臀部意喻着蹄子。一旦你陷入这种协同效应,就很难阻止它建立一个完整的世界。

汤姆又移动了蜡烛。一只鹳。再次,一个鹰钩鼻的老人。又一次,一头猪。又一次,一只狐狸。又一次,另一只狐狸。又一次,又来一只狐狸。我父亲在那肠道里的某处咳嗽,煤焦油的气味盖过了深海和鸟粪的气味。

在重要、紧迫、虔诚的时刻,你只会在这样的地方画上被矛扎中的野牛。

它很重要,也很紧迫,因为它是对人类死亡的回应,而死亡和出生一样,是一个伟大的事实。它将世界一分为二。在米雪儿·佩弗(Michelle Paver)关于中石器时代的传奇故事《远古幽暗的纪年》[1]中,[39]她笔下的狼可以区分"无呼吸者"和其他有生命的造物。我们也一样。我们着迷于死亡。远古人类对死亡痴迷到将其纳入一切思维的程度。而我们痴迷到积极地将它从一切谈话中摒除的程度。

这种痴迷不单单属于人类。据悉,黑猩猩妈妈在失去孩子后,会在近10周的时间里继续带着已死去的正在腐烂的小猩猩。想象一下那种在非洲中部炎热天气下的气味,由此再想象一下那种虔诚。黑猩猩会研究其他黑猩猩的尸体,试图理解"无呼吸"。它们会嗅闻尸体的气味,检查伤口,拉扯胳膊,抚摸并握住双手,整理尸体,盯着它们的脸,试图打开它们的嘴巴,拖着尸体走一小段,

---

[1] 《远古幽暗的纪年》(Chronicles of Ancient Darkness)是米雪儿·佩弗的处女作,描写了一个小男孩和一只狼崽互相依赖,在远古时代的森林中生存、成长的故事。中国和平出版社2012年出版的中文简体版将其译为《狼兄弟》系列。——编者注

并发出在其他情况下我们很少听到的叫声。死亡对它们来说似乎是特别的，死者占据着一种不寻常的地位——除了我们自己的文化，几乎所有文化中的祖先也都享有这样的地位。群体中并非每个个体都能表达他们的敬意。与死者交流的特权是必须争取而得来的。占统治地位的个体会守卫着尸体，赶走地位较低的个体。现代人类很少用拳头来决定谁才有资格去参加葬礼。[40]

在尼安德特人中也能看出死者的特殊地位。虽然尼安德特人相信来世（有一些非常不可靠的意见认为尼安德特人坟墓里的鲜花可能意味着一种信仰的萌芽——我并不相信这种说法），但正如考古学家保罗·佩蒂特（Paul Pettitt）所观察到的，尼安德特人的死者总是与特定位置相关。[41] 他们需要自己的地方。他们是不同的。无呼吸者与呼吸者不一样。

从链接死者与特定位置（可能是墓地或指定的纪念场所），到相信死者依然存在，只隔了一小步的距离。如果你已经懂得思维不同于大脑，那就更是如此。灵魂出窍体验（OBEs）和濒死体验（NDEs）可以教会我们这一点。许多现代人都有过这样的经历，我们有充分的理由认为，这类经历在狩猎采集社群中更为常见，不仅在于他们有萨满文化，擅长通过艰苦的试炼或摄入植物致幻剂来诱导灵魂出窍，而且在于灵魂出窍肯定是一种常见的副产品，在围着篝火跳舞、拼命追赶驯鹿或禁食后便会产生。如果你应对得当，空气也可以是一种致幻气体。

在医院急诊科时，我盘旋于自己身体之上，多多少少带着冷漠疏离的态度看着护士中分的头发，此时我也看到了自己的整个头部。我能看到盖在头骨上的皮肤。头骨里是我的整个大脑。大脑并没有溢到接在一氧化二氮气罐的管道里，也没有从我的耳朵里鼓出来。它整个儿在它应该在的地方。我能看到它的边界。然而，整个的"我"在审视大脑的边界。我的思维和大脑不是同一个东西。

人们普遍认为，很早期的古人类倾向于相信灵魂可以在肉体死亡后继续存在。[42] 这并不奇怪，想想篝火边和狩猎路线上发生的事情吧。古人类知道大脑并不是故事的全部，因此猜想溢出的大脑也不是故事的结局。对他们来说，人类个体的行动只是改换了场所，或许还改换了装备。死亡并没有减少个体数量，而是恰恰相反。一旦他们从身体的囚禁里解放出来，他们能做的事比从前还多。他们可以变成更加真实的自我。考古学家保罗·佩蒂特这样说：

> 对大多数人来说，死亡不是个人的突兀终结，而是从一种状态到另一种状态的转变，这种转变通常导致他们的行为能力提升，因为他们"超越"了生物世界。[43]

一旦这种信念到位，**神学**就自然而然地产生了。佩蒂特接着说，古人类自然倾向于从自然模式中解读意义，再加上他们坚信死亡并非终结，这使得相信神、灵魂以及对宇宙的超自然解释变成一件很自然的事。[44] 神不是庄稼、耕种和新石器时代等级制度的产物：他们就在洞穴里；他们是更宏大的思想之乡的领袖，挚爱的死者一旦逃出头盖骨，便会满载墓葬品，向此处迸发。

宗教革命（或者你坚持说是神圣革命也行）与象征行为互为因果。保罗·佩蒂特写道："如果死者不是象征，那他们又是什么？他们难道不是象征着曾经生活过的生命，象征着过去的依恋和最终的超然，象征着他们积累的社会资产和通过物质技艺所维系的代理能力，象征着群体记忆和纪念？"[45] 哦，是的。的确，这些全都正确。但是煤焦油的气味越来越浓了。如果它是象征性的，它几乎要把我的鼻子烧坏了。是的，我知道歇斯底里会使身体真实地衰弱。

关于思维和大脑的关系，有一个老生常谈的比喻就是收音机。用这个比喻来说，大脑能与宇宙思维协调一致。

迈克尔·舍默（Michael Shermer）是美国著名的怀疑论者。他是《怀疑论者》(*Skeptic Magazine*)杂志的编辑，毕生致力于揭露虚假、幼稚、未经核验的超自然事件。他是一个诚实的人，而他的诚实迫使他说出了他结婚当日发生的故事：一台废弃已久的收音机突然响起，向他和新娘珍妮弗播放了一支曲子，使她（舍默强调说，她和他一样是怀疑论者）相信她祖父正试图与她交流。"我们在震惊中默默坐了几分钟。"舍默写道。"我爷爷就在这里，和我们在一起，"珍妮弗流着泪说，"我不是孤独的。"她断定那音乐是她祖父"赞许的礼物"。舍默自己总结说，这段经历"让我大吃一惊，彻底动摇了我的怀疑主义"[46]。

父亲去世几个月后，我和妹妹一起走进他离世的房间，一台没有电池的收音机自行开启了。我们认为这是一个存在宣言："我在这里。"当然,它也许只是一台怪异的收音机。

令人沮丧的是,现代死者必须使用真正的收音机。如果我们有旧石器时代晚期的大脑,就没这个必要了。当时活人的大脑更像是收音机。每一个曾猎杀披毛犀的人都是一台收音机,能接收死者的信号,也能向他们广播。

我们继续向西,到了另一个洞穴。这个洞穴中没有什么关于祈愿的事物,只不过你仍能感觉到人类做的一切都必然是有关祈愿的。[47]

这个洞穴即便在退潮时离大海也只有几码远。涨潮时我们必须从洞里游出来,在带孩子们去那里之前,我不得不仔细地向谨慎的妻子演示了一番复杂的计算,以证明即使在满潮的时候,我们的鼻子仍有空间露在水面之上。

它在一处山脚下,又长又陡的山丘从高沼地直坠而下。在那山顶上,灰背隼捕杀着草地鹨,云雀从地面一飞冲天,仿佛被某位神灵手中的绳索操纵,从喉咙中不断涌出清亮的声音。

杜鹃刚刚在那里着陆。它们栖在深长狭谷边的高树上,高声地问着今年还有谁完成了穿越撒哈拉沙漠和地中海的旅程,并标出了草地鹨窝巢的位置。

在沼地下方的树林里——就是如流苏般悬在我们洞穴顶上的那片树林——秃鹰呜呜叫,乌鸦呱呱叫,狐狸吱吱叫,植物也吱吱作响,同时嘎吱响、噼啪响、咕噜响,它们就这样朝着蜜蜂和彼此大声呼喊。从大路拐下去的小路坑坑洼洼，满是赤鹿的蹄印，它们在躲避那些从八月到复活节沿着高沼地不断侵扰它们的猎犬。当我拖着我们的装备下山时，我感觉到它们在盯着我：棕色的大眼睛，就像漫画家画的那样，但苍蝇像疣一样聚集在眼角。

你永远也不会无意中发现我们的洞穴，哪怕你能不厌其烦地磕磕绊绊穿过树林，走过危险的岩滩——岩滩上的这些岩石经过自然千年的选择，有着最不适合人类步行的尺寸。它比你希望的要远得多。但是如果你到了那里，你会看到一张朝威尔士噘起的蛙嘴，往里走是一个平台，我们在那里生火，再往里走是一个用海藻搭的窝，我们在那里睡觉，大家蜷缩在一起，朝彼此打着帽贝和贻贝味的嗝，听褐色咸海蠕动和吮吸的声音。

第一缕晨曦照亮了洞顶的一只鼠海豚，或者海豚。它扬起尾来，仿佛想钻入水中避开太阳，它嘴里像是有一条鱼。一个小时内，那鱼就会被吞下，而鼠海豚则在半上午时消失在岩面下。

我们遵循蛎鹬的时间表。涨潮时，我们坐在一块卵石上等着，望着海浪，想知道每一道海浪始于何处：是座头鲸的尾鳍在巴西附近某处推动的吗？还是一块滑入了巴芬湾，有海豹随之滑降的冰？抑或是一艘从巴拿马运棕榈油的货轮的螺旋桨？当我们确定海浪的路线后，就开始编故事讲述它在途中的所见所闻。相爱的货船大副和轮机长吵了架，如上演歌剧般被救生艇捕伤。或一名乘坐皮划艇的因纽特猎人射杀了其中一只被滑落的冰砸伤的巴芬海豹。又或是有一只白色的大鸟，跟着那头座头鲸在大西洋上来来去去了20年，如果那只大鸟会说话,它会说它这么做没有任何理由。

当潮汐退去,我们就跳下卵石,收拾袋子,沿着海床往前走,把贻贝从它们的基座上拔下来;撬起帽贝;撕开一把把黏滑的肠浒苔——一不小心它们就会在你的手里变成碎屑;抬起石头,在绿色的小食草蟹慌乱地找掩体时抓住它们;用燧石刀砍下一条条的糖海带;用玛丽的紧身裤袜做成一张非常不具备旧石器时代风格的网兜,在沙海上筛找褐虾。然后大海又把我们推回岸边,是时候查看海蓬子、海芝麻菜(味道可怕)、亚历山大菜(还不错)和海甜菜(超级好吃)了。

接着我们回到洞穴。鼠海豚此刻已经潜没了。我们忙忙碌碌,慌手慌脚,把火重新吹燃。火喜欢硬挺的海草和一扇老旧的地窖门板,海洋含有的盐和金属使它迸发出耀眼的紫罗兰色和岩浆般的橙色光芒。

我们把贝类放在热石头上打开,用燧石片杀死螃蟹,用石头把虾击昏,用贻贝的一片贝壳把贝类的肉掏出来,然后把它们全都放进一个装着海水的罐子里。当然,这做法不对,旧石器时代晚期还没有罐子。我们试过把鹿皮挂在山毛榉树枝做成的三脚架上,在里面煮东西。它是个不错的锅,但现在我们很懒。

很快这里就一片狼藉,充满了海洋的气息,支棱着腿、爪子和触角,绿油油、黏糊糊、毛茸茸、脏兮兮、嚼不烂、扯着丝。吃这一餐有点像在英式橄榄球后半场比赛正激烈时咬一个运动员的屁股。

然后我们打瞌睡，四处勘察，游泳，模仿鸟儿，看船，刮皮，把荨麻纤维编成钓丝，把兔子骨头削成钩，咒骂飞机，绘制我们标记的那些石头的移动轨迹，好看看海浪是如何改变海滨的，接着大海将再次聚拢到海峡里，又到了搜查潮水潭的时候。

到了夜里，火焰可能会从墙里召唤出一只鸟：一只残忍的、长着钩喙、有燕尾的鸟，如果火焰足够高，它就会屈伸翅膀。但通常还有一些不引人注意的小东西或者它们的一部分，偷偷摸摸，没有定形：一条腿搭在一条裂缝的一侧，一条细长的鼠尾消失在一处石瘤里，一个鼻子在一片地衣下颤抖。

我带了一桶苹果酒来。这也是不真实的。苹果是随着罗马人来到这里的，而第一次成体系的啤酒酿造可能发生在新石器时代。但比起旧石器时代晚期的人，我在控制意识状态上还是个新手，通过喉咙向门迪普农场寻求一点帮助似乎也没有错。另一个理由是"酒后吐真言"的真理。苹果酒剥去伪装，缩短了我和他物的距离，我知道那些他物都是我的一部分。

所以现在我坐在岸边，手里拿着一个白铁杯，汤姆挑剔地喝着水，在一块石灰石上画地图。这里漆黑一片。我眺望着大海，想看出点什么，听着船舶引擎的轰鸣声，想知道海鸥睡着了没，试图从牙齿里揪出一丝帽贝的足肌，又被蝙蝠的扑翅声分了心。

后面的树林里有一个声音。一根树枝掉落了。我猛地回过头，看到X，他儿子站在他的肩膀上，他们只出现了一小会儿，不过时间足以让他们友好地向我点点头。他们站在一棵树下（他们曾坐着或躺着吗？），穿着笨重的兽皮衣和几乎长及膝盖的靴子，背上还挂着很大的东西。

我静静地站了起来。我要去见他们。但是要站起来我就得有一瞬间转过身去。当我再次回头去看他们时，他们已经走了，只留下一道煤焦油肥皂的蒸汽痕迹，向山上一直延伸到公路。空中飘荡着口哨声，我敢肯定它出自那男孩干裂的嘴唇："啦哩哩哩，哩哩。"

时间滚滚向前，一个星期紧接着另一个星期，就像强劲的西南风吹过海峡时裹挟的海浪一样。我的大部分念头都是泡沫。我的生命和心脏的步调就是波浪的节拍，而波浪是我梦中一切音乐的节拍器。我们融入了此处的声音和搏动，我们从未像这样融入德比郡的树林。"海鸥的叫声，"我在一个彩色笔记本上写道，"是净化过的孤独的声音。"自命不凡的废话。这里没有孤独。

我们的脸被风和阳光灼伤，我们眯着眼，盐和从赫里福德郡冲下来的土壤使我们的皮肤变得脆弱。

我害怕离开。害怕得要命。有一辆巴士将带着我们沿海岸公路离开，这感觉就像死亡。在这里的海岸上，有意气相投的死者和我们一起寻找龙虾，岩壁上现在有一群纵情狂欢的动物，我们很快乐，在使用"我"和"你"这样的词时，我们比以往任何时候都更加自信和温柔。这里没有狐狸精灵。我似乎不需要他。

风信子蔫了，凋谢了。六个星期前，山楂树将性的气味（如果不从形而上的角度，而从化学角度来看，这也是腐肉的气味）注入德文郡的小巷。我们爬上山坡往公路走的时候,波涛在我的脑海里翻滚了一会儿,此时我的耳朵已有好一会儿听不见海浪的声音了。不过等我们到路边停车带时,波涛消失了,只剩下汽车的飕飕声和隆隆声,还有草地鹨的尖啸声,它们正忙着喂杜鹃的雏鸟。

夏

> 根据理查德·李（Richard Lee）的计算，布须曼儿童在自己能走路之前已在父母的怀中和背上旅行了四千九百英里。在这一富于韵律的阶段，他一刻不停地为自己领地上的一切命名，故而他不想成为诗人都不行。[1]
>
> ——布鲁斯·查特文（Bruce Chatwin），《歌之版图》（*The Songlines*）

我更愿意认为，这就是冬天的意义所在。这就是为什么在黑暗中坚持下去是值得的。就是现在，我们有责任唤醒那些在烈火和寒冷中铸就的故事。

我已经承认，我的问题在于我没有故事，或者说没有哪个故事能充分展现高沼地壮美的景色，或深深的狭谷，或沙滩上的某个波浪，或海鸥喉中一声粗嘎的叫声，或酢浆草的味道——更别说孩子

---

[1] [英] 布鲁斯·查特文著，《歌之版图》，杨建国译，生活·读书·新知三联书店，2017年。

的笑声。

看来旧石器时代晚期解决了这个问题：找到一种方法成为海鸠，栖息于海浪之中。虽然太阳在荒沼上耀眼地照射，虽然每一个浪头都满载沙子，能在我跳入水中时把我的躯壳冲走，虽然孩子们在大声地笑着，用棍子互相打来打去，但我还是被冷落在外。

我又去了西部，这次往西走得更远。在那里，山毛榉树篱比房子还高，羊内脏上的乌鸦油光水亮，鲑鱼在黑色的水潭里悄悄行进（虽然通常你得有腿才能行进）；在那里，如果你在黄昏时用嘴呼吸，你会吸入一大团缠结的昆虫芭蕾舞团；在那里，水獭在峨参中起伏，在河水的几层涟漪之间滑过；在那里，一群群海雀飕飕地从浪尖上腾飞而起，满嘴衔着抽搐的玉筋鱼；在那里，杜鹃雏鸟的体重是它们养父母的五倍；在那里，海鸥吃着冰激凌，它们的雏鸟总是一身簇新，睁着冰蓝色的眼睛；在那里，赤鹿低着头，这样它们的鹿角便不会挂上600年前被砍倒的树木，它们奔跑着，躲开500年前被猎杀至灭绝的狼。

但我担心，选择来到这里意味着我再一次背叛了北方，所以我带上了我爸爸那些年里送给我的所有树叶和球果，把它们装在一个特百惠盒子里，放在背包最底下。

我们在夏天开始时回到了德比郡的树林。没有雾障，也没有悸动的山丘。只有灼热的荆棘，无精打采的羊，还有在我们的冬季庇护所里藏着的一批用过的注射针头。我知道为什么那里有针头。对于被阿片类药物改变过的意识状态而言，这是一个好位置——我们在相当不同的前提下也是这么判定的。

德比郡的冬天和春天没有什么故事,这事实已经令我幻灭了。是的,树林和荒沼里一直有人来来去去,人就是故事,故事像真菌钻出土壤一样长出来。但是,除非我长出自己的耳朵,否则这些人和土壤,以及这些故事,对我而言都是不可闻的。除非我有一个自己的故事,否则这便不会发生,而我有没有故事,取决于我是否有一个值得提及的"我"。

我的父亲如今沉默了,X 和他的儿子也一样。他们不再活生生地出现了。现在,我父亲顶多会半窒息地、气喘吁吁地、挫败地试图说点什么,这一般是在正午时分。如果我能把他的喉咙放在阳光下晒干,再把它制成一个药盒,那肯定会有很大的帮助,我确定 X 对他爸爸就是这么做的。

于是我们又暂时回到了春天的海蚀洞,得意洋洋地站在我们留下的贝壳堆上。未来的考古学家会认为我们非常活跃且成功。

我们花了几天时间把树枝绑在一起,做成一个粗糙的木筏,用浮木板材当桨。当然,它在处女航时就沉没了;或者更确切地说,它变成了某种潜水艇,潜浮在水面以下几英尺的地方,而后浸透了水,沉入海底。

第一批已知的航海家要厉害得多。在 85 万多年前,直立人(Homo erectus)水手设法从龙目岛抵达巴厘岛;到了旧石器时代中期,大约 6 万年前,竹排(推测)越过帝汶海,到达了澳大利亚。

"这样比较是不公平的,"汤姆说,"他们有竹子。"

他们还有许多我们不具备的才能，比如用灯芯草编织帆，用植物纤维绳把杆子绑成一个像台球桌一样平坦的甲板，以及嗅出千里之外的陆地的气味。不过其中有一个极其重要的能力——比打绳结或涂沥青还要重要得多，那就是知晓一个地方正催促你离开的能力。

海蚀洞所在的那片海滩正在这样做，但我们花了不少时间才感觉到。我们的木筏沉没了，这不仅是因为我们的造船技术差劲得够呛，还因为我们本应在别的地方。我们本不应该再回到这里——至少一年内不应该。我们春天时在这里过得太开心了。但我们的份额就那么多。任何一个旧石器时代的人都知道这一点，也会注意到那里甚至没有一丝煤焦油的气味。

如果我们认为它可以是家，并试图让它成为家，我们就会毁了它。人类总是糟践自己的窝。一个适度敏感的人知道这一点，会继续前进。一片善良的土地知道这一点，总在必要时或温和或严厉地提醒："该走了。该去下一处了。"

我们日复一日、年复一年地一次又一次精准地回到同样的位置。在地铁站的台阶上，我们的脚精准地落在和去年完全一样的位置。我们坐在同一个座位上，在同一个陶瓷洞里小便，敲同样的电脑按键，转动同样的手柄，对同样的手机说同样的话。总的来说，大多数情况下，唯有的变化来自我们感到遗憾的事：疾病和生日悄悄来临；我们的孩子萌芽，生长，往下扎根，变得壮实。我们已经悲惨地开始能处理令人扫兴的事。我们全心全意，倾注灵魂寻找这样的事，并建立精心设计的财务和心理构造，试图无中生有。

没有一个狩猎采集者会多次前往同一处。是的，有伟大的季节循环。没错，部落秋天聚集在一起扑杀驯鹿并交配，冬天聚集在一起讲故事，春天组队去河边，站在去年所站的石头上扎鲑鱼，秋天去往定期给他们提供成篮浆果的灌木丛中，但这和几十年来穿过银行地铁站的同一个门是完全不同的。今天的灌木和昨天的不一样。一个采集者昨天就已经收割过它：今天再去就没有意义了。野牛可能每年都走到同一个山谷里去，同一块岩石可能通常都是一个很好的投掷点，但必须每一秒都重新评估风向，而且在整个世界历史上，没有哪头野牛曾走过，或将走过和你准备杀死的这头野牛完全一样的路，就像我此刻头顶上的树叶，它们在过去和将来都不会出现与此刻相同的方位。这就是为什么在户外感官全开比在室内更让你筋疲力尽。一切在每一毫秒都是新的，包括你。（因为你的细胞和前一瞬间组成你的那些细胞是不同的，更别说你的思想了。）要完全注意到这事是不可能的，那会令人兴奋又疲惫。

一个地方不是静态的东西。沧海可变桑田。我们一度知道这一点。静止的概念很晚才出现在人类思维中。一片田，一块石头，一只兔子，以及你可以踩上去的任何一处，都是**过程**。正如伊恩·麦吉尔克里斯特所言：世上并不**存在**事物。[2] 以漫游定义的生活能教会你这一点。

这并不需要禁欲式地鄙弃物质。更不必怀疑谈论自我或自我超越死亡的恒久性是否有意义。这里有两段拙劣的人类学言论，都出自布鲁斯·查特文的著作《歌之版图》。这本书有一个正确的开头，后来却好战地抓住了错误的方向：

在卡拉哈里大沙漠中长途跋涉的布须曼人，没有任何灵魂在另一个世界中继续生存的观念。"死了就是死了，风吹去我们的足迹，那就是终结。"

有的民族身子重，好静不好动，比如说古埃及人，于是就想到死后灵魂要穿过芦苇丛。实际上，他们是在把今生没能做的事情投射到身后的世界中。[1], 3

即便对卡拉哈里桑人[2]的断言准确概括了他们对来世的信仰（事实并非如此），即便对古埃及宗教色彩及复杂性的成因的断言是正确的（未必如此），声称狩猎采集者普遍没有来世这一概念的说法肯定是不准确的。恰恰相反。他们不但有这个概念，并且这种概念影响着他们的每一个步伐和每一次呼吸。来世和此世重叠。逝者从未真正离去。正如我们已经看到的，死亡提升了他们的代理能力。他们对物质有一种力量，这种力量比肉身人类影响物质世界的能力更强大，只是本质与后者大不相同。

如果你有一个可以在死后继续存在的"我"——一种意识，一

---

[1] [英]布鲁斯·查特文著，《歌之版图》，杨建国译，生活·读书·新知三联书店，2017年。
[2] 桑人（San），即布须曼人，他们生活在卡拉哈里沙漠。——编者注

种思想，一种自我——那么你就有了一个能在德比郡或德文郡的树林里四处走动着寻找熊，或者思考你是什么样的人的我。你就有了我在寻找的东西：对自我的认识。

我想知道对自我的感觉和对个人永生的感觉是否会同时出现。个人与他人的关系能让你发现自己拥有某种自我，如果你足够相信这种自我，那么消亡就是荒谬而不可信的。无需赘言，它暗示着个人永生信念的苗头恰好与其他象征性理解的苗头——其他丰富的"我之存在"的迹象——同时出现。行为现代性至少与来世概念的诞生不谋而合，哪怕这两者没有因果关系。再回想一下罗宾·邓巴和克莱夫·甘布尔对行为现代性的关键因素的假设：更高程度的意向性/心智理论，它能促进关系并使其蓬勃发展。如果我们不能充满活力、深刻洞察地相互关联，我们就不是现代人类。与死者的关系看来是定义我们的关系之一——也是最严苛地考验我们意向性的关系之一。诚然，这在新石器时代更为明显，不过在旧石器时代也是如此。

宣言如下。要成为人：不仅要与活着的人关联，还要与死去的人，以及非人类关联。要成为人：要相信你将恒久存在。要成为人：要去漫游。

海蚀洞的海滩帮助我们解决了以上三个问题。汤姆和我之间的关系悄然变得比以往任何时候都要亲密。话语消失了，取而代之的是其他更古老、更动人的形式。我们的思想有时会融合。当然，还有煤焦油肥皂与 X 和他儿子的幻影。而后海滩仁慈地冷落我们，催促我们前进,因为静止就是死亡。

所以我们全都到了这里。我在荒沼上跋涉,睡在一个山毛榉树枝搭建的营地里(该营地在一个池塘边上的三角形林地中),以兔子、欧洲越橘和快乐的鳟鱼为食,偶尔回到其他人所在的村舍——此时我要么是为自己成了一个糟糕的父亲而内疚,要么是需要别人来帮我找找背上的扁虱,再给我吃点意式千层面。

通常我们一家六口是一组游民,就像许多把车停在野餐桌旁的现代狩猎采集小队一样。有时我们会有一个特定的目标:滨藜嫩芽、银叶花或犬蔷薇花瓣,这些用来做沙拉;或者猫头鹰食丸[1],它能让我们知道夜里这附近有什么;或是路毙动物的皮毛,用来做外套;又或是乌鸦的羽毛,因为它看起来是必要的。不过我们每个人天生都是探索某一特定生态位的专家,而且,在我们的漫游过程中,那通常就是我们自己的生态位。

尽管我们渴求政治正确,但角色分配自然地、过时地、不可动摇地沿着传统的性别界线进行。10岁的蕾切尔是一个多产的采集者,勤勉地采着灌木、掐着树叶。8岁的乔尼是洞穴探察者和骨骼收集者。13岁的杰米有秃鹫一般寻找腐肉的直觉。汤姆是一个不知疲倦的多面手,活动范围远离小队主体,他经常弯着腰、蹲伏着,观察细小的东西,眺望地平线,制造并试验武器,压着声音叫喊

---

[1] 猫头鹰食丸:猫头鹰吞食猎物后,其中不可消化的骨头、牙齿、皮毛等会形成团块,经猫头鹰的食道和口腔吐出来。通过猫头鹰食丸,可以分析它捕食的猎物种类。——编者注

或吹口哨：这些天多半是"啦哩哩哩，哩哩"。感谢上帝，我的妻子玛丽像蕾切尔一样，专注于浆果和沙拉。而我在荒沼上徒劳地闲荡，总是心不在焉。

海洋是狩猎场，在这里我们都是杀手，把鲭鱼从一个世界拽到另一个世界，再到下一个世界，这样做时我们冷酷无情，因为这些鱼没有可以向我们发送暗号的眼睑。海岸也没有眼睑，所以我们做着可怕的事情。我们用带钩的棍子探查裂缝；我们敲打，刺穿，碾碎。我们对杀戮没有寻常的本能反应。被释放的灵魂需要得到安抚，这我们知道，但我们似乎认为，一个东西必须有眼睑才有灵魂。[4]

这并不是说我们很残忍：我们真的不残忍。但无论大脑处理尖叫声并把它变成一种体验的过程多么简单，一个尖叫的神经元就是一个尖叫的神经元。

我们所有的情感、邪恶和哲学信念都让位给了饥饿——或者让位给了海滩上的营火，这样说可能更准确。这条鱼和这只螃蟹注定是要到火里去的，因此，对于它们如何到了那里的任何道德疑虑也就烟消云散了。炉灶是人与争论之间伟大的调解者。在火边的人不会看别的东西，只会看着火。

夜晚是盛大的。过往已经闭幕。山谷牢牢地抓住了谷中发生的一切。X 和他的儿子现在经常出现。他们开始变得随和，我也开始更了解是什么分开了他们和我。

主要有两个因素。第一个是他们的脆弱，以及他们因此对世界和自己产生的依赖感。冬天里我一直在谈论偶发事件，谈论我们在绝望、无能和永恒的紧要关头上永远摇摆不定，但我真的无法复制X那永恒的脆弱。我的生活中有狼，但没有X的那么多。有一些不确定因素，但不至于决定我是否会饿死。X选择了脆弱。回到法国的家乡，他就不会脆弱了：可在这里的冰面上，他是脆弱的。但是，无论选择与否，他的脆弱是真实的。我可以让自己挨饿，然后告诉你那是什么感觉，但这完全不能让你明白，没有不挨饿的选项是什么感觉。我是在假扮，但再多的文学体验派表演也无法让我恰当地扮演X的角色。这令人失望，因为有太多的东西取决于脆弱性。我们所有的关系，无论是与爱人、高山还是燧石的关系，都取决于我们对自身脆弱程度的认识。

所以，我们可能无法正确探讨X和我的第二个主要区别：自我的本质。本书在这一点上有些令人担忧，因为这本旅行书宣称要讲述的就是探索自我本质的故事。可我也许根本出不了门。

但我还没准备放弃。让我们概括一下要点。X处于人类进化过程中的某一时期，在这个时期，无论前期酝酿了多久，一种新的自我认知和自我理解都已经迸发。它表现在一种新的象征性观念中。它可能是被这种观念点燃的，无疑也是由之煽动的。这不是意识第一次出现：远非如此。但是，新的人类意识可能在性质上与过往的任何意识都不同；或者在程度上与从前存在过的任何事物都大不相同，以至于它看起来像某种本质迥异的东西；或者（我更喜欢说）它在表达自己的方面表现得太好了，以至于看起来在性质或程度上与以往存在的任何东西都不同。

然而，我们似乎可以合理地假设，这场革命并没能在一夜之间扫清所有与世界和自我联系的旧方式。即便到了4万多年后的今天，那些古老的方式也没有完全隐退。它们仍触手可及，纵然你必须深陷一场幻境或精神分析学家的沙发，或者尝试远距离与一条狗通信，诱使鸟儿从树上下来，或者理解一个熟睡的孩子、精神错乱的父母或昏迷中的病人无意识的思想。

这个夏天，我试着通过戒除使用象征符号来把握过去的生活方式。我的想法是，如果我能把象征符号撇到一边，我就能与我自身之外的事物有直接的、无中介的接触。在象征主义革命开始之前，世界大概就是这样，并且之后很长一段时间里也常常是这样。

就像身体禁食一样，这得徐徐图之。不发短信的一天。不使用人类技艺的一周。不说话的一早晨。然后，慢慢地，更长时间地禁止阅读和观看非自然的影像，更长时间地回归静默，并延长我日常的冥想练习，在冥想练习中，我观察并感觉如潮水般涨落的呼吸，日渐淡漠地观察来来去去的思想。对我来说，这种淡漠发展得还不够快，我开始用食指和大拇指拈起每一个想法，就像捡起狗屎丢进塑料袋里一样，然后把它扔到脑壳之外。起初，这些想法把这种驱逐视为挑战，并加倍努力地侵占和掠夺，但一段时间后，它们开始厌倦。

看着我的人会看见一个中年男子，胡子脸就像獾的屁股，穿着一件老水手的工作服和一条沾了泥的牛仔裤，戴着一顶毡帽，闭眼盘腿坐在一块满是乌鸦食丸的岩石上，完全是一副试图孵化它们的样子。

但大概没有人会在观察我。这块岩石几乎隐匿在一整丛新长的欧洲蕨中。睁开眼我就能看到大海。它离海足够近，只要有风就能看到白色的浪尖；但也非常远，远到听不见海的声音。雌赤鹿经常在树林边缘觅食，那里的植物簇簇团团，就像小河里冒出来的花椰菜。没有什么东西会把它们引到欧洲蕨这里来，反正它们无论如何也闻不到我的气味。在我身后的山顶下方，有一小簇竖立的石头。一段时间过后，它们就显得又聒噪又傲慢，我厌恶它们。就好像在这里找到一个购物中心。

我试图做的事情一点都不新颖。它是想与真实接触的古老追求——这种接触没有经过语言、祭司、思想体系、图画、假设、模板、虚荣心、规则或制度的加工。它是最简单的想法。这只不过是在做所有孩子被我们毁掉之前一直在做的事情。要衡量我们对孩子们做了什么，只消看看作为一个成年人，要想获得对任何事物的这种直接体验——哪怕只是一瞬间——有多少困难。

关于这一追求的文学，最著名的是批判宗教并质疑文学价值的宗教文学：有史以来每一种文化中的神秘主义文学，以及西方浪漫主义文学，它们刚开始都是对传统宗教垄断的回应，后来又作为对唯物主义垄断的回应而获得新生。这在很大程度上给非体验型认知模式以及（尤其是）语言的效用构成了直接挑战。老子说："道可道，非常道。"[5]领悟才是唯一真正的认识论，理解并不是。只有当我们对事物的观察被"不知之云"所掩蔽时，我们才能了解它。圣保罗之所以皈依，不是因为被一系列议题说服，而是因为在一次奇遇中倒在地上。[1] 6 大多数宗教本质上（神秘主义者所在处）是对新型认识论的呼唤，对觉醒的呼唤。

非西方世界不像西方那样完全与直接体验割裂，也从来没有像令人胆战心惊的西方那样，系统性地诋毁直接体验。比起坐在肯塔基州的加尔文教派教堂或华尔街办公室（这两者在认知层面是对等的）里，如果你坐在南印度的湿婆道场里，会更容易了解旧石器时代晚期之初狩猎采集者的生活。

成年人有可能通过自己的努力获得对某些事物的真实体验，只不过非常困难。7 这通常需要在冥想大厅里坐上数年，学习观察和感觉自己的呼吸，从而栖居在自己心怀中。我们大多数人直到逝世时也没有体验过任何事物。那些在西方确实有所体验的人，其体验往往是在痛苦但慈悲的顿悟中被强行塞进喉咙的，他们会尖叫着、被踢打着拖出图书馆、工作场所以及他们那齐整的安慰算法组合。

安德鲁·哈维[2] 是这样描述它是如何发生的：

---

[1] 据《圣经·新约·使徒行传》记载，保罗原名扫罗，早年信奉犹太教，主动向大祭司要求去大马士革抓捕基督徒。在前往大马士革的路上，耶稣向他显现，他被强光照耀而惊愕不已，并倒在地上，后为耶稣传道，成为著名的早期基督教领袖。——编者注

[2] 安德鲁·哈维（Andrew Harvey, 1952—），牛津大学万灵学院（All Souls College）莎士比亚研究学者，著有《拉达克之旅：一场照见内心探索性灵的旅程》（*A Journey in Ladakh: Encounters with Buddhism*）。——编者注

我听得仔细,学得努力,但明白得很少;多年来,我在牛津大学的怀疑主义和反讽风气中受到过于严格的训练,因此我的头脑变得顽固不化。我在一系列黑色笔记本上用蝇头小字做"学术"笔记,就好像我还在牛津大学的博德利(Bodleian)图书馆里写关于"宗教"的"论文"。现在,读到这些笔记时,我会笑出声来,它们散发着恐惧和惴惴不安的自命不凡的气息。

但后来,感谢上帝,我头脑和心灵的禁锢被一系列直接的神秘体验永远地打碎了,这些体验永恒地改变了我对宇宙的看法,迫使我成为一个求索者。8

这些体验包括对他自我肉身的一瞬感知。一次,他在海滩上邂逅了一位后来证明是男性的双性美人。还有一次,他在海边散步,思想"像一个被砸向墙壁的椰子一样"裂开了,他看到船只和海滩闪耀着灿烂的光芒,海浪"不停地拍打,诵'唵'[1]字咒"。

"啦哩哩哩,哩哩。"汤姆吹着口哨。

要想了解旧石器时代晚期,类似这样的体验可能是必要的。我的初始体验是在灼热的沙砾平原上,在沟渠里,在树屋里,在炎热岛屿间摆荡的小船上,在市中心的非法占用空房里,在知了随着祝祷声吟唱的丛林修院里,在山坡上——那里,寂寞是一把刀,像切

---

[1] 唵(Om)是祈祷文惯用的开首之词,因专用于祈祷文而渐被神秘化。如佛教中常见的"Om Manipadme Hum",音译为"唵嘛呢叭咪吽",即是对"莲花神"的祈祷词。——编者注

开煮鸡蛋般削开了我的头盖骨；荒芜是一把勺，舀出我的思想，将它涂抹在周围数英里的石子坡上。

我不认为漫步在苔原上的旧石器时代晚期人类是在幸福地微笑着，且陶醉在顿悟中。这是石器时代，不是滚石年代。[9] 但如果认为，虽然有一个"我"和一个"你"，但旧石器时代晚期的个人身份没有如今那么离散化，这种想法倒也不是异想天开：当时的思想虽然是个人的，却更加分散；边界尽管真实存在，却容许更多传播；人格被视为一种关联，而不是一个点。他们天生是达尔文主义者，理解非人类世界与他们的表亲关系；承认人类的生态依赖性、周期性，以及随之而来的一切属于人类的责任。人类吃动物，动物吃人类，人类又吃动物，如此循环，往复不息，植物有时也介入其中。我们都在这个循环里。很难说哪里是人类的终点，哪里是野牛的起点，哪里是我的终点，哪里是你的起点。这与我们对旧石器时代晚期人类思想的了解大相径庭，虽然我们应该谨慎地比较旧石器时代晚期与更现代的狩猎采集者（人类学**不是**考古学），但上述理念在一些现代土著社群的本体论中得到了呼应。[10]

萨满教——旧石器时代晚期社会最突出的特征之一——在人和域之间建立了通道。诚然，不是每个人都是萨满，而且有些萨满无疑会摆出某种大祭司的姿态，但每个人都是萨满工程及旅程的受益者。萨满打开了通往其他世界的窗，每个人都呼吸着来自彼岸的空气。

我坐在我的岩石上时，有许多声音可以倾听。还有许多睿智的导师。有人在德文郡一道长 90 米的树篱内数出了 2 070 个物种。[11] 这大概不包括细菌、原生动物或其他微生物。这意味着 2 070 种不同的方言。是的，植物也是有声的生命。有些植物会对传粉者发出的声音做出反应，分泌出更甜的花蜜。它们以花为耳，让声音深入体内；根会朝着水产生的声波振动蔓延；木质部里的气泡会发出爆裂声；植物发出的超声波信号可能会被动物和其他植物接收到。紧张的植物和不紧张的植物发出的超声波信号是不同的，可以训练计算机去检测这些差异。[12]

我们并不会意识到自己觉察到了这些声音，不过我们也不会意识到大多数影响我们的事物。在人与人之间传递的信息里，只有极小一部分是我们有意识接收的。大多数信息都会在我们的意识雷达之外，以肢体语言、信息素，以及其他可能的方式发送，这些方式被轻蔑地归为"心灵感应"或"纯粹的直觉"。无需争辩，我们都知道置身于室外的绿色空间会影响情绪——这是每个人都有的体验，也是许多系统研究的主题。"森林浴"对你有好处。在所有振奋精神的力量中，包括来自植物的抚慰，或许还包括其诗意的低语，这样的想法真的有那么疯狂吗？如果这想法的确疯狂，那么认为一个不混乱的人类大脑，在认知系统强大公关的诱惑下，却可能更容易受到这样或那样的声音的影响，这种想法是不是很荒谬呢？当然了，我不知道答案，而且脑袋空空地直接拥抱这些事物也不管用，不过干吗不呢？

我不能假装植物在跟我愉快地交谈。但我确实听出了柳莺、乌鸦、狗、农场工人和大海的情绪变化。之前我在这里一直听不到大海的声音，但现在我可以听到了。也许是我内耳的某块肌肉曾紧绷着，为我挡住生活背景中鼎沸的工业噪声，但它现在放松了，让更细微的声音穿过了门扉。但不管发生了什么，此刻有一种低低的呢喃声，比我营地上方山毛榉中的夜风低半个音左右，是滚动的石头和滑动的沙子发出的呢喃与喘息。

我可不能让人觉得在这里所做的一切就是沉思。事实上，这个过程非常忙碌，并强烈要求认知的参与。我必须不断找出解决问题的方法，如果我不能跑回村舍，这些问题将生死攸关。我怎么才能让这绿色的水变干净？这些兔肉条是会变干，还是会腐烂？一场风暴正从伊尔弗勒科姆刮过来吗？我应该给庇护所建一面侧墙吗？是不是该迁到下一个山谷去了？那根有毒吗？**所有的**鬼魂都是友好的吗？如果我用燧石垂直敲打鳞茎，整块鳞茎都会碎掉吗？昨晚梦见蛇是因为我烧的树皮上有地衣吗？下面的农场能看到火光吗？我能一路漂浮到海里而不被人看见吗？有多少条小河鳟才够？

出于天生的人种偏见，我们倾向于认为狩猎采集者是简单的人。根本不是这样。狩猎采集生活需要的技能远超我们的能力范围。一个典型的现代矫形外科医生所做的工作里，可能有75%是髋关节置换手术。她还得口授报告，为病人提供咨询，做少许平和的管理工作，每天早晚开车回家。对于一个狩猎采集者来说，那将是一种令人窒息的简单生活。成为一名超级专家是容易又乏味的。做一个多面手则困难而有趣。

这不是高贵的野蛮，但那的确是卑微的矫形外科。

在一定程度上，象征符号戒除法正在起作用。人类具有传奇般的可塑性，其中一部分就是我们可以快速遗忘，也可以快速学习。

回到家里我就没法维持这种象征符号戒除法了。我试过，它最多持续 20 分钟。这并不是因为读睡前故事有压力（虽然也有欢喜），也不是因为书架的吸引力（尽管它们确实在吸引我），更不是因为我忍不住想大喊指令（我没有），而是因为在这里，在家里，只有问题和困境才是重要的，要处理它们，我真正懂得并信任的唯一方法就是**规划**：编造假设的世界，并在其中尝试各种假设的解决方案，直到我偶然发现一个有用的选项。一小时前我还生活在真正的树林里。现在我生活在一个人造的世界里：一个现在肯定不存在，并可能永远不存在的世界。"我们日用的饮食，今日赐给我们？"[1] 这对我来说可不够好。无论如何，我没有那样生活所必需的信仰。而这种无信仰建立在一种可笑的对抽象概念的自负上。

每当我一个人出去，X 总是在那里。我从来没仔细看过他的脸，但我知道他皮肤黝黑。这并不应该令人惊奇，但确实很奇怪。事实

---

[1] 此句出自《主祷文》（又称《天主经》），是基督教最为人熟知的祈祷经文，见《圣经·新约·马太福音》（6:9—13）。——编者注

上，DNA 分析告诉我们，大约 45 000 年前从非洲来到欧洲的深色人种在西欧一直保持着深色皮肤，直至 8 500 年前。[13] 我不知道在我们苍白的日光下他能否制造出足够的维生素 D，接着我记起来他已经死了，那我就不用担心了。

这让我开始疑惑他是什么样的存在。我想有很多可能性。千百年来，神秘主义者一直在讨论这些可能性。如你所料，梵语对人的存在有极其复杂的分类。除了由肉质组成并吃食物的食物体，还有能量体、星光体和无限体。非肉质的身体是多维的——也许就是数学家所说的那种——所以不要指望它们会受我们传统的时空维度的限制。[14]

X 物理大脑的消散及 40 000 年的旅程只意味着：如果有令人信服的理由，使我们认为量子现象仅适用于基本粒子的水平，而完全不适用于由粒子聚合而成的身体的水平，[15] 那我在二十一世纪的德文郡看到 X 一定是我疯了。

我们不能确定旧石器时代晚期的冰原上是否有非肉质的身体在游走。但我们可以说，萨满需要不同类型的身体，才能在毗邻这个世界的其他世界中有效行动。通常那些身体都属于非人类的动物，也有一些意见认为彼世中身体的行为方式与此世不太相同（一些洞穴壁画描绘了身体穿过洞壁的部分旅程，另外，动物们奔跑的图景没有基线，于是呈现出飘浮的样子）。从拉斯科洞窟到吠陀经的距离并不遥远。旧石器时代晚期真正的装束不是狐皮斗篷，而是藏红色长袍。

我热切希望汤姆参加一个隐修启动仪式,但他断然拒绝了。

尽管幻境探索类的仪式在狩猎采集社群中非常普遍,但我的热切并非来自我对狩猎采集生活的实验。它源于一个沉积已久的信念,即标志杆很重要:若没有仪式,通路就不会正确地出现。

我想到的是在达特穆尔高地上斋戒四天,由一位明智又体贴的朋友在远处监督。就这样。然后看看会发生什么。

比较可能发生的是,在头三天会感觉到越来越痛苦的洗濯,同时,孤独、恐惧和迷惑会磨去傲慢和错觉的污垢,如果幸运的话,接下来会有一天痛苦得多的充盈,而后是一生的平衡、自信和谦逊。

传统的幻觉探索通常包括引介灵兽。这可能会在达特穆尔发生,也可能不会。我的朋友当然不会暗示这可能发生——更不用说应该发生了。更有可能发生的是一种悄悄蔓延的万物有灵论:一种对万物皆有生命的认识——最重要的是,万物包括汤姆自己。

通路仪式是不能回避的。我很希望汤姆能有一个有意义的仪式。如今常见的成人仪式,充其量就是赠送一款新的苹果手机,取代他们已经用了多年的那款。达特穆尔会有更好的仪式。福音派基督徒将婚姻视为离开(大家庭)和忠贞(于配偶)。技术非常有效地达成了这一点。它使孩子的全部注意力离开家庭,牢固地绑定在技术上。

我自己的分离仪式就是从西奈挣脱,到了那所粗俗的学校。其中当然包括一次离开,但我并没有忠贞于我所去的地方或事物或精神。如果我这样做了,我将早已被毁灭,就像大多数被送进英国寄宿学校的孩子在某种程度上所经历的那样。两个世纪以来,浮士德式[1]的交易一直是英国制度化生活的主要动力。在这种交易中,我将以灵魂为答谢,换取英国选民衷心热爱的虚假权威和信心。

最好是离家四天,忠贞于自己,以及德文郡高沼地上被赋予灵魂的世界,然后要么返回,要么前进——但无论作何选择,你都将是一个从此再也不愿意系领带的本体论贵族。

当我沉浸在这些思想中,独自躺在火旁吮吸一只兔子的腿时,我注意到 X 也是独自一人。他儿子没和他在一起。

我惊慌失措,就像失去了自己的孩子。也许我真的失去了。我在记忆中拼命搜寻,我最后一次见到他儿子是什么时候?是汤姆上次和我在一起的时候。汤姆不在的时候,我见过他儿子吗?没有。

我不知道这是怎么回事。

"啦哩哩哩,哩哩。"

某天早晨我醒来,阳光直射在我脸上,树林在我周围蒸腾着热气,带着真实的痛苦大声说:"罐子!"我学得很慢,刚刚开始领悟。

---

[1]《浮士德》是歌德创作的著名诗剧,主人公浮士德与魔鬼做交易,以灵魂为代价换取自己想要的生活。——译者注

旧石器时代晚期没有陶器。他们并不是没有这种技术。他们有。例如，捷克共和国就有旧石器时代晚期的窑炉，但它们没有被用来烧制陶器，而是被用来烧制小雕像和黏土球[16]。

是的，他们当然没有罐子。罐子都很沉重。如果限制家庭规模的因素之一是你拖着小孩穿越冻原带的能力，那你就几乎不可能还带上餐具。我内疚地回想起我在家里的所有东西：成千上万本书，成百上千本笔记本，成百上千件加载了某些回忆或故事的工艺品。

这些东西的重要性让我很困扰。不是因为在一个贫穷的世界里拥有这么多财物令我在政治上感到不安（虽然我确实这么想），而是因为这让我怀疑，如果没有这些，我又是什么。或许，我有太多的部分被外包给了各类数据库或内存条，如果这些东西毁于一旦，我也会毁灭。

这对研究旧石器时代晚期至关重要。如果我的大部分都在牛津的书架上和墙上，那我怎么能认为自己是在以旧石器时代晚期的方式行走在高沼地上呢？事实上，岂非远不止如此？这难道不是关于意识、关于主体性的基本问题吗？我在本书中一直如此关注这些问题，而大部分我说*我在*讲的事，实际上都远在我的脑海之外。我以我知道的、自己读过的各种著作的权威性来断言事情，我必须站在凳子上才能够到这些著作，却无法有意识地记住它们实际的内容。我主张的权威是假的。这甚至不是剽窃者的不正当权威：至少他知道他偷了什么，并有意识地运用它们。

从这片树林走到海边，什么也不带，只带上真正在自己脑子里，真正在自己脚下，真正在自己的视线、嗅觉、听力范围内的东西，那该是什么感觉呢？那就是权威，是依赖，因而是优雅和从容。

我无法想象这个状态。

但我可以试试。一种办法是更加游牧化。我曾告诉自己，旧石器时代晚期的人们并不是一直在迁移：如果没有不可抗拒的迁移理由，如果所在地有足够多的驯鹿和榛子，他们就会扎营一段时日。这是事实，但我一直用它作为借口，好让自己安心做一个新石器时代的人。事实是，我喜爱我的小山毛榉树凉亭。我喜欢朝阳在我袋子上投下的斑点，喜欢"布谷"声响起前杜鹃的静默，喜欢我用来煎鸽肉条的板石，喜欢庇护所主支柱的角度（我之所以注意到自己喜欢它，是因为它看起来亘古不变），喜欢远处大海的喘息，喜欢树林边荨麻可爱的分界点——我曾踏过的小路就由此开始，喜欢那片看上去像三只壁虎的苔藓，喜欢在隔壁山谷筑巢的盘旋的秃鹰，还喜欢帆布背包那令人安心的重量。

这一切依恋削弱了整个事业，在一阵打破旧习的心血来潮下，我一跃而起，拆掉了庇护所，把板石扔进黑莓灌木，把其他一切塞进我的帆布背包，系紧我的靴子，就好像我要穿着它们走路而不是穿着睡觉一样，我把背包甩上肩膀，又认为它太重了。我再次把它取下来，丢掉了一条我带着"备不时之需"的旧军毯，朝一个我从未去过的方向进发。

必须这样做，以迅猛之势。因为若非如此，这事就永远做不成。

我孤身一人，一直走，一直走，尽可能潜入黑暗，走下凉爽的幽谷。我不相信高沼地广阔的景色，因为在高处，我就忍不住去看那穿梭于道路上的车辆，还有掠过一片蔚蓝的轮船和飞机。我已经脱下靴子，把它们放在背包最底下，这样我就不会那么想再穿上它们了。事实上，我根本就不受它们的诱惑：我想知道，为什么我总是不让自己去吸收我的脚此刻给予我的知识，伴随着这些知识而来的是一种永不削弱的战栗感（大多数知识都值得这种感觉）。

山谷中弥漫着赤鹿的麝香味，到处都盘旋着一群群小虫。树冠正在把阳光转化为糖，并通过又细又硬的叶脉将其输送出去。我很愿意睡在这里，但蠓虫会把我吸干，所以夜里我总是在高沼地上。

走累了我就睡觉，因此我越适应，白天就越长。我边走边吃。这时的食物很充足，因为越橘和黑莓早熟了，还有很多野生的生菜。我假设有行尸在猎杀我。

恐怕从前旅行的地图还在我脑子里。我应该去西伯利亚或其他我不太熟悉的地方。因为和真正的土地知识相反，地图与支配有关。它们是不折不扣的还原论者：将英里简化为厘米，把瑟瑟发抖的树木简化为无生命的绿点。地图让我们觉得可以把风景折叠起来，塞进口袋。土地变成了关于我们的东西。在象征符号所做的事里，地图是最糟糕的例子。[17]

不过，尽管我有脑中地图，高沼地还是湮没了它的概念。那条小溪不在我的脑中地图上；这根带刺的树枝也不在，它戳在我的两个脚趾之间，把它扯出来就不得不带出我的一大块肉。到了晚上，或者草丛或石南的高度超出我的头时，地图就会消失。这里的荒沼——属于狐狸和老鼠的荒沼——与天空诸神、地图制造者和还原论者所看到的荒沼有着截然不同的坐标。

我从庇护所出发，大致绕圈往外走着螺旋的线路，不断扩大半径，最终每天缓慢地走20英里左右的弧线。太阳无休止地照耀着，试图变得仁慈。夜空中只有追逐和舞蹈：没有哪个星座独自在深空中大步前进。X通常在离我几百码的地方扎营。我能闻到他营火的烟味，有时还有烤肉味。他是个真正的猎手。

有时我必须过马路，我怕得要命，盯着它好久，生怕遇到汽车。我害怕引擎的轰鸣声——除了打雷，它是我生活中最高亢的声音——但我更害怕突然听到车载收音机的声音，又或是一掠而过的谈话声。这里没有谎言，一切都意义深远且永恒。一切都是生死攸关的事——当然，在车里也是如此——但在这里，一切都明白这一点。

车里的人会觉得我很吓人。我蓬头垢面，目光狂野。我想象有像我这样的人在一战后游荡在德文郡，他们因所见所失而无法入眠，疑惑怎么会有一个世界能同时容纳帕斯尚尔战役和一只夜鹰。这也是我迷惑的根源。因为独自在荒沼待了几周后，虽有各种疑虑，这个旧石器时代晚期的实验还是使我有所收获，在荒沼世界和公路世界之间已然裂开一道回声阵阵的峡谷，但我知道我将不得不回到公路上去。

在印度北方邦的法塔赫布尔西格里城,阿克巴大帝[1]让人在他宫殿旁的清真寺大门上写下这句话:"愿耶稣的名受祝福。他说,这世界是一座桥,走过去,但是不要在上面造房子。"

布雷斯洛夫的纳赫曼拉比[2]说:"整个世界只不过是一座非常狭窄的桥,最重要的是不要害怕。"

我明白了,是房子让我们害怕。

这是个问题,因为我的家人也住在一栋房子里。

天气开始有点像秋天了。也不总是这样。没什么眼见的证据:没有叶子变色或凋落。也并不是变冷了。倒不如说是缺少了热量,就好像火焰熄灭了,世界在用余烬烹饪。

接着,先是在荒沼的高处,秋天突然降临了。但它并不是一种扩张,而是一种撤退。秋天和冬天没有它们自己。它们是夏季的缺席。

"瞧,"我的朋友、精神科医生凯特说,"这就是抑郁型人格最明显的迹象。"

不是这样的,凯特。纠正热力学知识并不令人抑郁。

---

[1] 阿克巴大帝(Akbar,1542—1605),印度莫卧儿王朝第三代统治者,在位期间,杂糅各种宗教教义,创立新教,以缓和宗教矛盾。——编者注

[2] 纳赫曼拉比(Rebbe Nachman,1772—1810),犹太教哈西德教派第四代拉比,哈西德教派的精神领袖。——编者注

我恨秋天的花言巧语。它想把春天和夏天的成就充作自己的。让我们开诚布公地说，那些苹果、李子和浆果，和你秋天一点关系都没有，对不对？你对收获的唯一贡献就是让天气变得靠不住，让道路变得泥泞。"瓜果飘香？"没错，但这成就不属于你。

家人回到了他们称之为家的地方。我们温顺且草率地送孩子去上学，他们即将动身。

我还在荒沼上，但现在当我躺着或坐着时，大地就如寄生般吸走我身上的热量。夜里爬出山谷的雾到了白天并不爬回去。我因为吃了野李子而疯狂腹泻，蹲在小溪里清洗身体时也开始冷得难受。

我并没有**决定**离开：就像大多数事情一样，它只是发生了。我花了一个晚上看着狐狸躲开成片的月光，听大海搅动的声响，闻着风里潮湿的石南香和煤焦油气味，然后，不知怎么的，我就坐在一辆巴士里，东倒西歪地朝陶顿驶去，雨水沿着车窗流下，有人在广播里使用着两个电子和弦，悲叹他刚认识的一位女孩的举动，好像这很重要似的。

秋

在梵文这种全世界精神性最高的语言里,有三个词代表边缘,代表跃入超越之海的地方,即萨特(Sat)、启特(Chit)和阿南达(Ananda)。"萨特"表示存在;"启特"表示意识;"阿南达"是喜悦或狂喜的意思。我想,"我不知道我的意识是否健全,我不知道我对自我存在的理解是否恰当,但我知道我的狂喜在哪儿。所以让我紧握住狂喜,那会带来我的意识与存在。"

——约瑟夫·坎贝尔(Joseph Campbell),《神话的力量》[1]1

(The Power of Myth)

阿喀琉斯可以在寰神星上行走。事实上他必须如此:他有那么多东西要记住。这些记忆中尤其值得一提的是,作为一个人活着本身就是一种宗教行为……

——艾伦·加纳(Alan Garner),《寰神星上的阿喀琉斯》[2]2

---

[1] 此段译文采用浙江人民出版社2013年译本,译者为朱侃如,略有改动。——编者注
[2] 《寰神星上的阿喀琉斯》(Achilles in Altjira)是艾伦·加纳的随笔集《轰鸣之声》(The Voice that Thunders)收录的第三篇作品。《轰鸣之声》集结了艾伦·加纳二十多年的研究成果,涵盖考古学、神话、语言、教育、哲学等其学术领域。——编者注

一旦开始行走，就很难停下了。

我无法安顿下来。我努力让自己像一个游牧的狩猎采集者，从我们郊区的房子出发，走很久的路，禁食，吃水果中断禁食，在后花园吃冰得要命的烤肉，就这样可悲地过了几周后，我乘船去了毕尔巴鄂。

在这种自我放纵的疯狂中有一些条理可循，即我在寻找象征主义的起源。最有效的象征符是文字，而巴斯克语被认为是现存的少数原始印欧语言（PIE）之一。巴斯克人的祖先可能起源于安纳托利亚，从那里向外扩张，进而随之演化。因此，巴斯克人可能是有土耳其血统的旧石器时代晚期的活化石。[3] 要想听到穴居人的谈话，你可能只需要去西班牙，闭上眼睛坐在酒吧里，让你的想象力尽情挥洒。

这正是我在做的事。我已经在码头附近一个黑暗古旧的地方待了四个多小时。这里散发着汗液和海藻的味道。我桌上的油漆大概是战前涂的，并在战争刚结束时擦了一遍。我在远处的角落，坐在一个用蔓藤花纹瓷砖和鱼箱做成的小隔间里。忧伤的侍者没等我开口就给我斟满红酒，给我端来了章鱼和小牛蹄肉冻，揪着小胡子，一边鞠躬一边后退。

我到的时候这里空荡荡的，现在却挤满了下班的皮条客和装卸工人。只有很少的光线穿过雪茄的烟雾照进我坐的角落。有时烟雾中会隐约露出朝我而来的面孔，等这张面孔看到我是个外国人时，便咕哝着离开了。

每个人都在说巴斯克语。说别的任何语言可能都很危险。它和我听过的任何一种声音都不一样：喉音、齿擦音、嘶嘶声和隆隆声，就像母语是拉丁语的突尼斯士兵所说的阿拉伯语。它给人一种过度表达的感觉，说这种语言的人沉醉于词语及其力量。我相信，如果你第一次遇见这种语言，你也会有相同的感觉。语言真的很神奇：它能以惊人的准确性把事物无形地从一个脑袋转移到另一个脑袋。它可以用一个简单的表达召唤出某样东西（例如，一只大象）。如果你对此不感兴趣，那你一定有问题。难怪最早的语言想要打破界限，想要在每一种腔调中庆祝自己的威力。

关于巴斯克语是原始印欧语残迹的争论虽然复杂，却也令人信服。有一些最吸引人的观点是颇有争议的——比如认为巴斯克语中的单词"斧"（aizkora）、"锄"（aitzur）和"刀"（aizto）的词根都是"石头"（haitz）这个词，从而可以回溯至一个斧子、锄头和刀都是石制的时代。我希望这是真的，不过就算没有这个观点，巴斯克/原始印欧语理论也能愉快地存在下去。

这种语言的结构确实非常奇怪。中心名词有着非同寻常的重要性：常常把限定的名词挤到一边的定冠词和不定冠词，在此被塞到适当的位置。它让人感觉到有形世界中的欣喜——由一个词可以真实地代表任一事物的非凡事实所带来的狂喜。动词如在德语中一样被移到句尾：动作取决于行动者。（我想知道德国人把所有名词首字母都大写，是不是也是这种用意。）行动者是最重要的。[4]

因此，在巴斯克语中，"那人跌倒在那熊面前"应该是"人–那熊-那 面前 跌倒"。"那女人给了那孩子那浆果"变成"女人-那 孩子-那 浆果-那 给了"。而"那猎人看见了那狼"则是"猎人-那 狼-那 看见了"。这种模式强调个人对行为负有不可让与的责任。在"那"的后面不存在狡诈的变换。[5]

我回来了,呕吐着穿过比斯开湾,觉得自己学到了一些东西,认为我应该回到德比郡的树林,去看看我是不是真的学到了。但是雨来了,雨下了一阵子,于是我也停了一阵子。

我正坐在牛津的一座中世纪图书馆里,面前的桌子上有一本关于史前艺术的大插画书。有两张插图特别让我着迷。我肯定盯着它们看了好几个小时。

第一张是"狮人",这是一幅由人的身体四肢和狮子的头组成的直立像,以猛犸象象牙制成,发现于德国南部的霍伦斯坦-斯塔德尔洞穴。它有30 000—32 000年的历史。

在我看来,这狮人带着隐约讽刺的笑意,很像希腊**年轻女性雕像**[1]脸上古风式的微笑——只有嘴唇在笑。他有宽阔壮实的胸膛,以及掷长矛者有力的肩膀。有人说他很僵硬,但那是一种大步定格时表现出来的芭蕾式的僵硬。人类艺术在此时还处于极早期,男性人类的身体总是加着动物的头。而女人往往整个儿都是人形的——

---

[1] 希腊古风时期的年轻女性雕像(korai,单数形式为kore),其特点是不含感情的"古风式的微笑",象征着超越世俗艰辛的理想形象。——译者注

只是她们通常乳房巨大，外阴引人注目，腹部和骨盆都很宽阔，大腿粗壮如橡树。

对人兽合体最常见的解释是，它们代表萨满世界的某些方面——也许萨满正在转化为灵兽的过程中，或者相反：不同世界和不同类别之间的边界是开放的；这个世界并不囊括一切存在；事物并不像看起来的那样。

女性雕像往往被解读为对生命力的颂扬。她们可能是母神，或者生育圣像，或者两者兼而有之。她们说，是宇宙**赐予**，相应地，人类不是自我造就的，他们的故事不是自己创作的，他们的天性即应懂感恩。

另一张插图是来自法国阿尔代什省肖维岩洞的狮子壁画。图上有一群没有鬃毛的穴狮在捕猎一群野牛，它立刻就成为我所知道的最美丽、最精湛并且最吓人的艺术作品。它也有30 000—32 000年的历史。

这些狮子没有后腿：它们的前爪和头部全都朝着野牛，后腿会打破这种骇人的定向感。就好像有一个巨大的宇宙之手在指着野牛。这是一幅关于指定牺牲者的画。狮子的专注令我发抖。渲染最完整的那只狮子没有有形的眼睛，但其隐含在暗影中。我们知道那双眼睛会是什么样子，因为我们在噩梦中见过。野牛的画面与其说是画出来的，不如说是被暗示出来的：一团乱麻的线条，还有乱扔的脑袋。这块岩壁上的动作比一道拍打着的巨浪所包含的动作还多。

完成这一作品的人身处自然界,并且对其不抱任何幻想。但是"他"(人们通常假定是个"他")不仅身处自然界内部,也存在于自然界之外。和电子一样,他也具有非定域性(non-locality)[1]。他不仅能观察和记录事件,还会讲故事。这些狮子来自某处,有它们的历史,而即将发生的杀戮将改变事态。正如隐秘的眼睛所示,这个故事是一个更大的故事的一部分——画家也参与了其中。这不仅仅关乎一头野牛的死亡,它关乎死亡本身。

它还极其美丽。它的美不在于恐怖,正如诗意也不在于怜悯。这位艺术家不仅仅将狮子视为杀戮机器来赞美。他崇拜它们,是因为不管它们的功能如何,它们本质上都是美丽的。对于这位艺术家而言,大自然不仅仅是一个食物储藏室。

考古学家常说,行为现代性不仅由象征主义来证明,而且它整个儿就是象征主义。狮人和狮洞是这种象征主义的早期典范。但每当我回想它们,回想起我在树林、海洋、友谊、非洲灌木丛、高山、荒沼、海滩和萨满的沙发上的各种经历时,我变成了异端。我开始怀疑象征主义是否真如人们所吹捧的那样,尤其怀疑运用象征主义是否真的是一个伟大转折点,使我们与先前的一切区分开来。当然,最大的分水岭应该处在解剖学上现代但行为上非现代的人类之中。(我们可以在大约15万年前的化石记录中看到这种人类,自

---

[1] 非定域性有时也称为不确定性,指的是某个粒子的某些物理量不可能同时具有确定的数值。——译者注

此之后,我们——以夸张的象征行为宣告——登上了盛大的历史舞台。)

几年前,我在纳米比亚追踪一头雄性大捻角羚。(我一直试图写一些关于雄性恶棍的故事,并且在证据稀少的情况下,便浪漫地认为这头羚羊是主角之一。)一位纳米比亚追踪者奇帕哈(Tjipaha)和我在一起,他头发斑白,大约45岁。我们从黎明开始追踪这只动物。此刻已是傍晚。夜幕很快就会降临,像落下的帘帷一样,我们剩下的时间不多了。

当时是旱季,我能看到的踪迹很少。我们不得不依靠折断的草茎和隐约错乱的树叶(我如此推断)。但接着我们来到了一块湿地上,泥里有许多连我都不会错过的踪迹。其中不仅有我们的捻角羚的足迹,还有其他捻角羚的足迹,以及疣猪、大羚羊、狷羚、牛羚、犬羚和黑斑羚的足迹,它们都嵌在一张由小型哺乳动物和鸟类足迹组成的花边网中。奇帕哈盯着它们认真看了好几分钟,绕着走了一圈,又蹲下来凑近看了看,闻了闻,然后旋身观望四周的金合欢灌木。他走开了,又回来,蹲了下来。接着他站起来,掸了掸身上的灰尘,开始缓慢但毫不犹豫、胸有成竹地说话。

他说,这头捻角羚三天前的夜里在这片水域。这是它许久以来第一次来这里,因为它是从东边的山丘过来的。那天晚上,它被一头受惊的狷羚吓得惊慌失措,冲上岸时稍稍绊了一下。它右"膝"着地,之后发现自己站不起来了。它不安地在一棵荆棘树下过了一夜,心神不宁,害怕要用疼痛的腿走太远。早上,它回到水里,赶走了一些沙鸡，然后在一英里外的小树林里吃了大半天的草。回来时它仍然心惊胆战，又被一只瘸腿的豺惊跑了，就沿原路折返——朝着我们这边，不过它先到小溪边喝了点水——第二天它又沿着自己的足迹回到小树林。再次饮水，又过了一夜；在一条眼镜蛇旁边喝水，接着又在荆棘树下过了一夜，然后又向我们这边折返，它的腿好些了，但左前肢仍然负担过重——这并不好过，因为大约一个月前，它的右后肢还被另一只捻角羚踢过。我们正是在它这次折返时发现了它的踪迹。

对此我一个字也不信。我觉得他是在演戏。到现在，我也不确定我是否相信。但他对我一清二楚地讲述了这一切，并被我的怀疑态度冒犯了。如果这一切都是表演，那也是一场令人信服、细节详实、合情合理的表演。

就算他是在骗我，也肯定有人能做到这一点，而且，在超市和步枪削弱必要的感官和直觉之前，有很多人能做到这一点。但那也是在行为现代性出现之前。前行为现代性人类是非常老练且高效的猎手。他们肯定至少能像这位追踪者一样读懂地面的信息。

重点是，这种解读需要对象征主义的领悟，这种象征主义正是我们在"狮人"像和狮子壁画岩洞中看到的那种象征主义，即使两者没有达到相同的程度。好的追踪者必须知道某件事物代表它本身之外的另一件事物。从最基本的层面上看，这显然是正确的：脚印不同于踩出它的脚，它是那只脚的象征。优秀的追踪者将这种象征思维模式提升到了最高水平，他会知道如果脚印上覆盖了花粉，那么脚印必定是在周二下午之前踩出来的，因为只有在周二下午，风是从西北方向吹来，并以足够的威力把花粉吹散的。花粉——实际上是花的精子——成为时间窗口的象征。对踪迹的预见能力远远超出了单纯的对因果之网的领悟。这与理解炭笔在一块石头上涂抹的痕迹能变成狮子的喉咙没有实质性的区别。每当我们看到需要长时间跟踪才能成功猎捕的证据时，我们或多或少都会看到象征的证据。每当我们看到狩猎远征时，我们就看到了象征化。史前的每一次烧烤宴在行为上都很**现代**。

雨终于渐渐小了，9 月末一个阴沉的晚上，我看着自己走在山谷中，经过铅矿矿工住的村舍，经过漂亮的酒吧（就这么走过去真是太艰难了），经过一个小教堂——它建立在有一位暴君上帝的假设之上，现在已经荒废了，因为上帝已经平静下来或死了，我向上走进铅矿矿区，牛群正在那里奔腾。

树林披着服丧的黑色，背上长满了刺。当我推开入口的铁门时，树林止住呼吸，开始观望。它已经冻僵了，一只前爪悬在空中。

汤姆不会来。"我有个课题要做。还有吉他课。"

"你可以等我们回来后做这个课题。我们不用在那里待很久。带上你的吉他，你可以昼夜不停地练习。"

"不，我得待在这儿。"

很明智。虽然我和自己说那不是针对个人，但我真的不知道我们在这里的最后一夜发生了什么,而且从那以后发生的事,也都不能让我认为现在树林里是安全的。

我爬上了小山,就像爬上一个脚手架。我不会回到原来的庇护所那里。也许之前发生的事就是针对那个地方的。不在树下待着可能也会更好。在户外,我可以看到令人宽慰的飞机和卫星。

萨拉的房子是空的。她在伦敦。

我把我的防水帐篷支在一片比较平坦的草地上,在里面放了一个睡袋,进去,吃了一罐沙丁鱼,然后躺下。

没有什么可听的。树林还是没有呼吸。有时远处会有一辆消音器坏掉的车经过。也没有什么可看的:只有山下缩成一团的树木和几英里外农场的灯光。谷仓边没有披着驯鹿皮斗篷的旧石器时代晚期猎人。而且根本就没有煤焦油肥皂气味。

我等着。树林也等着。看上去就好像我们在互相挑战。谁先呼吸,或谁先眨眼?其中一个动了的话会怎样?

我没能得到答案。树林可以等,而且也愿意等。我却不敢呼吸、眨眼、或者说:"得了,现在怎么样?"从那以后我就一直在想,如果我那样做了,会发生什么?

我盯着夜色直到太阳升起。现在我发现了一些非常意想不到的东西。我假定树林是在考验我。事实的确如此。我以为我失败了,以为自己必须夹着尾巴悄无声息地溜下山谷,坐火车回牛津——也许还能赶上汤姆的吉他课。但它似乎不是一个要么及格要么挂科的考试。我可能没有获得与山丘组成顿悟联盟的一级荣誉,但我也并不是空手而归。

　　这座山就像西奈山和我的朋友克里斯多年前一样慷慨。它并不生气，不会骂我出去和埃克斯穆尔高地通奸了，所以不欢迎我回到家里。它派来了嘀嗒转头的喜鹊，还有一只独眼知更鸟——我不确定它是不是我们那一只：这只看起来更压抑，它可能刚刚被生活暴击了。然后，在白天！那只野兔出现了——真是慈悲和宽恕的最高象征。我坐在田野的角落里，她几乎来到了我脚边，她看着我，我看着她，我们之间的循环回路已完成，一些东西将持续下去，永远不会中断。

　　所以我留下来了，白天睡觉，晚上漫游，因为到了夜里，大地才会显露出来，让人可以和它相遇。我步行很长的距离，通常远离树林，睡在沟渠里，睡在干石墙的暗影里，睡在粗砂岩山脊上的洞穴里，睡在成堆的干树叶下，睡在松针床垫上，睡在荒沼上，一只眼中映着谢菲尔德的灯火，另一只眼中映着曼彻斯特的光芒。又冷又肥的松鸡和猫头鹰是如此柔软，狐狸是如此坚硬，以至于升腾的寒气从它们身上弹开了。

　　最后一批燕子早就离开了，雁群开始回来了。在夏天的最后几周，我疯狂地四处游荡，试图吸收最后的阳光，采集最后的花蜜，知道这还得持续一段时间。但现在我不担心感冒了。这不是因为我的灵魂周围有很多脂肪。我感受到了从前我仅仅是知道的事：大地会恒久忍耐，然后再度回归，如果我能一直像现在这样贴近它，我也将恒久忍耐。

现在我在转圈,并且转得越来越接近谢菲尔德,我如今睡在旧矿渣堆上,睡在小片小片的矮灌木丛里,这里是城市放弃而荒野开始的区域。有时我离公路很近,可以看到经过的公交车,不知道车上有没有我在学校的同事,如果有,如果我们保持接触的话,那他们的人生和我的人生会有怎样的不同呢。这将翻出关于背叛的老话:"你离开了他们。你离开了这里。你是个骗子。想一想吧,如果你深深地扎根于这个喂养你的地方,没有砍掉根基,你可以变成什么样。你现在可能已经是棵不错的树了。"但他们不会来这里。

X 现在一直在这里。常常离我非常近。有时他的脸半转向我。有时风向转变,我就能闻到他的气味——汗和麝香味还有木材烟尘味。不过,他一般只是我意识边缘一块灰色的东西。

几天来,我一直以为旅程会终止在西奈。我有时能看到它,在树木之上,在郊区远方,在褐色的高沼地河水之上。但有一天晚上,我在我睡了一天的树缝中醒来,就此懂得我不必去那里寻求原谅,或完满,或任何事情。[6]

这仍然是一个充满遗憾、悔恨和煤焦油肥皂气味的地方。但只要我睡在我的帐篷里,鬼魂就不会奚落我,或一腔热望地撕开我。

"给我讲个故事,爸爸。"汤姆说。

我们回到了牛津,坐在幼儿园附近社区树林的树桩上。我们生了火,煎着香肠和蘑菇,希望本地刻板的监工不会来抱怨健康和安全问题。

好吧，汤姆，我试试看。

从前，当世界已然很古老的时候，有一个男人和一个女人住在这里——就在那边，那棵橡树旁。他们有一些孩子，他们深爱着这些孩子。深爱某人总是一个问题，但这个男人和这个女人有一个特别的问题，因为这些孩子和所有的孩子一样，必须被养活，这意味着杀死两人所爱的其他事物：动物和植物。每当这个男人或这个女人抬手要杀死一只动物，或者拔出一根茎或摘下一颗浆果时，他们都会听到恳求，听到尖叫："不要杀我。请不要杀我。要是你这样做了，我的孩子会找到你，我们会永远缠着你——你倒是看看我们会不会。"

男人和女人该怎么办？他们不能让自己的孩子挨饿，但他们也无法自己去杀戮。

他们自己的孩子越来越瘦。他们的肋骨变得分明，颧骨从脸上突了出来。

有一天，一位老妇人一瘸一拐地走进了树林。

"你的腿怎么了？"男人问。老妇人撩起她长长的皮斗篷，男人看见一根长刺扎进了她的腿。伤口感染了，苍蝇围着它嗡嗡叫。

"坐下吧。"男人说。他和妻子拔掉了那根刺，用小溪里的水洗了洗伤口，往上面裹了地衣。

"你们真好，"老妇人说，"谢谢。现在我很饿。有什么我能吃的吗？"

男人和妻子面面相觑。他们非常窘迫，因为他们没有吃的东西可以给老妇人。

"很抱歉,"妻子说,"我们一无所有。这就是为什么我们都这么瘦。"她把故事说了出来。

"亲爱的,亲爱的,"老妇人说,"这可不行。让我看看能不能帮上忙。"她闭上眼睛,慢慢地数到三,在数到三时,她嗖地一下穿过了小屋的屋顶。

男人和他妻子都惊呆了。她会去哪里呢?他们没等多久。过了几分钟,老妇人又出现了,坐在小屋中央的地上。

"一切都会好起来的,"她说,"我已经与动物神和植物神都谈过了,只要你们是善良的,他们很愿意你们吃他们的动物和植物。"

"那我就放心了,"男人说,"谢谢你。但是你去了哪里?"

"就去了那些动植物的来处,也是它们最终的归宿,以及它们的神居住的地方。"

"我们不能也去那儿吗?"女人问,"我们想去说声谢谢,可以吗?"她看看男人,他点点头。

"哦,你们可以的,"老妇人含糊地说,"总有一天你们会去的。但你们确定现在就想去吗?"

男人和女人都很害怕,但还是说他们想去。于是老妇人领着他们穿过树林,来到一个地方,这里的岩石上有一个洞。男人和女人一直害怕这个地方,因为他们知道这里住着熊,但老妇人对她的棍子说了些什么,棍子就亮了起来,她领着他们走进去,往下走,一直往下。

我不知道那对男女在下面看到了什么。他们也不会告诉我的。但是我知道的是,从那天开始,他们的孩子就又肥又壮,男人和女人老去后，他们的孩子也老去后，都常常在夜色里去往那个岩洞，当他们回来时看上去和之前不一样了。

这家人在这里出名了。有两个原因。第一个原因是，老妇人一走，那对男女就走进树林，来到多年前他们埋葬父母的地方。他们又刮又挖，直到找到骨头，然后他们仔细地把骨头洗干净，放进小屋里。他们有时会踏上长途狩猎的旅程，这时，他们每个人都会戴上手骨制成的手镯，把其余的骨头藏在岩石下，直到他们回来。

第二个原因是他们成了伟大的故事讲述者。冬天，他们生起巨大的篝火堆。篝火堆必须足够大，因为附近的人都会过来坐在火边听故事。当然，在这以前也有故事，但这类故事更像是报告发生了什么：野牛是如何被猎杀的；什么浆果让人生病。而这对男女讲的故事是不同的。它们都是关于旅行的故事，但旅行的地方很奇怪，还会遇见奇怪的造物，故事中还会说到他们带回来的礼物，说到如果你足够仔细地观察一朵花，或观察任何东西，你会发现事物总是和看上去的不一样。他们郑重其事地说着这些事，好像每个人去寻找并讲述自己的故事是有意义的，因为即使讲述者本身不能永存，这些故事也将永远流传下去。有时，故事非常精彩，文字都不足以描述，于是他们突然就唱起歌来，这通常发生在一个不够完美的句子或不够完美的词中间，或者他们会站起来围着火堆跳舞，展示那些造物如何走路，如何昂首阔步，如何蹑手蹑脚。

男人和女人变老了，但他们似乎并不介意。死亡的时刻到了，他们告诉孩子们——他们现在是部落里最肥最壮的人，等鸟儿吸干净他们的血肉，就要把他们的骨头放在多年前老妇人告诉他们的那个洞穴里的一条高岩梁上，那里还有他们自己祖辈的骨头。孩子们照做了。

"非常有趣,"汤姆说,"现在我真的必须弹吉他了。"

浑身散发着浓香的女士说:"依我看,你已经从与原型打交道的状态中走出来了。"

是吗?说实话,我不确定我**走出来了**。

Part 2
新石器时代

冬

> 我不是在谴责会计这个职业,只是谴责它在各个领域的权限占用。如果我们正在进入一段以牺牲进步为代价的偏好物质主义的时期——它已渐渐逼近,那么我们就落入了会计的手中,进入精神上的冰河时代,一切将被冻结,于是便没有风险。没有风险,也就没有运动;没有运动,也就没有探索;没有探索,也就没有未来。黑暗将临于深渊之上。
>
> ——艾伦·加纳,《远方的退却》[1]

当你停止行走,就会有事发生。

我正在肯尼亚北部离肯尼亚山不远的高地上,和一位动物学家朋友住在一起,他在那里有个农场。现在是中午。天还没亮我就起床了,卧室门上的砰砰声吵醒了我。

"快,快,起床。火。着火了。"

---

[1]《远方的退却》(Aback of Beyond)是艾伦·加纳的随笔集《轰鸣之声》中收录的一篇文章。——编者注

我刚从床上蹦起来就闻到了：这烟味太甜了，以至于不骇人。

没有理由恐慌。那是几英里外的一场林火，不过微风正朝我们这个方向吹。我们坐在露台上，吃着木瓜，看着房子下面水潭边的长颈鹿，不时拿起双筒望远镜，望一望那边的火。那只是薄薄的一线蓝云，看上去既没有威胁性，也没有明显向前逼进。不过这只长颈鹿有时会从水里抬起头来，转过去盯着火线。我便把注意力转回木瓜和书那里去了。

不过此刻我们已驶向火场，在离火场前线半英里远的山上停下了路虎。我们脚下的灌木丛里到处都是野生动物：大羚羊、小羚羊、汤氏瞪羚、疣猪、水牛、长角羚，以及更喜欢步行的鸟类。它们全都朝房子的方向移动，不时停下来回头看看。我们向火场驶去，现在能听到噼啪声。岩燕就在烟雾后面俯冲飞掠，啄食被火焰驱赶的昆虫。

火焰本身并不令人难忘。只有当火势蔓延到呼啸的荆棘时，才会偶尔喷出猛烈的火舌。接着，当热空气在黑色的瘿瘤声室盘旋进出时，灌木便发出啸音，而当树枝从树干上被撕扯下来时，也会发出古怪的尖叫声。但大部分时候，火只是一条艰难爬过干草地的灰线。

我们并不担心。这个程度的林火不太可能越过这片灌木和农场之间的土路，而且风开始转向了。我们开车回家喝第三壶咖啡。

风连夜把火吹得倒卷自身。它已经吃完了所有的东西，很快便饿死了。

第二天早上，我们走进黑色的荒地。脚下仍然很温热。豺、鬣狗、秃鹫和乌鸦没有留下多少残骸，但这里仍然有一股周日午餐的烤肉味。有些残骸还能辨认出来。有不少四趾刺猬，其中一些还蜷缩着，以为自己的刺能抵御火焰，食腐动物没有吃它们，因为目前有更容易入口的食物。一只帚尾豪猪仰天倒着，它蹒跚的步履没有足够快的速度，它的前腿像是在恳求，嘴唇掀起，凝固在最后一声咆哮中。但大多数尸体都看不出样子——有一些焦黑的管状物，它们活着时可能是刺毛鼠、垄鼠和地松鼠。有很多蛇，有些是打结的，或紧紧盘成不符合解剖学原理的曲线，有些是直的，僵硬得像乌木扫帚柄。非常小型的哺乳动物可能幸存了下来，它们挤在草根之间的洞里，这些草根已经准备好要推开土壤冲进阳光。

回到家里，我在想，如果是我放的火，我会做何感想。

新石器时代是驯化的时代——驯化谷物、绵羊、山羊、牛、猪和我们。但在这一切之前，先被驯化的是火。[2] 直立人和尼安德特人已经驯服了火。它像闪电一样从天空投掷而下，或像燃烧的沼气一样从水中渗出，或从撞击的石头中迸发出来，或被囚在苔藓或菌类里，又或静静地藏身于燧石中，随时准备被一次击打召唤。

它帮了很大的忙。它赶走狮子，从食物中释放出原本难以触及的热量，使人有可能拥有更大的大脑和身体；它战胜太阳，延长白天；当狩猎采集者聚集在它周围时，它成了使社群得以建立的露天舞台。它可能孕育了丰富的隐喻，这些隐喻一旦生发，就永远不会止息。这一切都预示着一种更狂妄的掌控。因为火被用作一种无差别武器（一种大规模杀伤性武器）来对付自然界。这种运用开始在人类和余下的自然界之间产生隔阂。

史前人类肯定看出了火的威力，它远超出炉火的功用。他们和我一样观察着林火，看到火灭后，猎物来到空地上吃新长出的草。毫无疑问，他们认为火可以使肉出现在离家更近的地方，并且毫无疑问，在新石器时代之前，人们有时就用火来做这件事。但总的来说，在旧石器时代晚期和中石器时代，狩猎是一项令人不安的宗教活动，它被禁忌所包围。杀生是件严肃而冒险的事。为了避免对杀手和社群造成可怕的后果，杀戮必须是深思熟虑的、虔诚的、有针对性和仪式感的。没错，那时有大规模屠杀的现象。旧石器时代晚期的猎手从大型动物身上割下大块的肉，（与气候变化一起）大大促进了更新世特有的巨型动物的灭绝。但这种过度杀戮更可能是出于生态学上的误判，而不是后来出现的那种病态的疏离。

在新石器时代，火被用来摧毁一切妨碍人类便利的东西。在过去，折断一根树枝都需要做出请求，可能还需要某种热烈的忏悔。如今，整棵整棵的树，整片整片的土地，以及住在那里的所有群落，都化为了灰烬。旧的法令已被破坏，而且破坏的规模如此之大，旧式的赔偿与劝解手段已经行不通了。一个摧毁了森林的人不能通过萨满旅行来治愈他烧焦的灵魂，他会被所有愤怒的灵兽处以私刑。

因此，是的，我是在说简单地用火清场促成了神学上的巨大转变。被毁灭的生物的个体灵魂是不可能被安抚的。于是就有必要转而效忠于一种超然的存在，一位统治着被毁灭土地的领主，他独自一人便能允许摧毁。这个转变需要时间。祖先崇拜是前进路上的一步。

一旦你开始任意杀戮，你就成了不加选择的杀手。行为改变身份。因此，人类通过用火把灌木丛点燃的行为，重塑了自己。在本体论层面上，他们一度与鹿和树是对等的，现在他们却是它们的主人。（他们最终可能由一个下放权威的封建神灵领导。）大火和砍伐使中石器时代覆盖欧洲的繁茂林地大面积消失。但它们对人类的影响比这大得多。暴力行为对施暴者的影响通常大于对受害者的影响。这影响可能会花费一些时间才能显露，但宇宙总会收复失地。[3]

只有当我们厌烦了四处寻找食物，只想在家门口的树林、田野或商店里吃东西，或通过别人的努力获取食物时，我们才会想要焚烧土地。这种对便利的渴望是致命的。它使我们违背了亘古不变的法则，即一旦我们停止行走，无论是我们自己还是我们接触到的一切，便会发生灾祸。

又是一个清晨。闹钟三点三十分响了。我很快洗漱好，穿好衣服，跳上自行车，去搭公共小巴士。天气寒冷刺骨。在坐上小巴之前，我一个人也没看见。大多数人都已经上车了。和我一样，他们都不想去屠宰场。我冷酷地朝他们点点头。清醒的人便点头回礼。

"今天玩得开心。"

这趟旅程要越过一些平坦的、冻结的萝卜田,大约需要一个小时。我们五点前就到了屠宰场。它孤零零地矗立着,离最近的城镇也有几英里远。这里此时已经很忙碌了。它嗡嗡作响,叮叮当当,哪怕在外面,用冻僵的鼻子也能闻到猪粪味。几辆卡车已经满载着活猪抵达了。从货车上的地址看,那些猪起得比我还早。其中一些来自北方 100 英里外的养猪场——就是一些没有自然光的巨大的塑料棚。它们的脚从未接触过地面,它们的鼻子湿漉漉地到处嗅探,嗅过的最有趣的东西就是机器人向食槽里喷射的经过生化优化的浓缩液。

经理出来迎接我们。他穿着西装,打着领带,脚穿一双简陋的白色短靴。一顶塑胶帽挡住了一些头皮屑,免得它们落到他的肩膀上。他伸出湿答答的手和我们握手,手指短胖,指甲一尘不染。

"欢迎。欢迎所有人。我们很高兴你们来看这工作是怎么做的。这里有素食者吗?"他环顾四周,宽和地微笑。

"没有?好。就算有也不是什么问题。这里没什么好隐瞒的。完全没有。我让罗恩来好好招待你们。罗恩是我们的资深领班,在座各位吃过的馅饼里肯定有罗恩亲手做的。对不对,罗恩?"

"到目前为止,这是肯定的,先生。"

罗恩已经快六十岁了,留着军人般的白色胡髭,粗大的前臂上盘绕着一条龙,指关节上也有自己画的文身,眼神非常坦荡。他离开学校后一直在一家屠宰场工作,间中也休息过。

"你们可以把装备放在这里。"他打开了通往工人休息室的门。

"**装备**",我注意到:他试图让自己听起来像个军人,但我相当肯定他从未在女王陛下那里拿过一先令。

休息室里充满口臭和屁的气味。垃圾桶里尽是可乐罐和薯条。房间中央的桌子上有一大叠色情刊物。有一本杂志翻开在《读者的妻子》这一页。"抱歉。"热心的罗恩说着把它合上,放回到那一叠书上。"小伙子们需要放松一下。这份工作压力很大。"

房间靠墙一圈是工人们放东西的储物柜。上面都有名字,白色的名字:巴里,加里,莱恩,史蒂夫。"史蒂夫"已被划掉,取而代之的是大写的"皮多"。

我们丢下自己的包,默默换上罗恩扔给我们的连体工作服和靴子,然后鱼贯进入屠宰场的业务区。这里又冷又安静。有金属的叮当声、水管的嘶嘶声、磨刀的嚓嚓声,还有远远那头,从几缕蒸汽下传来的一些骚动声。

骚动的是猪。它们现在在候宰栏里,聚在一起取暖,等待大约一个小时后旅程终点的平静。它们既不痛苦也不迷茫。它们从来没有享受过任何乐趣,也没有会破灭的期望,到目前为止既没有闻到血腥味,也没有听到尖叫声。当终点的一切准备就绪时,它们将被手持木板的皮多(即史蒂夫)推上一条围着高墙的通道。

我们被允许进入候宰栏,只是为了向我们展示一切是多么愉快,我们挠了挠几头猪的背,那些猪用小眼睛仰望我们,那些眼睛是世界上最富表现力的东西,裸露的每平方厘米眼表都胜过皇家莎士比亚剧团最好的作品。以前从来没有人挠过它们的背,以后也不会再有。

它们足够平静，终点已经准备就绪，史蒂夫开始驱赶它们。后面的猪不情不愿地站起来，开始和其他的猪一起探索通道，试图把鼻子伸进防滑水泥地板下不存在的树根和岩石下面。中间的猪在移动，是因为前方的猪在移动，前锋线上的猪是它们的朋友，在这个陌生的地方，朋友的陪伴是一种安慰。

在前面，第一批猪正在接近电击器。第一只已经进去了。电击箱对于习惯了镀锌板的猪来说并不恐怖。当猪进去后，钝而狭窄的入口在它身后合拢，以防它蠕动着退出去。巴里伸手进去，把夹具夹在猪的头上，然后按了一个按钮。电流涌过猪的头，它的身体变硬了，眼睛闭上了，就像有人在给它讲睡前故事一样。一扇活板门打开，猪沿着一道儿童滑梯滑入下一个阶段。

这对后面的猪来说更显得有趣而不是可怕。到目前为止，经理是对的。我原以为当猪被夹住时会本能地尖叫，或者会有点因死亡带来的恐惧和逃窜。但这没有发生。猪和人都非常得体。

罗恩对到目前为止的一切表现都很满意，想见好就收，便领着我们跟上了被击昏的猪。

抗议与仪式的缺乏使我饱受折磨。这些猪没有对光明的消逝表达愤怒。屠宰场是一个商业场所，令人不可容忍的是，这些猪在以一种公事公办的方式行事。我谴责他们串通一气。死亡应该是件大事，但这种死法不是。如果死亡能这样公式化地发生，那我们怎么能感到安全呢？至于仪式？哦，这些人起床，吃早餐，拉屎，听着假新闻和唱片音乐开车去屠宰场,换衣服,懒洋洋地翻看《读者的妻子》,用软管冲洗,磨刀,嬉笑,然后站在那里嚼着口香糖,等着他们今天要杀的七百头猪。他们昨天就是这么做的,明天还会这么做,如此直到时代末了,或者直到他们因为吃了太多熏肉卷而心脏病发作,就看哪一种结尾先到来。我能对他们有什么期望?在每头猪被电击之前读主祷文吗?给电击器附近的猪施用认知行为疗法吗?为排在队尾的猪做丧亲哀伤辅导吗?

猪在滑槽底部躺成抽搐的一堆。加里用铁链绑住一只后腿,将每头猪都吊起来,悬挂在一条缓慢移动的轨道上,移向杀手莱恩。他把刀插进猪的喉咙,当刀被拔出来时,大股鲜血就会喷溅到他的围裙和靴子上。

我倒不必担心仪式的缺失。莱恩有一副漂亮的男中音嗓子,唱腔也极其华美,就在刀子捅进喉咙的时候,他唱道:"一切都光明且美丽。"

*一切*都光明且美丽,
*一切*生物,无论大小,
*一切*都智慧且美妙,
主耶和华创造了这一切。

罗恩为莱恩的才智感到自豪,他一边笑着拍手,一边望向我们寻求赞许。

接下来，猪被放入烫毛槽里。这里可能会出问题。如果莱恩的工作没有做好，那头猪就可能恢复意识，一旦发生这种情况，连但丁都无法形容：尖叫，扑腾，翻白眼，吞下大量的开水、鲜血和粪便。不过至少在今天，莱恩一击即中，猪安静地、抽搐着完成了褪毛、去除内脏，以及被肢解的过程。

罗恩松了一口气。他把我们交还给经理，任务就完成了。

"那么，女士们，先生们，没什么可害怕的，对吧？知道猪所受的痛苦并不比土豆多，你们就可以安心吃香肠和土豆泥了，对吧？"

他之前也用过这句话，并相当引以为豪。

在回程的路上，小巴里没人说一句话。我们午饭前回来，而他们会在一点半再次开始杀戮。

我当时还没见过 X，但如果他在那里，我会竭尽所能地避开他的视线。

这个屠宰场离旧石器时代晚期路远迢迢，但一旦停下脚步，你就会吃惊于自己走了多远。

以结果来判断整个过程是愚蠢且不公的，尤其是当这个过程持续了数千年，并在世界各地众多不同的文化背景下发生。我们不应该轻易将（缓慢的）新石器革命与屠宰场、国家、快餐、对冲基金、社会异化、内燃机、对女性的压制、阶级制度、董事会谄媚和亚马孙鹦鹉的灭绝等罪恶联系起来。[4] 所以我会慢慢来。瞧，我做了几次深呼吸，可以继续了。我放慢动作，审慎地考虑起诉书草案及其证据后，提出了上述指控。

因果关系看起来是这样的。人类（不，让我们诚实地说，**我们**）想要便利以及我们认为安全的东西。我们希望减少或消除偶发事件。我们寻求统治自然界，并开始认为自己与自然界截然不同，而非它的一部分。单从某种意义上说，我们早期的控制尝试是非常成功的。我们设法在一个区域内产出大量卡路里。这导致了人口爆炸。一旦人口开始增长，就没有回头路可走了。我们必须产出更多的卡路里，并扩大其产地的面积。我们无法逃离这些地方，也无法逃离邓巴数严格的逻辑论证。[5] 接着是地位、盈余、市场、有权势的大人物以及因此而出现的没那么有权势的小人物，还有各种各样流动的平民，以及人口过密、孤独、职业病、久坐不动导致的疾病和传染病的流行。它们继续错综交织 12 000 年左右，就产生了我们。

X 和他的儿子曾在这片苔原上狩猎象牙，与灵狼共舞，观望着远在几百英里之外的法国的家人的思绪，感觉到自我在自己的头脑里膨胀，就像妇女的孕肚因胎儿而膨胀一样，而后，苔原上的天气变了。冰层向北退去，永冻土融化了，在猛犸和披毛犀数千年粪便的刺激下，树林从苔原的土中迸发。自然界开始提供更慷慨的物资。

这是一个冰冷的晴天,我们在诺福克海岸寻找灰海豹、游泳,并在一位朋友的小屋里喝欧防风酒。我们走在荒凉的沙岸上。孩子们在打架,他们的联盟关系就像二十世纪七十年代的贝鲁特内战一样多变。目前的争论是关于一个鸬鹚头骨的归属权。我向东望去,看见塘鹅在潜水。它们以鱼为食,鱼以微生物为食,这些微生物来自海底,来自沉没的多格兰(Doggerland)。它是中石器时代版的亚特兰蒂斯,一个郁郁葱葱的天堂,这里的橡树、桤木和榛子,还有丰富的可食用动物都在约 8 500 年前被海水淹没。我去鹿特丹的自然历史博物馆做过一次演讲,馆中收藏着许多多格兰文物,都是由荷兰海岸的拖网渔船打捞上来的。为了感谢我的演讲,他们送了我一个精巧的礼盒,里面放了一块粪化石,是一头中石器时代的鬣狗屙在多格兰大地上的。我现在认为他们是好意。

在前面的海滩上有一大块黑色的东西。孩子们暂时把分歧撇到一边,奔向了它。这是一大块非常古老的泥炭,正在变成煤:是一小块多格兰,可能有一万年的历史。我们可以从中拔出一根根枝桠。一只中石器时代的松鼠很可能在这片桤木上蹦跳过。

孩子们拔出树杈,像举着圣人骨骸一样把它们拿在手里。他们把鼻子凑过去,搞得一脸漆黑,想要呼吸披毛犀最后呼出的空气。然后,尽管寒风刺骨,他们还是脱下外套当作袋子,往里头装上尽可能多的泥炭。

蕾切尔说:"我敢打赌,除了我,我们班上其他人没有一个有史前森林。"

他们当然有，因为我们周围有很多不正当的烧煤现象，但我不忍心告诉她。

回到家，他们把鹿特丹粪化石拿出来，放在泥炭的顶上。他们认为这很有趣。

"多年前它可能**就在**这个位置，"杰米说，"你不会知道的。"

好吧，我想你不知道。

中石器时代的猎人听着枝头上的风声，如今的我们听着厨房里的风声。这些猎人的大脑拥有不同的认知方式，它们作为促进社会发展的终端，就和旧石器时代的大脑，新石器时代的大脑，青铜时代的大脑，铁器时代的大脑，希腊和罗马时代的大脑，黑暗时代[1]的大脑，以及中世纪的大脑一样有用。我们将回到这个问题上：他们大脑的工作方式是否和我们的一样。

许多人会持否定观点，他们说，定居创造了必要且充分的条件，使人们在运用象征主义上取得了长足的进步，从而使我们的认知结构产生了巨大的改变。这是一种认知上的傲慢，它认为旧石器时代晚期的人类在智力和精神上都处于初级阶段。驳回这种论点的理由不是它在政治上不正确，而是因为证据与之相反。

为了理解这些证据，我们需要了解大约 14 000 年前黎凡特（Levant）的人类故事。在那里，在地中海边缘茂密的橡树和笃耨

---

[1] 黑暗时代，一般指欧洲历史上的476—1000年。——编者注

香树林中，住着纳图夫人（Natufians），这又是一个藐视通用人类学分类的民族（和大多数其他民族一样）。他们是狩猎采集者吗？是的。瞪羚迁徙来此的时刻是他们一年中最重要的时刻，正如北美驯鹿的迁徙对旧石器时代晚期的北欧人至关重要一样。野驴和野猪也很重要，还有坚果、浆果和根茎。他们一直在游牧吗？没有。他们住在村子里吗？是的。他们吃谷物吗？事实上他们吃：几千年来，他们一直用燧石镰刀收割野生谷物，但从未（或很少）驯化它们。何必要种植它们呢？这些植物自身传种，就能为下一年提供足够的粮食，并且没有任何栽培作物的缺点。这真是相当像伊甸园。他们吃了面包，但无需流汗。

气候变化将纳图夫人驱逐出了伊甸园：快速的地质冷却期被称为新仙女木时期，从大约 12 900 年前开始的 1 000 多年里，水被锁在了冰川中，造成近东的干旱，橡树、笃耨香树和禾本科植物（尤其是野生谷物）枯萎，成群的猎物渐渐消失，它们之前规律的行动也被打乱。

纳图夫人面临着严峻的挑战。他们应该怎么做？至多只过了几十年，他们的世界就已经面目全非。

他们有两种策略：迁移和修复。他们和自己的猎物一样，从山丘走向更温暖的山谷，那里有一些树木幸存了下来。他们在那里重新建起村庄，但他们不可能再像以前那样定居了：他们不得不回归古老的游牧方式——至少在某种程度上，去宇宙所决定的应有食物之处。对一些人——尤其是西奈半岛和内盖夫的人来说，这意味着完全倒转时针，再次成为中石器时代和旧石器时代晚期的那种殚精竭虑的狩猎采集者。

在这种艰难的环境下，种植是很困难的，但是紧急的事态无疑激发了在山谷中种植谷物的想法，当时的人也许做过一些早期尝试。

新仙女木时期结束得比开始得还要快。大约 11 500 年前，全球气温在不到 10 年间上升了 7 摄氏度，这是为新石器时代展开的舞台。从黎凡特海岸到美索不达米亚南部的冲积平原，古老的村庄重新有人入住，新村庄也建了起来。最终，稳定的定居方式成形了。我们全都曾受到教导，认为是这种生活催化了驯化，而驯化（宣传用语）继而又催化了我们轻蔑地称为"文明"的东西。

人类历史的这一阶段通常被这样描述：定居生活产生了栽培作物（也可能是，新仙女木时期一些早熟的农耕者所栽培的谷物被广泛使用，并促成了定居生活）。定居生活和谷物增加了人口。在罗宾·邓巴理论的压力下，不断增长的人口需要发展出一种特别复杂的社会型大脑。它确实发展出来了，通过利用、增殖和加强象征主义来实现这一点。

这次重建存在两个问题。第一个问题在于，人们假设由于定居生活，我们**确实**拥有了更好的社会型大脑。我们稍后再考察这一点。第二个问题在于，人们坚持认为复杂的象征主义和社会生活**需要**农业定居生活作为基础。但这种主张不仅与旧石器时代晚期艺术的多姿多彩相矛盾，还与美索不达米亚北部的哥贝克力石阵[6]

(Göbekli Tepe)极其相悖。

你可以在嘈杂的喇叭声中从伊斯坦布尔汽车站坐巴士去那里，真的，你应该这样去那里，而不是温文尔雅地降落到尚勒乌尔法（Sanliurfa）的小机场。你应该搭乘各种狡诈的小巴士，它们的轮胎已磨得光滑，充斥着烟雾和山羊，它们胜过放着一些卡顿视频的都市化的空调车，你应该在各种小镇里随时停下来吃烤肉串，接受别人的注目，因为被提醒说西方人很奇怪是一件好事。

尚勒乌尔法，或乌尔法，是一个不可爱但开朗的城镇，有沃达丰（Vodafone）通讯连锁店和烤鸡，有刺激的黑暗岛屿，且沙漠近在咫尺。多年前，我在这附近第一次品尝到了古代与政治的味道，我露天睡在年轻的幼发拉底河岸边，喝着水瓶里被阳光晒热的红酒。

乘一辆慢吞吞的小巴士从尚勒乌尔法出发，不用多久就到了哥贝克力石阵。在这里，你不太可能不加选择地抱持你所有的人类学偏见。没有魅力非凡的狮身人面像会密谋般朝你眨眼，让你加入它们对学术界开的玩笑。最引人注意的是一组T形柱，它们高达5.5米，重达16吨，两侧有人类的手臂和手——大概表明这些柱子是人形的。有一些还系着腰带和缠腰布。一些非人类动物——狐狸、狮子、蝎子、野猪、蛇、鸭子和鹤，在这些象征性躯体上爬行、行走或飞翔。这个遗址很辽阔，只是到目前为止挖掘出的部分很少。人们已经发现了大量的骨骼（属于瞪羚的最多，也有野牛和野驴的）。这是一个举行盛大宴会的地方。它可能拥有自己的大型啤酒厂。

但看起来没有人住在这里。对瞪羚骨骼的稳定同位素分析显示，这个地方只是偶尔被使用。这似乎是一个巨大的寺庙。

到目前为止，这都很有趣。但有两点使它打破了范式。第一点：人们并不在这里或附近务农。这个柱群一定是由狩猎采集者建造的。第二点是建造年代：哥贝克力石阵有 11 000 到 12 000 年的历史——比巨石阵（其规模与哥贝克力石阵相差悬殊）还要早 6 000 或 7 000 年。

哥贝克力石阵本不可能出现的。这是一个纪念碑式的庞大的巨石遗址，展示出精巧复杂的象征意义。要建造这样的东西，你需要激励并协调大量的劳动力。你还需要物质和社会学基础架构。人们认为哥贝克力的出现需要且标志着一个已经稳定的、有组织的社会，这个社会由神学的假设和强有力的领导结合在一起。狩猎采集者不应该需要、想要，或者从物理、组织或认知层面上有能力去建造哥贝克力石阵这样的作品。但他们建成了。

对于大多数我们所谓的文明或文化来说，定居生活并不是必需的。

斯蒂芬·米森（我们在讨论音乐作为一种原始语言时提到了他）想知道驯化是不是哥贝克力石阵这类复合建筑群的副产品。所有这些工人、狂欢者和信徒都需要大量的食物和啤酒。这些需求会极大地凝聚组委会的关注，或许还会让原始农民扪心自问，野生谷物的产量是否还可以提高。米森推测，也许一些聚会的信徒喝着单粒小麦酿的啤酒，或是哥贝克力石柱林里供应的其他任何令人兴奋的东西，便宿醉未醒地带着一些令人印象深刻的新谷物回家了。[7]

无论它们从哪里来，新的超级谷物（它们有结实的种穗和柔软的种皮，每年都有规律地发芽，不会长期休眠，而且没有用来阻挡鸟类的长芒）都一路到达了约旦河谷。

纳图夫人正在等着它们。正是在那里〔最引人注目的是杰里科（Jericho）〕，我们第一次看到了真正的、明确的农业社群和蓬勃发展的城市生活。人们常说杰里科是第一个城镇。这可能是真的，也可能不是。就算它不是能捍卫这一可疑荣誉的首个定居点，那也相去不远。

开往杰里科的巴士是从东耶路撒冷大马士革门附近的阿拉伯公共汽车站出发的，这个车站上方有一块龇牙咧嘴的岩石，轻信的福音派教徒认为这里标记着耶稣的死亡和埋葬地点。很快，巴士摇晃着沿路穿越犹太沙漠，驶下山坡，经过小山顶上的定居点（战略上的要塞，恰好拥有幼儿园、汉堡店、绿植带，以及从新泽西州于此往返的 IT 专业人员），偶尔经过贝都因人（Bedouin）的营地，那里有骆驼和山羊，还有能接入手机的互联网。现在，越过面前裹着阿拉伯头巾的人头，透过死海上空缥缈的薄雾，我可以看到约旦的红色山丘。

当道路变得平坦，向大海北部的平原延伸时，我们就到了地球上的最低点。大部分交通工具都沿着西海岸转向南方，越过枣椰树林和发现库姆兰古卷[1]的山脉，向死海度假区的比基尼岛前进，在那里，每个人都一边漂浮一边读报并且就此姿势拍照。

我要沿着约旦河涌入死海前的最后一段河道往北走。我们在一个以色列军队检查站停下。有时，为了向巴勒斯坦人彰显自己的权力，他们会让人排队下车，站在太阳底下，而他们就在老妇人没能在大马士革门市场中卖完的小菜篮里搜查，翻找传说中藏在西葫芦下面的核弹头和坦克。不过今天，士兵们厌倦了关注这些。他们只是闷闷不乐地上了车，傲慢地上下打量我们，很无趣地问我要护照，马马虎虎地翻阅之后，便挥手让我们走了。

在杰里科外的巴勒斯坦权力机构检查站，有一种不同的、更老式的军事化：军人式的胡髭和精干的肩章。他们甚至比以色列人还要意兴阑珊，几分钟后，我向上爬升进了杰里科。

我以前来过这里几十次，通常是为了逃离耶路撒冷的严冬。这一直是一个逃亡者和被放逐者的城市——最初是那些逃离新仙女木时期干冷气候的人，现在是逃离阿以剧烈冲突的巴勒斯坦难民。它的温暖和水源有史以来都是它最吸引人的地方，但现在，一车一车的美国原教旨主义者穿着松紧腰裤子，摇摇摆摆地穿梭在纪念品商店间，往返于约旦河上所谓的耶稣受洗地，往他们的尼龙背包里装

---

[1] 库姆兰（Qumran）古卷，又称死海古卷，指1947年以来在死海西北岸库姆兰地区洞穴内发现的古书卷，是迄今为止所发现的《希伯来圣经》中最古老的版本。——编者注

满橄榄木雕骆驼——因为橄榄木雕耶稣诞生像在他们亚拉巴马州的家乡过于天主教化。我几十年前第一次来这里，坐在一家餐厅里，吃着鹰嘴豆泥，喝着土耳其咖啡，在一本笔记本上涂鸦，看着别人打架，希望我在那里见过的一位荷兰女孩会再次出现。

杰里科古城，即苏丹山（Tell es-Sultan），是现代化城镇之外的一个荒芜的土丘，紧挨着苏丹泉（Ein es-Sultan），后者是纳图夫人的主动脉——也可以说是新石器时代的主动脉。在永久定居的第一阶段（大约 11 500 年前），杰里科只是一小簇由黏土和稻草制成的砖搭建的小圆屋。

我站在苏丹山山顶，在从阿拉伯半岛吹来的炽热的风中，闻到了橘子、燃烧的轮胎、催泪瓦斯和小豆蔻的气味。下方的种植园里摇曳着香蕉树的海洋，嵌入悬崖的试炼修道院[1]钟声响起，镇上的宣礼塔敦促我趁一切还来得及，快向唯一的主投降并祈祷，他的先知是穆罕默德。只有一些瘦狗和我分享苏丹山，它们很清楚一块石头到底能扔多远，便和我保持着距离，尽管我喜欢它们的陪伴。乌鸦在峭壁上四处觅食，寻找可以喂养的先知。

我总是不能在这里停留太久，因为思绪像汹涌的海浪般无情冲击着我。一切真的是从这里开始的吗？要把工厂化农场、毛皮大衣、鸡块、GPS 控制的联合收割机和基石（Keystone）输油管道的

---

[1] 试炼修道院（Monastery of the Temptation）是一座建在试炼山上海拔350米处的希腊东正教修道院。——编者注

过错都归咎于此处,难道它不显得太小了吗?栽培谷物最初是在那块地里种植的吗?就在那边,那个加油站旁边?纳图夫猎人抬着挂在棍子上的瞪羚从开心果林里回来,是不是就沿着我刚才走过的那条路,爬上了苏丹山?

没有人知道动物最初是在何时何地被驯养的,不过最先被驯养的是绵羊和山羊,随后是牛和猪,无论这发生在何时何地,在杰里科这里,人们发现驯养动物相当早就出现了。我想象着一个腿脚酸痛、疲惫不堪的猎人回到他的妻子身边,就在我站立处旁边的一间小圆屋里,对她说,只要他能给她好心抚养的那只小野山羊孤儿找到一个配偶,他们就可以轻松得到肉了。也许这事就是这样开始的。

所以,也许就是在这里,我们的身体开始变得不如 X 的强健,我们的大脑开始萎缩。(驯养动物的大脑都比野生同类的小,无论是羊、人,还是鱼——这令人惊讶。这种衰退尤其发生在控制意识和整体活力的边缘系统。[8]比起囿于笼舍的驯养动物,野生动物——无论是人类还是其他物种——能从日常中获取更多的东西,对世界有更多的了解。)也许正是在这里,性别二态性开始削弱,至少对于绵羊和山羊是如此,因为雄性不再需要用角拼斗,或为了吸引配偶而展现性吸引力,因为人们将现成的雌性递给它们。也许正是在这里,雌性绵羊、山羊和人类的生育能力提高了,雌性开始变得更有性冲动,更早达到性成熟,同时却又被幼儿化,在成年后还保留着一些野生动物到了生育年龄就会丧失的幼时行为和解剖特征。[9]

也许正是在这里，传染病首次从驯养动物传播到人类身上。（大多数人类传染病被认为是从非人类生物处传播而来。）也许正是在这里，传染病本身开始成为一个重要的致死原因：社群越大，感染率就越高。也许正是在这里，与重复劳损和非自然姿势相关的职业病首次出现：女人们花大把时间磨玉米，这期间她们脚趾蜷缩着支撑身体，因此她们得了一种特别的脚趾关节炎，还有许多其他类型的关节炎与农业有关。也许正是在这里，饮食性缺乏开始成为一个重要问题。狩猎采集者通常有多样的食谱，但单一栽培意味着饮食的脆弱性。早期农业社群中首次出现了缺铁现象。也许正是在这里，牙脓肿（由面粉中的沙砾引起）和牙龈疾病变得普遍起来。

也许厌倦就是从这里开始产生的。狩猎采集者必须解决各种各样的季节性变化问题，为了做到这一点，他们使用各种各样的物理和认知工具，并且必须拥有许多不同领域的百科全书式的知识。但在新世界里，认知上的挑战更少：困难是可量化的、商业性的，并最终是政治化的——与在野外竭力求生求繁荣的挑战相比，这些问题不值一提、枯燥乏味。他们现在问自己——"这个季节，我们能从那些田地里产出足够多粮食来养活我们的人吗？""我们有足够的空间储存盈余吗？""我们跟这个村做生意好还是跟那个村做生意好？"与狩猎猛犸象、从阴间找回灵魂、知道50英里外某处山坡上何时会有浆果、乘蘑菇做的战车飞往遥远的星球消遣、每隔一晚就设计建造一座新房子相比，这一切都显得索然无味。

也许闲暇就是从这里开始消逝的：夏天放两周假的想法由此萌

发。对于狩猎采猎者来说，他们很少将超过一半的清醒时间花费在寻找热量上。农学家杰克·哈伦（Jack Harlan）在土耳其用燧石镰刀收割野生单粒小麦，他有一个著名的发现：一个家庭只需三个星期就可以收获全年所需的谷物。[10]

也许专业化就是从这里开始的：一个人成为栽培作物的专家，另一个成为养山羊的专家——或许一个人成为定居某处的专家，另一个成为相对意义上的游牧者。游牧者漫步在弥漫着百里香气味的山丘上，跟在他的羊群后，夜里与它们一起露天入睡，像旧日的狩猎采集者一样与盘旋的天空保持着联系。于是，也许正是在这里，种植者该隐和牧羊人亚伯之间产生了隔阂。

也许，也正是在这里，男女之间产生了隔阂。在研究现代狩猎采集者的过程中，人们推测男性和女性总是担任不同的角色：女性倾向于采集，男性倾向于狩猎，但在大多数环境中，采集通常对生存更重要，而这使男性的自负受到抑制。现在，在农耕经济环境中，女性待在家里加工谷物，男性就更容易吹嘘自己，称男性是主要生产者而女性只是加工者。虽说狩猎采集者的平等主义被夸大了，但可以肯定的是，基本而言，他们的等级化远远弱于定居社会。

也许盈余的概念就是在这里诞生的，从而利润的概念也应运而生。也许正是因为这里的人口增长太快，声名和荣誉感已不足以成为唯一必要的警察，因此第一批暴君可能就诞生于此。也许正是在这里，动物开始被视为一种东西，而不是旅伴。在这里，对非人类世界的灵魂剥夺过程开始了。也许所有权的概念就是在这里产生的：有了头衔，便有了权利。也许在这里，在剥夺非人类世界的部分灵魂的同时，剥夺其他人类灵魂的过程也开始了。

也许那些狩猎采集者还从现在修道院所在的山上，带着优越感悲悯地俯视着农民。每一个顽固的无政府主义者在看商业银行家时都带着这种优越感。

美国人类学家詹姆斯·C. 斯科特（James C. Scott）记录了狩猎采集者对农学家的态度。[11]内容概要是，农业是一项艰苦、枯燥的工作，不适合猎人，而且猎人应该尽可能避免。犁耕农业尤其不受欢迎。殖民北美的欧洲人不得不把美洲原住民关在集中营里，强迫他们动手耕田，就像早期美索不达米亚国家不得不依靠奴隶劳动和高压政治来发展粮食工业一样。当欧洲的黑死病大片收割人命，留下大量闲置土地时，犁耕立即被抛弃，让位于更古老的刀耕火种模式。

今天，我们都是农民：我们养殖人（看看他们在开放式的、高楼环伺的围栏里，被榨取利润），养殖资源，若算上间接经验，我们还养殖猪和鸡。我们害怕狩猎采集者傲慢的目光，在某种程度上，我们知道他对我们的蔑视是合理的；我们尽了最大的努力改写历史，称狩猎采集者怀着感激之情尽快接纳了农业。这不是真的。斯科特指出，定居社群的第一个证据出现在 11 000 年前左右。我们看到驯化动植物的第一批证据大约出现在同一时期。然而，要再过 7 000 年，才会出现依靠驯化植物或固定田地的定居村庄。也就是说，尽管我们喜欢假定我们的人类生活模式对贫穷愚昧的穴居人有不可抗拒的吸引力，但是在那 7 000 年里，这种模式是被抵制或无视的，正如它被更现代的狩猎采集者所抵制或无视一样。狩猎采集者唯有在受到重创后才变得像我们一样。对于我们真正的本质而言，我们的生活是最后的选择。

农业就像海洛因一样，易入难出。过剩的粮食会推动人口增长，而大量人口会杀死所有的动物，吃掉方圆数英里内的所有坚果和浆果，使生活一去便无法回头。一旦单种栽培的巨口在你身周合拢，那就完了：你只能继续生产更多。而当你开始交易，供需法则会增加压力，将你更紧地绑在车轮上。

你剥去了种子坚硬的外壳，改变了牛的本性。它们和你一样都再也无法在野外生存。你得守卫在它们周围。忘掉在德比郡苔原上长达一年的象牙狩猎或心灵探索吧：你必须在你的农场值班，保护你的庄稼和库存，使它们免受你为它们选择的脆弱性的影响。如果邻村嫉妒的人决定把他们的犁头打成剑，你就无处可逃了（还是一个狩猎采集者时，你有整个世界作为避难所），除了农场，再没有任何物质或想象的资源可以供你生存。而且无论如何，你也带不走玉米给你带来的所有小婴儿。也许杰里科是我们失去一切选择的地方。

对于这个拥有自己的小饰品店和橘林，且安静、温暖的地方来说，这是多么严重的控诉啊。

夕阳落入西边的荒野，城里的灯光亮了起来，是时候坐上一辆一边喷气一边发抖的巴士沿山坡爬回耶路撒冷了,我就住在那里的一个地窖里。

我们再次经过贝都因河。那些人正在照顾骆驼,放羊,给丰田皮卡换车轮。在他们那一类人中,他们可能是做出巨大妥协的范例,但犹太教与基督教传统的上帝无疑更喜欢他们,而不是杰里科的农民。耶和华对流动牧民的浪漫化远胜于卢梭。这些贝都因人是亚伯的后裔,亚伯这个名字大意是"正在消失的气息":这一瞬还在,下一瞬就消失了,就好像从犹太山升起的太阳将它烧尽了。如果你被称为"正在消失的气息",你就不会有任何关于伟大的幻想。你永远不会掌权一家公开上市的公司,不会拥有一套可以俯瞰中央公园的公寓,也不会拥有满满一盒雪茄。但你能看到你的兄弟该隐(该名字的词根与获得和占有有关)开车前往会议室或房产中介时忽略的春天的花朵,你会知道那些鸟的名字而不想把它们卖掉。

这两兄弟的故事编码并阐述了关于定居者和流浪者、耕种者和游牧民的古老主题。[12] 近东的游牧民并不是旧石器时代晚期的狩猎采集者——在新石器时代充分稳定之后,《圣经》的这一部分才加入了这个故事——但亚伯远比他的兄弟更接近于狩猎采集者。该隐是"种地的",就像我刚刚在杰里科看到的那些人一样,亚伯是"牧羊的",但没有皮卡车。他们都向神献供:亚伯献供的是羊群中初产的羔羊和羊油,该隐献供的是"地里的果实"。这两种供品并不一样讨人喜欢:"耶和华看中了亚伯和他的供物,只是看不中该隐和他的供物。"

为什么上帝更喜欢亚伯的供物？目前还不清楚。人们给出了许多详细的解释，但没有一个真正合理。在我看来，这只是一种纯粹的、个人化的对亚伯性格和生活方式的偏好。

亚伯的供物更受欢迎，这使该隐变得暴躁易怒。他们走出去，"到田间去"，该隐就像他的新自由主义后代一样，扼杀了竞争。他杀死了亚伯。人类的第一次暴行发生在典型的新石器时代版图上——田间。

上帝做出了令该隐最恐惧的判决。他将不得不卖掉公寓，放弃股票期权，像他杀死的兄弟一样永远在地球上流浪。他曾在去办公室的路上洋洋得意地走过无家可归者身边，但现在他要变得像他们一样，在毯子下瑟瑟发抖。他的根基将被切断。

但这个故事中最奇怪的部分是，如果你仔细观察，就会发现这个判决似乎从来没有执行过。它只是看上去要被执行。该隐去了挪得之地（land of Nod）——字面意思是"游荡之地"。但他并不是在那里游荡。他在那里**定居**。他直接回到了导致他受刑罚的旧路上。不仅如此，他还建造了一座城，名为以诺，是以他长子的名字命名的。这个经典例证诠释了新石器时代对亲属和血缘关系的痴迷：人们试图向后代寻求支持以战胜死亡。就像迄今任何一座城市一样，这座城市繁荣发展。城中人口激增，工业蓬勃发展（土八该隐打造了"各样铜铁利器"），产品自然被用以交易，而且它有充满活力的大都市文化（《圣经》说，犹八[1]是"一切弹琴吹箫之人的祖师"，却无视了旧石器时代晚期所有的笛子）。

难道上帝忘了判决？该隐逃脱了处罚吗？不。最终我们都被判决得到我们想要的。该隐想要的是城市化的停滞，是安全的妄想：养老金政策、巧妙的投资、带有电动车库门的大房子、可供选购的购物中心。他拥有了它们，这可怜的混蛋，而这就是判决。他本可以拥有雄鹰的飞翔，照在脸上的阳光，在家接受教育的孩子们的欢笑。他本可以饿一个星期，绕着刺槐火堆旋转，变成一只瞪羚，跳进恩戈地（Ein Gedi）的泉水，在摩押（Moab）山上被乌鸦喂养。

消失的气息之亚伯，尽管——或者更确切地说是因为——他气息消失，却赢得了胜利。虽然也许看上去不是那样。

但是在犹太教和基督教（现在还要加上伊斯兰教）的这部分拼图中，还有一小片是要注意的。

巴士正吭哧吭哧地穿过阿拉伯的东耶路撒冷。在我们的下方，是犹太人、基督徒和穆斯林的圣城，金顶圣殿在它们的这个精神中枢里铺展着，闪闪发光。犹太人每年都说，"来年在耶路撒冷"。基督教朝圣者气喘吁吁地爬上中世纪的苦伤道（Via Dolorosa），相信它是通往髑髅地[2]的必经之路。穆罕默德骑着他的飞马布拉克（Buraq）来到圣殿山，建立起穆斯林朝拜该城的悠久传统。但它是

---

[1] 土八、犹八均是《旧约》中的圣经人物，他们分别为"打造铜铁利器的始祖"和"音乐的发明者"。——译者注

[2] 髑髅地（Calvary）为耶稣被钉上十字架之处。——译者注

一座城市。这是清晰无误的,它有五星级酒店、下水道系统和自动取款机。如果上帝是始终如一的,难道他不该说逾越节[1]的祈祷文应该是这样的?——"来年在某个荒凉的野地,在那里你可以与自然交流,并真正意识到你在自然秩序中的位置。"对基督徒来说,在时间尽头崛起的新耶路撒冷[13]也是一座城市,一座华丽闪亮、极不自然、满是水晶和镜子的城市,这难道不令人尴尬吗?

事情完全相反。逾越节和圣约翰的启示录都是关于救赎的故事。他们说,如果连城市都能被救赎,那我们所有人都有希望,哪怕我们必须等到生命的尽头或世界末日。上帝对漫游者的偏好从一开始就很明显,而且从未改变。希伯来人在西奈半岛风尘仆仆跋涉了四十年,终于铸就了自己的身份,当他们最终定居在耶路撒冷时,圣城中最神圣的地方的最中心是什么?是约柜(Ark of the Covenant),神在其中,被抬着从一个营地运到另一个营地。它永远不会没有拖杆,它能让人把便携的贝都因上帝拖着四处走。对于流动的人们来说,它总是一个可移动的神龛。黑山羊皮帐篷是伊斯兰教的自然栖息地,麦加朝圣的习俗提醒穆斯林,运动是有价值的。最终,那个犹太族的犹太人,那个拿撒勒人的耶稣,那个被基督徒视为理想的人,他说狐狸有洞,鸟有巢,只是人子没有地方来枕头[14]。

---

[1] 逾越节在犹太教历尼散月(公历3月、4月间)14日黄昏举行。以纪念摩西率以色列人出埃及,逃离奴役。——译者注

简而言之，据在这个农业起始之地发展起来的任何一种宗教称，无论你从事的是实际层面的还是比喻层面的农业，你都是在用灵魂进行可怕的赌博。

我概括得太粗暴了。我会从最坏的层面来判断整件事。我有这样的倾向。

要寻找更好的视角，我能想到很多地方，但其中最好的一处是弗兰和凯文的家，它位于威尔士中部的一个偏远地区。他们不光谈论新石器时代，他们还以这种方式生活。他们饲养反复无常的小型欧洲盘羊，它们是现代绵羊的祖先；他们竖起伫立的巨石；他们自己烘制陶土碗，自己编织篮子，用牛角杯喝家酿啤酒，做狐皮帽子，用脑浆鞣制兽皮使其柔软（如果柔软度不那么重要，就用煮熟的橡树皮进行鞣制）；他们还将被埋在几英里外都能看到的山上的坟墓里——"这样我们就能观望一切了"。他们住在中世纪的农舍里，但还是按照英国新石器时代的样式建造了一个小型定居点：圆形的房子，用木格栅敷以黏土做墙壁，用石南覆盖屋顶，只有一个低矮的入口，地面是泥土。

这不是装腔作势。他们非常严肃。他们以这种方式生活，是因为他们已经非常仔细、热忱、深思熟虑地认定，这是作为一个人类活着的最好方式。而且别搞错了，他们都是极其出色、极其活泼的人类。

尽管弗兰详细地给我们指路，汤姆和我还是无可救药地迷路了。当我们沿着林间小路向农场缓慢前进时,隆冬的太阳已近山巅。一只被驯服的狼对着我们的车轮狂吠,我们一进屋,弗兰就递来一碗冒着泡的家养野牛肉,旁边还有一罐蜂蜡、木炭和松脂制的胶,用于把燧石斧头固定在木柄上。

"吃这头牛不是件容易的事,"弗兰说,"杀死你所爱的东西总是很难的。在杀它前我紧张了好几天。我能明白为什么新石器时代的人需要去期待一场盛宴,这是为了麻痹痛苦。对他们来说,杀死动物要困难得多。动物与他们更亲近,也更难饲养。这些动物也是他们的保险单:是生死攸关的储备。你不会轻易撕毁这样一份保险单。"

对弗兰和凯文来说,屠杀和屠宰是一项风险共担的活动。牛排、牛肚,还有罪恶感都要一起分享。他们的盛宴不是一场饕餮的死亡派对,而是一种承认,承认杀死动物是一种道德上的严肃行为。它需要费力的辩护,而如果许多人能从此事中得到乐趣,那辩护就容易多了。我同意。我们只在节假日里吃肉,在节假日里,我极其痛苦地基于功利主义的计算得出结论:世界上的幸福净值将随着动物的生、死及被消耗而增加。弗兰和凯文更实际一些。"我们打兔子,是为了尽可能长时间地放过绵羊。"当然,就像汤姆和我对兔子的感受一样,从道义上讲,彻底利用动物的一切是必要的:不光是肉和内脏,还要用骨头做工具,用皮毛做衣服,用肌腱做绳子。

汤姆和我今晚住在一座圆房子里。几分钟内,我们就把一些东西踩进了地面,等它们一万年后被挖掘出来,就会改写人类历史,毁掉别人的学术生涯。

这是个晴朗的夜晚,寒意凛冽(汤姆说,"就像被狼咬了一口")。星座们今晚都很忙碌,彼此烦扰。我们用石南生火,用桦树枝添火,把面团卷在棍子上放在余烬里烤。

X和他的儿子回来了,蹲得比以前更近,他们贪婪地看着我们奢华的羽绒服和厚手套,对吸溜进我们嘴里的烧焦的面团感到迷惑。他们一定是在我们定居点下面的树林里扎营了,这里不属于他们。

我第一次看清了那个男孩。他瘦长干枯,心烦意乱的,一点也不像他父亲那样沉着冷静。长长的黑发垂在他脸上。只有火和汤姆能随时吸引他的注意力。他的眼神转回到营火上暂歇,仿佛火是他的家一般,接着又转到汤姆身上,仿佛他是他设定的课程一般。当他好不容易把眼神从火焰或汤姆身上挪开时,他就四处乱瞟,还紧紧地抿着唇。他父亲有时会盯着他看很长时间,但男孩一个眼神也没有回应过他。

大约一英里远处,一头小牛在离开母亲的路上被困住了,从母牛叫声的节奏听起来,她已经累了。在我们身后的一个山顶农场上,一只狗正在拼命扯着链子,想抓住一只狐狸。一只獾钻过欧洲蕨,头朝下,像雪犁一般把茎拱开。一颗卫星正沿着猎户座的腿下滑。

汤姆睡眼惺忪地道了一声晚安,举着一根燃烧的树枝照亮道路,走进小屋。我听到他摸索着挤进睡袋,然后把树枝扔出门外。几分钟后,他轻轻打起鼾来。他坚持用石南做枕头,这会儿他的头会义无反顾地塞进石南里,向后仰着,放松他白日里一直采取的属于青少年的驼背姿态。

孩子上床睡觉后的时光很难熬。你会觉得自己成年了,这感觉不太好。我很难盯着火堆那边的 X 和 Co[1] 看,我迷茫了。如果英国的新石器时代是在大约 6 000 年前降临的,而德比郡的 X 是在 35 000 年前意识到自我的,那中间就隔了 29 000 年——这几乎是我与新石器时代开端之间距离的 5 倍。在这 29 000 年中,人类获得了征服的动力。

我又来了——诽谤整个伟大的纪元。也许在这里他们没有获得征服的动力。新石器时代的威尔士,就和旧石器时代晚期的德比郡一样,是一个边缘地带。在这里生活很困难。如今依然如此。为了在这里生存,你必须与自然界合作,而不是徒劳地去奴役它。你必须是一个万事通,就像古老的狩猎采集者那样。单种栽培等于死亡。我怀疑与天堂、大地和死者相关的古老生活方式在这里存续了很久。这里的地理环境不适合信条或祭司王朝。

我也该睡觉了,但我发现天这么冷时总是难以入睡——不是因为冷,而是因为你得把自己裹成茧,再拉一条毯子盖住脸,就像死了一样。我们不能在小屋里生火。屋里没有烟囱。烟雾最终会透过

---

[1] 此处Co指的应该是X的儿子。——译者注

茅草屋顶渗出去，但在此之前，它已经充满你的眼睛和你的肺。我不喜欢这里没有烟囱。当我把头从毯子下面探出来时，我能透过敞开的门望见星星，但这感觉是不一样的。我突然非常想仰躺着看天上的猎人和他的猎犬们在夜空中狂奔。西伯利亚游牧民说，堵住某人毡房的烟囱，你就把他逐出了教会，切断了他与任何神圣存在的联系，把他关在了自己的牢笼里，让他被自己的灵魂强暴。

我想现在大概是凌晨三点。（我已经好多年没戴过手表或拿过手机了。）汤姆的鼾声不只让我伤感，还气得我要命。我还是出去吧，在外面的时候，我可以悠闲地拉屎，盯着我的只有猫头鹰。

在寒冷的黑暗中起床，穿鞋，走出去，这举动所需要的意志力是其他任何行为都无法比拟的。我是一个软弱的人，我花了半个小时才鼓足内在的力量。

一旦我出去了，我就会想我为什么要去睡觉。总是如此。我从来学不会，也不长记性。伟大的自然作家BB[1]写道："躺在床上的人错过了多好的人生啊！"我错过了昴宿星附近某处的一次狩猎，也许还包括一次猎杀，又错过了铁丝网栅栏下面的一次狩猎，以及一次切实的猎杀，那里的血在新月的照耀下泛着黑色。我错过了羊群从旁边的田里鱼贯而出，像卫兵一样整齐列队围在火边，白桦树细微的呼吸凝聚成了一团云，它让獾咳嗽，让低空飞翔的猫头鹰

---

[1] BB即德尼斯·沃特金斯-皮奇福德（Denys Watkins-Pitchford, 1905—1990），英国博物学家、插画家、儿童作家，他在写儿童文学时化名为"BB"。——译者注

着陆。

当新石器时代的农民猎人离开他们的小屋去排便时，他们一定会有一小会儿，对自己的处境和身体有不同的看法。这是唯——种真正孤独的活动。其他一切行为——出生、进食、性交和死亡——都是公共性的。而绵羊足够像人群，这使独自牧羊同样是公共性的。只有蹲着的身体是真正孤独的，也只有在蹲着望向小屋时，他们才能见屋是屋，并开始拼凑社会学。

弗兰和凯文极其热情好客，但我们只在这里待几天。我们不能做新石器时代的游客——参观别人的项目，沉浸其中一段时间，浅尝辄止，然后回来做笔记。因为这个时代的一切都是责任——对一个地方、对庄稼、对动物和对人类的责任。始于那时的责任仍然将我们锁在跑步机上，无论它艰巨与否：房租、税收、婚姻、睡前故事。但土地是一个比政府更无情的收税员。它不仅要求汗水、粪便、金钱和时间，还要求思想的忠诚和道德的纯净。因为在新石器时代的思想中，在大多数当过农民的人的思想中，正确的生活和恰切的思想会得到奖励，而阴暗的行为和扭曲的思想会受到惩罚。通奸行为或未经授权用石刀杀戮会导致作物歉收。

你想做真正的新石器时代人吗？作为一个正派的公民，你可能已经是了。如果不是，那就修补花园的篱笆，吃圈养猪的排骨，检查你的产权证，多情地翻阅你的家庭相册，并担心死亡吧。

春

> 死神,你莫骄傲,尽管有人说你如何强大,如何可怕,你并不是这样;你以为你把谁谁谁打倒了,其实,可怜的死神,他们没死;你现在也还杀不死我。[1]
>
> ——约翰·多恩[2],《死神,你莫骄傲》[1]

这是一个没有故事的冬天,主要是因为我认为我已经理解了新石器时代的故事,而我所选用的新石器时代故事是政治性的。大而无当的故事总是会扼制其他的故事,而因为所有的政治故事都是错误的,所有的政治便削弱了这个世界的色彩、复杂性和纯粹的娱乐价值。没有一个政治故事能揭示任何关于人类的真实情况。在参与

---

[1] 此处引用杨周翰先生的译文。——编者注
[2] 约翰·多恩(John Donne,1572—1631),英国玄学派诗人的主要代表,作品有《灵魂的剖析》《灵魂的历程》《神圣的十四行诗》等。《死神,你莫骄傲》("Death be not proud")是《神圣的十四行诗》组诗中的名篇。——编者注

任何类型的政治谈话时，我都会感到空虚和下流。所有的政治都诽谤全人类。

在属于我的新石器时代的冬天里，我死去的父亲全程都不在那里。当然，他是我恒久的记忆，永远陪伴着我，但此时不如说他是一套原则，或者是一双我最终要对其负责的无实体的眼睛，而不是扶手椅上散发着煤焦油肥皂和烟斗气味的一具身体。

他的缺席本应使我警觉地意识到我对新石器时代探索的不足，因为现代精神病学家会把整个新石器时代——从开始到结束——都诊断为患有持续性复杂哀伤障碍。[2] 如果你认为我不断提到自己的父亲是令人作呕且不健康的，那你离你的史前祖先可太远了。作家朱莉娅·布莱克本（Julia Blackburn）把亡夫的骨灰混着酸奶一起吃了。[3] 这才是正常人会做的事。

我在这本书里写了很多关于我父亲的事。我几乎没提过我母亲。她也死了，这很寻常，不过她的逝世早于我（更年老）的父亲，这并不是寻常的情况。她死在一个灿烂的春天的早晨，陪伴她的是花园里盛开的她心爱的水仙花，在这个嘲讽的、挑逗性的、谈复活如同发光般随意的宇宙里，这也属寻常。

她是一名教师，一位耀眼的音乐家及语言学家，拥有非常自由的灵魂。于是在她死后，在一位温顺的殡仪业者和狡猾的律师的帮助下，我和妹妹着手完成她对葬礼的遗愿。医生来后，嘟囔着一些陈词滥调并填写了死亡证明，我们就剥掉她的衣服，把她如今僵硬的身体放到花园里，安置在我父亲用来给墙纸刷糨糊的一张搁板桌上。我从市场上买来一套全新的雕刻刀具,把它们磨得很锋利。

"我们真的必须这么做吗?"我问妹妹。

"这是她想要的,"我妹妹回答,她一直是个正直的人,"你先来,你是老手。"

第一刀是最难的。我想我应该从大腿开始,而不是胳膊(她用这胳膊拥抱我们)或体腔。当刀子插进去的时候,我辨认出了那些分层(皮肤、不多的皮下脂肪、筋膜、肌肉),我能够抽象地了解自己在做什么。这并不是**她**的肌肉,这只是肌肉而已。事实上,那根本不是她。她已经离开了,我们可以稍后再讨论她去了哪里。在那之后,虽然事情很难算得上愉快,但我妹妹却心甘情愿地加入了,在一个小时的艰苦工作中,我们剥了皮,切开了四肢,取出了内脏。我们把肌肉和各种器官堆在堆肥堆上,用许多石蜡点起了火,很快,巷子里就闻到了有史以来最大的烧烤味。

事实证明,刚刚那是最容易的部分。把尸体切成大块才是一场噩梦。虽然她讨厌走路(除非是绕着画廊走),但她的韧带像钢铁一样坚硬,还没能把她拆开,把她叠好放进塑料袋,带去家庭墓穴,我们就已经汗流浃背了。

刚刚说的这一切当然都是虚构的。当你读到它的时候,你满心厌恶,并且认为我是一个应该被锁起来的变态。但是为什么呢?

新石器时代是属于祖先的时代,它**出类拔萃**。

在杰里科永久定居生活的第一阶段,至少还有一些死者被埋在房屋的地板下。你会在父母上方走路,做饭,争吵,教导,做爱。

我们在牛津的厨房里放着死去的父母的照片。即使是那些苍白无力的纪念物，也抑制了我们一些过度残忍和粗鄙的行为，并激发了一些高尚的行为，后者在我们家中是极少出现的。如果能在孩子们常有的内战过程中，代表他们脚底下几英寸深处的祖父母向他们发出呼吁，那效果将真的非常有力。

在杰里科发展出了一种头骨崇拜，在这种崇拜中，已故亲人的头骨被去除血肉，以贝壳代替眼睛，然后放在屋里整个儿展示出来。这能大大促进家庭工作。

新石器时代早期的英国还有共同墓穴，其中埋葬了许多代人，这种墓穴通常建在活人所居住房屋的上方，又或是照着活人房屋的构造来修建。还有一些以同心圆沟渠组成的土木工事（被称为堤道围场），其中常常有大量人类的骨骼，有时也有动物的。等你死了，用《圣经》的话来说，你真的会"到你列祖那里"，你的骨头会和他们的骨头混在一起。最终尘埃落定。

在坟墓中通常发生的情况是这样的：新尸体会被放在更有阅历的尸体上方，又或是被堆在墓室的某一头，任其分解，由此，他们从活人的地盘转移到了死者的地盘，转化的旅程渐进持续着，由蛆、老鼠和甲虫做领航员。[4] 坟墓是一条隧道，就像一条石制阴道，死者沿着它走向重生。自我转化并没有随着生物学的死亡而结束。

这些墓穴——尤其是英国西部的巨石墓室——有时是繁忙的社交场所。它们有前院等空间以容纳活着的访客。你会去那里野餐。它们是集会点——活人在此互相安慰，并在共同的悲伤中展现及感受团结，不仅如此，活人也在此与死者相会：来表达尊重，使祖先继续与自己同在，从死者那里得到指示，并邀请他们继续参与日常生活。毫无疑问，这些骨头会被抚摸、亲吻，然后递给那些从未见过已逝祖父的孩子们。[5] 哦，现在他们见到了。

如果你知道始终都会有人来探望你、拥抱你，当你呼吸停止时，你与家人的关联会**增强**，那么死亡一定就显得不那么不可挽回、激烈和可怕了。

有时坟墓本身就是血肉加工厂，尸体在这里被切肉刀削去血肉（至今在一些骨头上仍能看到这种刀留下的痕迹）。有时人们在别的地方处理尸体（可能是在堤道围场内），剥离了血肉后，再把尸体带到坟墓中。通常，在清除血肉后，骨头立刻就会被重新排列。头骨有时会沿着廊道和墓室的边缘摆放，在威尔特郡的兰希尔（Lanhill）石冢中，长骨被堆放在两排头骨之间，还有一具完整的骨架拦在门口，可能是在等待从未到来的处置。显然，人们还把骨头从一处移到另一处，有时还会丢下一些碎片。在埃夫伯里附近的西肯尼特长冢里，头骨、股骨和胫骨的数量不足。当骨头从另一个地方被移来时，手和脚上较小的骨头肯定有所遗漏。

新石器时代早期的英国到处都撒满了人骨。考古学家朱利安·托马斯（Julian Thomas）写道："要说在新石器时代早期的英国，死者的遗骸随处可见，这一点也不夸张。"不仅仅在坟墓、堤道围场、长冢边的沟渠、单独的墓坑、洞穴和河流中，还在袋子里、房屋里，以及衣服口袋里——当他们的衣服有口袋时。我自己的口袋里有一串希腊的定心珠。我经常拨拉它们。当我在散步，或者坐在咖啡馆里，我就会把它拿出来，转动那些珠子，让它们互相碰撞发出咔嗒声。如果在新石器时代，我用的就会是人类的指骨。

但人骨不仅仅是玩具。托马斯说："我们可以谈谈，关于人类遗骸的整体经济。"

手部和脚部的小骨头很坚硬，更不易火化。把父亲烧了之后（我希望他一辈子从牛排和腰子布丁那里得到的热量能重新进入循环，用以给当地的小学加热，但我对此表示怀疑），我们把他的骨灰放在镶铜角的盒子里，并在其中发现了一些指骨，它们烧黑了，但还很结实。

我父亲一直很喜欢我的朋友伯特和他的妻子梅格。伯特在威尔士黑山务农，梅格是个女巫。所以再次见到他俩时，我给了他们几块骨头。

"看顾好它们，好吗？"我说。伯特以一种我从未见过的肃穆神情向我许诺，他拥抱了我，梅格也拥抱了我。他们把骨头放在一个高高的架子上，旁边是一只海鸥标本，那是孩子们找不到的地方。它们就一直放在那里，直到今日。

伯特和梅格的家人比以往任何时候都更亲近我们，现在比血亲兄弟（另一种建立在生物物质交换上的关系）还要亲密，当他们的父母去世时，我们会得到他们的一部分放在壁炉上。

"这是一件奇怪的事情，"梅格说，"吵架的时候，我们有时会看一眼架子，你爸爸似乎能解决那个问题。"

恐怕这些也一样都不是真的。但这就是新石器时代的处事方式。托马斯将新石器时代的骨头流通与礼物经济中的物品流通进行了比较。交换骨头创造并巩固了关系——不仅是给予者和接受者之间的关系，也许还有生者和死者之间的关系。死者依旧坐在餐桌主位上，依旧在协商合同，撮合新人，审理诉讼。

在我看来，忙自己的事时带着祖先的骨头是极其合乎逻辑的（只要不是他们的木乃伊尸体）。在新石器时代早期，你可能会带着骨头跟随家畜漫步数英里的乡野。说到底，这不是很像我带着父亲为我摘的树叶、松果和松针到处跑的做法吗？死去的人想要继续说话，继续被感知，继续产生影响。如果他们的骨头没在你躺下睡觉时压到你的脖子，也许他们会采用其他渠道。也许煤焦油的余味代替了我们谦恭地埋在萨默塞特教堂墓地里的烧焦掌骨。逝者帮助我们成为自己，就像在世时的父母一样，通过 DNA 和榜样塑造我们。如果你是由你的祖先和你的旅行来定义的，那么当你流浪的时候，如果你的祖先被留在家里，你就不能真正成为你自己。撇开其他不说，把父母留在一个潮湿的洞里是极其失礼且刻薄的。它和我们的大多数行为一样，都触犯了史前世界的礼节。X 对他祖先的思考方式不同于这些新石器时代的牧民，但他看到环城公路另一侧的城市公墓时，无疑会更加愤怒，而安迪-皮多的屠宰场里的景象、气味和声音也同样会令他出离愤怒。生与死（如果两者不同的话）都不应该以这样的方式进行。

不过，重要的是不要在人格的概念上落伍。托马斯明智地警告说，在新石器时代的身体和当代意义上的"个人"之间直接画等号是危险的。

认为一个人被包裹在其皮肤中，并容纳着灵魂或意识，这是一个非常现代的西方概念……作为一种现代性的实践，考古学通过医学科学的理解模式将古代的身体物化。我们需要认识到，这与那些身体原本的生活方式相去甚远……现代西方关于人格同一性和肉体完整性的概念可能并不适用于那个时代。[6]

哦，确实是这样。在旧石器时代晚期，虽然人们已充分发展出了自我意识，但其自我的皮肤可以渗透进整个世界，无论是人类世界还是非人类世界。要说出"我"在哪里，就得借助岩石、花朵、狼、妻子和星辰的位置来进行无数交叉定位。到了新石器时代早期，人们认为有必要使用的交叉定位数量已大幅度减少，参考对象减少至人类社群成员，以及生活被人类社群围绕的驯养动物。（在几处长冢中，人们发现牛头骨与人骨混在一起，根据朱利安·托马斯的说法，这表明"人类和牛的遗骸之间存在某种形式的对等关系"[7]。）随着新石器时代的推进，自我定义、自我定位中关系的数量和种类进一步减少。[8]

在英国考古记录中，关于上述这一点最明显的迹象就是从公共长冢向离散墓穴（其中一些以独立的圆丘为标志）的转变，这是一个缓慢渐进的过程，托马斯认为它始于公元前 4 000 年末。圆丘是青铜器时代早期的特征（大约从公元前2 000年开始），不过也有新石器时代的圆丘[9]，还有些晚期长冢覆盖的坑墓，里面有完整拼接的尸骸。

新石器时代**晚期**的死者比之前的死者死得更昭彰且更个体化。比起堆在一个长冢里挪来挪去，埋在一个土堆里更像是一个终点。不仅有新石器时代晚期新近的死者被隔绝在光明之外，远离生者；还有躺在古老墓室里的远古死者。在西方，墓室的设计曾是为了使生者和死者之间更便于对话，但后来墓室的入口常常以石头和泥土封挡，使对话无法进行，这些工作有时伴随着这样的意图：使分散的或脱落的骨头重新聚拢。死者现在有了自己的居所。活人也一样。现在两者的地址不同了。

这种骨骼的聚拢使死者在地貌中有了更明确的位置。在新石器时代早期，如果你问祖父在哪里，答案可能是："哦，他有些肋骨在堤道围场上，右股骨和你姑妈在一起，左股骨和你叔叔在一起，我有他的骨盆，他的脚有一部分正在野猪身上挂着的袋子里咔嗒咔嗒响，他的脾脏给了一条狗，河里有一根他的尺骨，那棵枯萎的榆树旁有他的一块肱骨，脚后跟的一块骨头在老橡树旁的一个洞里，他身体的其余部分都在墓室里，我们每个星期天下午都去那儿。"如果你在新石器时代晚期问同样的问题，答案会是一根指向土丘的手指和"那里"这个词。

新石器时代早期的土地到处都住着死者。新石器时代晚期的土地则由特定的死者占据离散的地点。

这听起来有点政治化：的确如此。这是自我感知的根源。如果你的骨头是待在一起的，那就有一个明确的死了的"你"；而如果你散布在英格兰南部的白垩山上[10]，那就没有。如果你死后是离散的，那么你活着的时候也会倾向于认为自己是离散的。如果你能指出你祖先存在于某一个地方，你就会更愿意谈论你对那个地方和周围地区的权利，并用埋葬在那里的祖先为你的权利辩护。[11] 在鲁珀特·布鲁克（Rupert Brooke）著名的感伤诗歌《士兵》中，也有这种本能在发挥作用："在某个异国他乡的角落／永远刻下了英格兰的印记。"

新石器时代晚期和青铜器时代早期的圆丘就没有那么孤独了。其他尸体可能会加入；火化的遗骸可能会被撒进土丘；最初的土丘可能发展成陵园。但所有的一切都取决于并能追溯到最初的埋葬，并以之为依据。事实上，这正如权利主张的合法性取决于原始占有的合法性。[12] 新石器时代晚期墓地的地理位置分布看起来很像现代家谱图。自我定义成了一个家谱问题。还记得那些冗长的《旧约》年表吗？A 为 B 之父，B 为 C 之父，C 为 D 之父。这是新石器时代晚期的咒语。既然人们可以确定自己的血统（"看，你可以**看到我的祖先：他们就是山坡上的那些土块**"。），人们就可以确定自己对土地的权利。**土地保有制**（tenure）突然在不列颠出现，并在田地制度中得到巩固，这种制度至少持续至罗马人到来。

新石器时代早期的人们与土地的关系更加易变。他们有定居点，但在一年中的大部分时间里，他们都是流浪的牧民，他们的死者也随处可见。他们肯定有领土主张，但大部分土地在大半年里都是休耕的，没有什么理由对牛羊感兴趣的大部分地方进行大肆地保护。土地上大部分都是茂密的森林，如果一个牧民想清理一些森林，以便更有效地放牧，他往往总是能如其所愿：有足够多燧石斧和打火石。

事实再次证明，流浪和定居具有重大的政治意义。

我希望能够相信，伴随土地保有制概念而来的，是一种与"所拥有的"土地之间亲密、友爱及管理的关系——这种关系比流浪者与他们所漫游的土地之间的关系更亲近、更友好。但在我看来并不是这样。掌控住任何东西都会让你想要掌控更多，而掌控者往往不会善良。

"哦，那很好，"梅格说，"多谢了。"

梅格和伯特（事实证明他们厨房的架子上并没有我父亲的掌骨）在威尔士的黑山农场饲养绵羊、牛，种植树木、传统谷物，养育孩子。他们放弃养猪，因为他们太喜欢猪了，他们自己发电，自己做袜子。他们靠蔬菜、路毙动物以及晒成香肠的英国环境食品与乡村事务部官员为生。我们坐在他们的农舍外，喝着家酿啤酒，吃着萝卜，望着河对面的一座铁器时代山堡，梅格每天早上都会跑到那上面去。他们累瘫了。现在是产羔期，他们彻夜不眠，整天在外，身上满是羊水和 K-Y 润滑剂的味道。

我们已经喝了几品脱啤酒，我一直在激情澎湃地谈论占有欲，以及农业的诞生和贪婪的诞生之间的关系。他们对我实在是太和蔼了，不过当我开始把统治的概念与农业联系在一起时，他们发脾气了。但方式非常温柔。他们只是开始无法控制地放声大笑。

"你是开玩笑的，对吧？"伯特急促地说道。

"他不是。"梅格说着，他们又一次无力地瘫倒了。我又听到自己在说早期的农民和种植者是最早的尼采主义者，是穿着长筒军靴早已忘了自己的语言的领土吞并者，是自我任命的男爵，并且很快还是自我任命的神。他们无情、贪婪、专横、放纵，甚至想到自己生命的短暂无常也不能使他们有所约束，因为他们相信自己的不朽，或至少相信他们王朝的不朽。

"现在听着。"梅格突然严肃起来。她放下了杯子，而这总是意味着问题。

"我们都很害怕，对吧？所有的农民都是，而且一直都是。掌控？别他妈的犯傻了。如果天气变了，我们所有的大麦都要完蛋。如果口蹄疫来袭，我们就要眼看着伯特家族六代人培育的几代动物被射杀，然后放在一个坑里被烧掉。那座该死的山（她指着山堡）随时都可能滑到我们身上。而你说我们认为一切尽在掌控？我们真的认为是我们在管理这个地方而不是它在管理我们吗？"

伯特看着他的靴子。

"你是法西斯主义者，你知道吗？你心爱的狩猎采集者生活在你那个他妈的黄金时代，了解关于一切的一切，和所有人所有事都和谐相处，你认为除他们之外的所有人都是未被察觉的**劣等种族**的一部分,且正在越来越深地滑向道德洼地。"

她说的有道理。她总是很有道理。

和大多数辩论一样,关于新石器时代重要性的辩论也存在危险的两极分化。两极分化通常是思维怠惰的标志,我对此比大多数人更有罪恶感。小规模的农业,可以是一种展现而非破坏狩猎采集精神的方式。然而,无论以何种标准衡量,大规模农业几乎总是灾难性的。英国的许多生态、政治和心理灾难都可以归咎于圈地,这种做法抢夺公共土地,将其合并成更大的私人农场,切断了土地为普通村民提供给养的脐带——它曾为英国人的心智注入野性。[13] 我准备承认这些,但梅格还没说完。

"你以为我们为什么在这里?为了钱吗?别逗我笑。我们送报都能赚更多钱。因为我们喜欢这里的风景?它对你来说是风景,对我们来说是厂地。我来告诉你我们为什么在这儿。"

她一口喝完自己的啤酒,倒了一点烈性的黑刺李伏特加。

"虽然有点难为情,但我得说,我们在这儿,是因为我们**爱**这个地方。爱它,尽管——也可能是因为(随你做心理分析好了)——它不断地威胁要毁灭我们,杀死我们。我承认,这也许是一种自爱。它无疑已经融于我们体内,而我们也融于它体内,我不知道我在哪里结束,山从哪里开始。"

伯特从靴子上抬起头来。

他说:"就是如此。"确实如此。梅格的话是旧石器时代晚期的意见。而在那边,有个人倚在拖拉机上,微笑着点头,嗅着狗没嗅到的胎盘味道，那是 X。

这是一个温暖的春天的早晨，大约四点。我刚醒。我半坐半卧，靠在产羔棚里的一捆稻草上，望着苏格兰小山上破碎的土地。在那座山上受孕怀胎的一只母羊，正朝我的脸上吹来甜甜的干草气息——去年夏天阳光的结晶，但这不是我醒来的原因。我醒来是因为一声喘息的呻吟，这可能意味着有麻烦了。

的确有麻烦了。那母羊一定是用力好一阵子了。我早该看到它，听到它。我叹息着把一只手伸进它体内。第一只羊羔出现了最糟糕的那种状况。这就是所谓的替人看狗。我能碰触到的只有羊羔后背的中央。头部和所有的腿都朝向子宫内部。

我知道我应该怎么做，但我对这些花巧的手法无能为力。我的手太大，太笨拙，而且我缺乏耐心，这一点很危险。有一会儿我不知所措，想要拉直羊羔的后肢，这样就可以把它向后拉出来，但里面可移动的空间非常小，我担心会损伤子宫或羊羔，或把两者都损伤了。是时候放弃了，于是我窘迫又羞愧地敲了敲农舍的门。

农夫的妻子贾尼丝微笑着走了下来，就好像我是上午十点来的邮递员，手里拿着一个焦急等待的包裹。没有类似"你这个残忍的兽医"或"你就不能等到早饭后再说吗？"之类的话。十分钟后羊羔就出来了，另一只也出来了。很快它们就一头撞向乳房，然后它们粘在了一起，贾尼丝和我就坐在稻草上看着。

"真奇妙，不是吗？"贾尼丝说，"这过程我看过成千上万次了,但它总是很特别。总像是第一次看到。"她站起来,掸了掸身上的灰尘,赶去煮粥了。

这是一个商业农场。羊羔会有自己的一个号码,在电子簿上占有一席之地,并且很快就会走上去屠宰场的路,再被摆上餐盘。贾尼丝将负责其身体产生的税收和增值税。

在思考新石器时代时,也许我只看到了尸体和账簿,而没有考虑到贾尼丝的惊叹。

我自己对差异性的理解大多来自苏格兰绵羊和德比郡奶牛的眼睛。我第一次(总共也只有少数几次)觉得自己有用,是在峰区的一个农场铲牛粪,那时我 10 岁。这工作有一种尊严,是钢琴课、童子军、算术,甚至业余动物标本剥制都不具备的。这并不是因为我认为我在帮忙往谢菲尔德的玉米片里加牛奶。我从来没这样想过。我察觉到的是,人类从关系中获得自己的重要性,而与非人类的关系是至关重要的。还有,清理别人的粪便是建立关系的好方法。

多年来,我经常和家畜们睡在一起——在春天的产羔棚里,在牛舍的干草堆上;或者在牧场上和奶牛挤在一起。我还没和猪睡在一起过,不过我很乐意试试。

奶牛的躁动和警惕总是令人着迷。我告诉伯特,我可以长时间一心一意地关注它们的注意力。奶牛远比我了解黑暗、光明和田野。我想和它们一样了解它们的田野——或者了解任何地方。如果我能如此了解任何地方——哪怕是手帕那么大的一片草地，就是我刚刚用来擦拭洒在裤子上的啤酒的那块手帕——我就能了解世界的某种运作方式，那是我向来完全感觉不到的，更不必说掌握了。但不止如此：当我继续喝下伯特的更多啤酒之后，在我看来，田野需要它们一边低叫一边反刍的注意力，才能继续存在。

我摇摇晃晃地站起来，向山堡举起我的大酒杯，大声朗诵罗纳德·诺克斯[1]对贝克莱主教[2]哲学的戏仿：

从前有一个人说：
如果上帝发现这个院子四下无人，
这棵树却依旧存在
他一定觉得非常奇怪吧。[14]

诺克斯得到了上帝的回应[3]，我把这段也吼了出来：

亲爱的先生，你的惊讶才奇怪透顶，

---

[1] 罗纳德·诺克斯（Ronald Knox，1888—1957），英国天主教牧师、神学家、侦探小说家。——译者注
[2] 贝克莱主教（Bishop Berkeley，1685—1753），近代英国著名哲学家，英国经验主义代表人物，著有《人类知识原理》《海拉斯与斐洛诺斯对话三篇》等，提出"存在即被感知"的唯心主义基本原则。——译者注
[3] 根据《人人都该懂的认识论》（马丁、高晓鹰著，湛庐文化/浙江人民出版社，2020），下方回应的引文是匿名者对罗纳德·诺克斯的回应。此处可能是作者的调侃。译文引用自《人人都该懂的认识论》。——编者注

这个小院里，我无时无刻无处不在，
因此那棵树会一直存在，
因为我在看顾着它。
你忠实的，上帝。

这就是夜里这个时刻我对奶牛和田野的感觉。

"伯特，牛就像上帝一样，是必要的观察者。"

我甚至可能是认真的，这很难说。伯特，我亲爱的，亲爱的朋友，如果没有它们的注意，田野就会蒸发。这个世界需要一个观看者，这个想法并不是十八世纪的创新：它是古老且普遍的。这才礼貌，我的老兄。难道你没有告诉孩子们说话时要看着对方，而对方也会看着他们吗？你当然说了。我也一样。那么，如果人类世界和非人类世界都挤满了人，他们就在看着你，那你也得看着他们，否则他们就会转身离开。

艾伦·加纳（我总是提他）借鉴了这一传统，他在《骨地》（*Boneland*）中写道，奥尔德利埃奇[1]必须始终让受膏的观察者看到。"我得无时无刻无处不在地看到埃奇，"科林说，"才能保住它。如果某个东西无人看见，它可能会离开，或改变，或不复存在。"15

"哦，那么，"我继续说道，"如果没有忠心耿耿的科林，而你又烧了树、砍了树、吃了野生动物，那么奶牛就是唯一可能的观察

---

[1] 奥尔德利埃奇（Alderley Edge）位于英格兰柴郡，以豪华房产而闻名。——编者注

者了。如果连奶牛都转过脸去不看田野，那它就不见了，而你又会在哪里呢，嗯？"

伯特把啤酒杯斟满。

"如果那些是我的奶牛，而我像你一样照料它们，我就会觉得我对这片土地的存续负有责任：我会觉得我是在通过奶牛观察和维护这个世界。尽管这听起来很怪异，但我认为，新石器时代的农民就是像这样为他们粗略又不准确地称之为土地'所有权'的东西辩护的。这样的话又怎么样？"

"你简直是疯了，"伯特说，"你努力过头了。你应该多出去走走。喝完再来一杯。"

梅格不知道她在哪里结束，山和羊又从哪里开始。这是一种威尔士乡村的**不二论**：这是所有传统的精神探索者，尤其是东方的探索者，所追求的非二元论。但界线也是存在的：当羊群被装上拖车，被赶去割喉时，她很擅长在自己和羊群之间画出一条线。这就是旧石器时代晚期和新石器时代（无论多早期）之间的巨大鸿沟。

新石器时代的人学会了画线。自然界没有直线，而旧石器时代晚期的人类就是自然界的一部分，甚至在物种之间也没有明显的分野。旧时器时代的人们对已经或即将被杀的动物的祷文是："让我破例地做这件事，而不必像通常的规则那样付出代价。让我吃掉你，而我自己免于被吃掉——至少目前如此。我知道我的终点会到来，因为基本上，我和你一样。"农民从来不会这样向他们的牲畜祈祷。

他们做不到。因为这将使人们在心理上无法承受务农。必须有一个"它们",也必须有一个"我们",这两者必须有不同的道德地位。这是新石器时代的基础。要使一场关于新石器时代革命的谈话富有意义,那这革命的内容就要包括对"我们"和"它们"的承认及塑造。在此之前有一种自我意识,但现在它被彻底地重新设定了,而且主要是从负面的角度。"我是什么?"新石器时代的人类问。答案是,"不属于他们者"。这为许多恐怖的事情埋下了祸根。

事物之间的界限并不存在。在我们创造出界限之前,界限本身也不存在。它们只存在于我们的头脑中,存在于我们的精神世界中。然而,实际的、历史上的新石器时代有纵横交错的界限。我们已经开始按照自己创造的世界形象重塑现实世界。我们开始摧毁这个世界,用我们自己的模型取代它。

毛脚燕在湖面上啄着飞蝇。蜻蜓太多了,以至于芦苇荡上方的景色显得模糊不清。如果我们有双恰当的耳朵,我们就会被几丁质钳形颚的嘎吱声震聋。汤姆和我现在位于萨默塞特平原的斯威特古道上,离格拉斯顿伯里不远,这是一条新石器时代的笔直走道,长两公里,一边是山脊,另一边曾是形成于公元前3 807年的岛屿。这条走道最初是用橡木板材做的,以橡木、梣木和欧椴木桩插在潮湿的土地上,悬架在沼泽上方。如今我们走在一个坚固的现代替代品上,它暂时遵循旧的路线。

它与类似的高架路组成了一个网络,通往各座岛屿,那些岛屿上有可用于覆盖屋顶和编织的芦苇，有可以猎杀的动物，有可供采摘的植物。泥潭说："无路可走。"人类说："现在由我们来制定规则。"在描写新石器时代的时候，关于强暴的语言是无法回避的，这也是殖民主义和武装探索式的语言。湿地被洞穿。木桩被夯入泥炭。岛屿被占领，被征服，被攻克，被践踏。

强暴是以笔直勃起的阴茎完成的。在旧石器时代晚期的艺术作品中，你只能看到两种直线，其一是萨满教僧勃起的阴茎，它通常和野牛的臀部或女人的臀部一样拥有肉体的美感。另一种常见的直线是洞壁上神秘的阶梯状符号，但它们被组合成非线性形状。[16] 狩猎采集者有直线形的人工制品，但它们通常会刺穿体腔。

斯威特古道是此处唯一笔直的东西。我们习惯了直的东西，所以觉察不到异常。但跟在我们身后的 X 和他的儿子却不会遗漏它，他们严肃而惊奇地看着走道的线条，被迷住了。因为这就是直线的作用：即使对我们来说也一样。它们囚禁你的眼睛和思想。它们约束视野，使大地缩小。我看着汤姆，这个过程正发生在他身上。他正直视前方。三维空间收缩成了一维。一只雀鹰刚刚杀死了我们左边的一只绿金翅雀。但他没有注意到。一只燕子计算失误，一侧翅尖掠过了水面。但这场景没有发生在正前方，于是他错过了。线条囚禁了眼睛，也囚禁了思想。

在新石器时代，囚禁是线条首次出现的另一个背景。这个时代出现了第一道用来容纳动物的栅栏：阻止它们成为自己；禁闭它们的体验；让它们触手可及。栅栏切开土地，留下伤口，使它变得不完整。没有分割的土地是无名的，它是它自己。分割后的一块块土地上写满了人类的名字。

回到车里，我们铺开一幅现代的大比例尺地图，追踪斯威特古道的路线。汤姆还没见过这样的地图。他指着它。

"那些线是什么？"

那是表示田地的线。

"它们为什么这么直？"

"因为有人认为它们应该这样。你可以在很多地图上看到同样的东西。等我们回家，去看看北非的地图。有人就那么坐在一个房间里，说边界应该在那里、那里和那里。"

"我敢打赌雨燕从非洲飞到这里时，根本不在乎边境在哪里。"

它们当然不在乎。但是人类的线路改变了许多鸟类的生活。

我们去格拉斯顿伯里吃三明治，坐在河岸上看毛脚燕。它们的嗉囊里可能尽是那天早上在斯威特古道边的池塘上收获的昆虫。它们绕着弯，画着圈，如抛物线一般俯冲，因为这才是事物的规律，但它们的眼睛和汤姆一样，总是盯着一条直线：它们筑巢的屋檐的那条直线。几千年来，毛脚燕的眼睛一直盯着这些线条。在人类开始建造房屋之前，毛脚燕在洞穴和悬崖上筑巢，但如今它们和我们一样对直线上瘾。

不只人类会做出奇怪的选择：我们还会促使其他生物做出奇怪的选择。格拉斯顿伯里的这些燕子本可以选在翁布里亚的悬崖上养育幼鸟，以橄榄树林上方飘浮的大量食物为食，倾听温暖的风和夜莺的声音。那真是高明的做法。比起格拉斯顿伯里住宅区的煤渣砖,它们用来筑巢的小泥球在岩石上能粘得更牢固,而且在岩石上你能找到更棒的飞航的蜘蛛。我们这里的昆虫被柴油烟雾和杀虫剂熏得够呛,而雏鸟则不得不倾听心灵电台。

很长一段时间以来,人类都在盖直边建筑。直线结构的出现几乎与农业的出现完全相关。[17] 相关性并非因果关系,但我们有强有力的证据表明:农业及其体现和推动的世界观,使旧石器时代晚期的曲线变得笔直。

大致状况很清楚了:在欧洲、西南亚、近东各地——实际上遍及更广泛的地区,狩猎采集者都倾向于居住圆形建筑。随着永久定居和农业的发展,直线结构出现了。在西南亚可以清晰地看到这种典型的转变:在前陶新石器时代 A 期(约公元前 10 000—8 800 年),那里的生活方式是移动式、无田地的,只有圆形的住所。到了下一个阶段,即前陶新石器时代 B 期(约公元前 8 800—6 500 年),当我们辨认出农业的迹象时,住所通常都成了直线形的。从那时起,至少对于与日常事务有关的建筑来说,直线建筑是常态。

(在考古学上,不列颠和爱尔兰常常显得非常奇怪。当农民第一次出现在不列颠时,他们拥有直线形长屋。但后来他们逆潮流而动,又回到了圆形建筑。这是普遍规律的一个戏剧性例外。)

我们的房子往往阐述了我们的世界观,这种阐述有时很野蛮。我们的房间里胡乱地填满了吵闹的孩子、头骨、圣像、养蜂设备、乐器和手术器械、装着福尔马林的瓶子(从沉淀物中隐约可见田鼠、眼睛和胚胎，就像你摇晃风暴瓶时出现的可怕线条）、未分类和无法分类的书籍、翅膀不太协调的海雀标本、一块我曾在上面看到过一张脸并希望能再次看到的石块、充满希望的和绝望的幼苗、浸透苹果酒的褪色经幡。我的父亲，胡子花白，穿着灯芯绒衣服，从托斯卡纳的一座小山上深情地望着我的母亲，她在巴斯附近的一片草地上，青春飞扬，手里拿着《弄臣》(*Rigoletto*)的乐谱，煤焦油肥皂的气味在房间之中飘浮不定。如果你能忍受在这里待上一个星期，并且你的免疫系统和神经系统还能受得了，那你就会相当了解我们。

但如果我们真的可以对房子的形状和位置做出选择，你就会了解一些关于我们的更基本的事：一些我们自己可能都不知道的事。

我们做的某些选择可能看起来很有用。但这根本不是故事的全部。例如，圆形房子比直线形房屋更能抵抗强风，因此，一个有棱角的房子要在任何有风的地方坚持下来，就必须小心翼翼地建造齐整。[18]但另一种说法是，圆形房子（以及它的居民）**所属**的系统包含风，而有棱角的房子则不然。"棱角"这个词本身就很富有表现力。直线形的房子把胳膊肘捅进自然界，把其他东西推开，好霸占它决意要的地方。决定一个人生活空间的基本方向，从而决定其生活，是一种脱离自然力量的宣言。

圆形房子很难扩展，而一个直线结构很容易就能加多一间屋子。在这个简单的观察结果中，蕴含着永久性（从而有土地保有制）和发展的概念。直线形房子留下来了，因为这他妈的是我的房子,在他妈的我的土地上,我们哪儿也不去,而且这房子将吞并更多的土地,变得更大、更好,因为我们就是这种人:我们要春风得意,尽管我们就待在这里。

圆形房子本质上是民主的空间。中央是炉灶,而不是人,中央炉灶平等地向每个人散发光和热,因为这就是辐射的物理定律。圆形空间必须共享:它周围有自由流动的空间。在一个圆形的单间房子里很难有秘密。

直线结构是非常不同的。这是你的房间,那是我的房间;我的房间比你的更大,家具也更华丽,我在我的房间里做着你不知道的事。我把东西藏在那里,那都是我的宝贝。在炙热而寂寞的夜里,我计划着使你变穷,取代你。

房子可以塑造主人的宇宙。我们的房子就是这样,这让我害怕。狩猎采集者有一个巨大的、高拱的天空,从四面八方延伸向地面,就像蒙古人的帐篷或纳图夫人的圆房子的墙壁一样。农舍则以任务为中心,因此也以自我为中心,它的建立是为了察看牧场或粮仓,定向且隐喻地指向生活中重要的事物,这些事物恰巧是农民所拥有的,并且至少在理论上是由农民控制的。农场和房子,就像线条一样,收窄了人们的视野,限制了居住的世界。[19]

但我忽略了一个重要的建筑类别:为死者和神所造的建筑。一般的规则——也有一些例外,比如石隧墓——是从新石器时代到中世纪早期,那些在直线形建筑中吃饭、睡觉、发情、计划和抚育孩子的人,用圆形结构(坟墓和石圈)来标记非日常生活,并且直线形的建筑也常常被圆形的围墙环绕,似乎在表明统治的元叙事不同于日常行为的元叙事。[20]

我们应该如何理解这一点?整个业界始终都在争论石圈和其他巨石纪念碑的意义,但大多数人都同意,石圈和寺庙在某种程度上与死者相关,并且它们是权力的场所。说得太多就是在玩火了。石圈里的石头可能代表个别的祖先,或者石圈可能代表整个死者群体。

专门研究近东史前史的法国考古学家雅克·科万(Jacques Cauvin)猜想,在全世界范围内,圆形基本上都代表着超然和整体,因此它们通常是女性气质、生育能力和直觉理解的象征。(这在我看来是可信的。)另一方面,直线形态代表了明显的、即刻的、具体的世界——男性的世界。如果这说法是正确的,那么石圈就成了这样一种地方:你在那里可以获得一种亲身体验的、直觉型的知识,你的祖先们业已学成毕业,并且这种知识可以被传达给活着的人。而且石圈还将因此在调解生产方面发挥重要作用。在早期农民的心目中,死亡和生产力是密不可分的。他们知道,种子若不像他们的祖父母一样被埋起来,就不会有新生命。在向强大的祖先祈求的愿望清单中,祈求丰收肯定排在最前面。

就像大多数研究史前史的尝试一样,这也是一种推测。但是,如果我们对新石器时代晚期的巨石阵进行更仔细的研究,那就可能理解得更深入一些。

对我们许多人来说,巨石阵**就是**新石器时代。我们认为我们了解它：像灰色的石块蜷伏在索尔兹伯里平原上，被旅游巴士包围，或被身穿白袍的德鲁伊[1]围绕。但这是非常非常奇怪的。其他地方都没有和它类似的东西。它肯定不是一个标准的新石器时代建筑项目。然而，就像在所有学术研究和生活中一样，外行人往往是最雄辩的。

试图过度概括是一个糟糕的错误，根据高度非典型的新石器时代不列颠的证据来过度概括，更是一个天真至极的错误。但巨石阵之所以不同寻常，可能只是因为比起其他纪念碑，它对生者与死者之间关系的阐述明确得多。

当我们想到巨石阵时，便会想到纪念碑——它自公元前3 000年起被用作墓地，由华美的巨柱和门楣组成，使用英国国内的木工技术进行榫接，最小的蓝砂岩是从150英里外的彭布罗克郡运来的——但纪念碑只是一个庞大建筑群的一部分。在它附近有一个相似的木制构造，最初是由木柱制成的，可能没有顶，现在被称为巨木阵，这个称谓即便不算富有想象力，但至少很省事。离巨木阵几米远就有一个新石器时代的村庄——杜灵顿垣墙，它有自己的环形木制建筑，可能是巨石阵的建造者居住的地方。

如今的巨石阵全年都挤满了游客，他们吃着冰激凌，谈论着槲寄生和活人祭祀。但当它还在被正常使用的时候，访客只是偶尔出

---

[1] 德鲁伊（druid），古代凯尔特人中的知识阶层，他们承担祭司、教师、法官等角色。——编者注

现——可能特别会在冬至和夏至出现。

除了死者，没有人留在巨石阵里。不过，确实有人进入杜灵顿垣墙，花了大价钱，又费了大力气，在那里胡吃海塞，并且无疑还酒醉乱性。人们在那里发现了福斯塔夫式[1]的大量猪骨。当时的气氛一定很像格拉斯顿伯里音乐节。不过，在周末开着你的路虎以定速巡航的方式从富勒姆来到格拉斯顿伯里，可不同于带着整个家族从约克郡走到索尔兹伯里平原，你还得背着婴儿，赶着成群的猪。但当时有些人就是这么做的。[21]

也许他们来此是为了消除对死亡的恐惧，并招募死者加入他们的事业。[22] 关于他们的目的，人们还提出了其他的可能，比如治愈，比如联合不同的社区。这都有可能。瘸子和盲人无疑向强大的祖先寻求了帮助，即使联合不是他们的本意，这种大规模的集会也必然会导向联合。[23]

我们必须把巨木阵和巨石阵组成的建筑群当作一个整体来看待，也许最好的方式是把它看作一个超自然主题公园，展示并置的生与死。

巨木阵代表短暂。其他的木柱被故意烧毁或挖出来搬走，这使它们的短暂性比自然腐蚀所呈现的更明显。[24] 巨木阵作品是为了表现狂欢者当下的生活，它至少部分通过枯萎实现了这一点。巨木阵

---

[1] 福斯塔夫（Falstaff）是莎士比亚剧中的角色，其活动空间多为广场，是民间狂欢精神的体现。——译者注

仿佛在说，现在你像这些柱子一样笔直地站着，但看得更仔细一点（如果你是中年男人，就看你的脚；如果你是中年女人，就看你曲张的静脉），你会看到腐朽的迹象，正如你更仔细地看这些柱子时，会看到甲虫洞一样。

但是朝圣狂欢者们并没有在巨木阵停留，对他们凡俗的性命恋恋不舍。他们走了。从巨木阵到埃文河有一条大道。[25] 它的大部分路线都是笔直的，直接通向巨石阵。

死亡是什么样子的？巨石阵和巨木阵一起回答了这个问题，1 300 年后圣保罗也给出了同样的答案：这必朽坏的总要变成不朽坏的，这必死的总要变成不死的。[1][26]

就像巨木阵和巨石阵一样，生与死由一条直线相连。这条线可以在主题公园里用脚步丈量：我们每个人都终要踏上的旅程是可以排练的，这能消除一些恐惧。如果朝圣者可以象征性地在这两个领域之间行走，那么当他们不得不动真格时，就不会那么害怕了。[27] 这片土地使人能够明白生死之间的联系：朝圣者的脚可以感受到这种联系。这不是诗人只能在黑暗和烟雾中含糊暗示的混沌神秘王国。和圣保罗不同的是，他们走在路上，并不需要"透过玻璃来影影绰绰地看"。[28] 他们看得很清楚，并且很自信。这都在陆地上。他们能走过去。也许，当罗马人入侵并被一个似乎不怕死的民族吓倒时，我们就看到了这种自信的遗风。[29]

他们不怕死，因为他们知道这不是结局。种子进入土壤，新的生命从中萌芽。黑暗永远不会获胜。[30]

巨木阵-巨石阵大道是新的智性与精神帝国主义的宣言。人类不仅可以烧毁树林，封闭荒野，还能够理解生与死的形而上机制。他们统治的不仅是羊群，还有永世。这是一种巨大的索取。[31]

巨石阵中还有另外两条新石器时代的线条值得注意。第一，是它的墙。在我们看来，它们不像墙，有很大的缺口。但死者无法从缺口中挤过去。那些巨大的砂岩是用来让死者安居其处的。巨石阵是一座监狱。长长的大道和宽广的河面将它们和喧闹的杜灵顿垣墙隔开了。

在新石器时代早期的美好旧时光里，把死人关在一个地方是令人不可忍受的种族隔离。他们知道活人和死人彼此需要。正如我们所看到的，死者的尸骨到处都是，死者的声音参与了每一次谈话，死者经常在重要的决定中拥有决定性的一票。除非你能闻到煤焦油肥皂的气味，或者在余光中看到一个狩猎采集者和他的儿子，否则这个世界就不能正常运转。

第二，是时间线本身，这是在新石器时代晚期人们绘制谱系的过程中画出来的。如果你声称拥有一块土地是因为你的祖先耕种过它，你就能确保与过去建立起直接的、**线性**的关系。人们在巨石阵的祭祖仪式中庆祝这些关系。

这是一种看待时间的全新方式。过去的时间是循环的。季节来了又去，去了又来，祖先们总是在那里帮助你度过四季。它使人们从前无法想象**发展**概念得以产生，而这一概念又进而促成了对地位和贬损的全新崇拜。

汤姆和我没有手表，没有时钟，没有目的，没有计划，没有地图，就这样在西班牙萨拉内瓦达山脉一座炎热的小山上漫步，非洲热土和炖菜的味道从镜面一般的海那边飘进我们的鼻子里，提醒我们人类真正的来处。有时风旋转起来，羊铃铛便搅乱了幻境，但大体上，鹰在视野的边缘，遥远的海湾轰轰作响，岩屑是从 4 万年前的斜坡上被冲刷下来的，上一次打扰它们的可能是一群尼安德特猎人的大脚，也可能是上周三赶着回家看曼联比赛的牧羊人。

这上面第一片也是唯一一片野地是属于死者的，就像新石器时代英格兰古老的、布满骨头的堤道围场一样，不属于任何一个活人。因此，它们是中立的、安全的场所，用于谈判和节庆。[32] 死亡同等对待我们所有人。这一事实应该改变我们的政治，事实上，在一段时间内，它决定了新石器时代的政治形态。正如我们所有人都会发现的那样，死者会发现地位和财产是荒唐的。在死者的地盘上，生者必须遵守死者的平等规则。堤道围场和类似的尸骨存放场所很可能确实被用于公共审议和纠纷调解。这是优秀的实用心理学。在墓地里，我们都会表现得更好；我们感到被祖先审视和评判，而人类野心中的虚荣是不可避免的。集体墓地是举行议会或国际首脑会议的唯一合适场所。

这里很高，空气稀薄。汤姆能比我更轻松地探索这里。他像脱缰的狗一样，走了我的 5 倍远。他在带尖刺的蜡叶灌木丛里搜寻蚱蜢，把水倒进一只乌鸦的头骨以测量它大脑的大小，用一只甲虫闪亮的黑色背部作为反射镜，让光点慢慢移上一根橡树枝，朝一个洞里吹口哨,希望蛇会回以口哨。

但是今晚我们会回到一个刷成白色的山村里,天主教徒在这里野蛮地驱逐了高沼地,我们将吃着从挂在天花板下的风干猪腿上切下来的肉片,坐在被石墙约束的火堆旁边,被迫通过一根上下贯通的砖砌气管呼吸。

"啦哩哩哩,哩哩。"

夏

家畜的驯养和畜群的繁殖,开发出前所未有的财富的来源,并创造了全新的社会关系。[1]

——弗里德里希·恩格斯(Friedrich Engels),《家庭、私有制和国家的起源》

想象一下你找到了一头漂亮的幼狼。

孩子们喜欢她,所以你决定留下她。

你意识到,如果她长到正常大小,她就太大了,不适合住在房子里,她还需要走很长的、令人疲惫的路,这是你永远做不到的。最显而易见的解决办法就是让她挨饿,让她发育不良,然后打断她的腿。

这样做效果很好。腿愈合成一个有趣的弓形。这使你又有了另

---

[1] 译文引自《马克思主义经典作家民族问题文选·马克思恩格斯卷(下册)》(社会科学文献出版社,2016)。——编者注

一个主意。

在她还是幼崽时,她的鼻子是短而可爱的,但现在变长了。现在她的脸看起来相当有狼的样子,有点邪恶。所以你把她带到车库,把音乐开大,盖过她的哀嚎,拿起一把羊角锤,把她的脸砸平了。

有很多血,有很多麻烦,但伤口很快愈合了,结果很棒。她有了一张非常迷人的扁脸。当然,她不能很好地呼吸。她喘不上气,但你习惯了,而且这是有好处的。这意味着她不想走得太远或太快。

当然,你拥有的是一条哈巴狗。一个沉闷的夏日午后,X和他儿子跟在我和汤姆后面走在牛津的纤道上,他们看到了一条哈巴狗。我想他们会用燧石尖矛扎穿狗主人的巴伯尔(Barbour)风雨衣。他们不明白,那骨骼和脸部骨折是遗传的,而狗主人的罪责,哦,它归咎于集体。

我也承担着这种罪责。我不吃许多动物,我尽可能只吃生前快乐的动物,但我漫不经心,在过去几个月里,我无疑吃了一只鸡,它的胸肌如此巨大,腿却如此瘦弱,以至于它站不起来(倒也不是说它能站起来就有地方可以走动);我还吃了一头比利时蓝牛的牛肉,基因突变导致它的肌肉纤维大量增殖,因此很难挤出臀部巨大的小牛犊[2](通常需要剖腹产);还有羊肉,这只羊羔本应完全占有它母亲的子宫,但由于利润的关系,它不得不和另外两只羊羔共享子宫,这在分娩时给它母亲造成了很多痛苦,无疑也造成了胎儿的创伤。[3]

我还喝过牛奶。一头现代奶牛用传统挤奶装置一天可以生产30升牛奶，含有4%的脂肪、3.2%的蛋白质和4.8%的乳糖。[4]也就是1.2公斤脂肪、1公斤蛋白质、1.5公斤乳糖。你根本无法从青草中或者从任何以正常速度正常进食的奶牛身上榨取这么多。你喂给奶牛的食物必须更迅速地发酵，更快速地通过瘤胃，为下一口饲料留出空间。这是有代价的：这样的奶牛患瘤胃酸中毒、跛足、生育能力下降和免疫力下降的风险更高。她多产的一生始终在疯狂地新陈代谢。我们喝的无味牛奶更像是一种饮食上的负担，而不是恩典，另外我们还得到了危及生命的抗生素耐药性以及被粪浆污染的河水。

控制、设计、傲慢，以及隐秘而持续累积的代价。这种代价直到今天还在不断累积。这就是新石器时代。

不过，各地仍有许多新石器时代**早期**的农民。他们的占统治地位的死者遍布四处——不仅仅是在当地的家族墓地下——责令他们承担伦理责任。他们对过去负有责任：对他们所得到的遗产负有责任。他们说，他们的责任面向每个人，而不单单是自己的基因继承者：不单单是那些最终会进入同一墓地的人。他们在世界上游荡，即使不体现在实际行动上，也要象征性地这么做，只是他们晚上就会回到直线形农舍里（它们无意延伸）。如果问他们是什么，他们会说他们是一个生态系统的一部分——这种生态系统不只关系到堆肥、动物与人类粪便回收、无脊椎动物保护、蝙蝠巢箱的安装和羊的微笑，同时也关系到小学筹款问答、合作运营本地书店和咖啡厅，以及为精神病患者做晚餐。

但他们是濒危物种。新石器时代晚期正将他们驱逐出产业领域。

我去见了一位新石器时代晚期的农民。我叫他贾尔斯。他是我朋友的朋友的朋友，当我到达他位于林肯郡的广阔农场时，他平静又谨慎地迎接了我。农场中嗡嗡作响的是马达，而不是蜜蜂。他轻柔地和我握手，这是这里唯一轻柔的事。他穿着整洁，衬衫白得耀眼，裤子是玉米色的。

他把我领进农场办公室，里头挂满了镶框证书和机器照片，他挥手请我坐到椅子上。

"那么，你想知道什么呢？尽管问吧。"

我真正想知道的知识不是那种可以问出来的，于是我含糊地说，我感兴趣的是农场的一些基本信息：他们产量多少，他们的挑战和抱负是什么，以及他们做如今这些事的出发点是什么（这最后一个问题更为大胆）。他听了这话很放松。这种情况他可以应对自如。

"小麦，"他说，"我们种小麦。巨大的成功。1 500英亩。一切操作都非常科学。去年我们每公顷收获了13吨，相当于每英亩5.25吨的实际收入。我是一个每平方米有700穗小麦的人，这还算不错，虽然这话只是我自己说的。我们的出发点是什么？世界需要有人养活，不是吗？有45亿人每天吃小麦。我们在尽自己的一份力。"

"那么,"我望着窗外像烤饼一样平坦的田野,问道,"你掌控着你所有的田地吗?"

"是的,"他怡然答道,向后靠在椅子上,和我一起望着风景,"的确如此。"

他开着一辆装配有可加热皮座椅的崭新汽车,载着我在农场里兜了一圈。

当我评论座椅时,他说:"我不会为此道歉的,当你在户外谋生时,舒适感很重要。我对我的小伙子们也是这样的。只给他们最好的。他们的驾驶室里也有娱乐,那是能用钱买到的最好的系统。在外面做事会很乏味的。"

我问他有多少工人。

"两个,"他说,"而且他们也是一流的。"

两个人在 1 500 英亩的土地上。人口密度与上一个冰河时代也没有太大的区别。

兜风花了点时间。每一片田地在我眼里都是一模一样的:正在成熟的小麦,每根麦秆都一样高,每簇麦穗都沉甸甸地带着利润。但它们对贾尔斯来说却不一样。那一片植株不太一样,它们需要的氮比邻居少一点点。

"我们在土壤测试上花了几千块钱。必须把它做好。"

我听说过东部土地的贫瘠。在过去,庄稼轮作、休耕期(古老的禧年[1]思想的一种变体，旨在让土地与其居民偶尔可以休养生息5)、食草动物的粪便可以使土地保持良好的状态——这至少意味着充满活力的微生物学，以及可以防止它们被冲进或吹进北海的土壤质地。而如今，据说那里已经没有多少收成了。

"胡说，"贾尔斯说，"危言耸听的自由主义废话。我的孙子和曾孙都将在这里务农，并且靠它过上好日子。你用不着担心。"他在自动变速器那一侧意味深长地看着我。"上帝不会放弃这块土地，也不会放弃我的家人。他给了我们这片土地的统治权，他不会撤回委任。我们一直照料着这片土地，他也会照看着它，并照看着我们。"

原来贾尔斯是一位保守老派的福音派基督徒。当地的圣公会就像绿色运动一样，因过于自由而令人无法忍受。"他们弱化了罪孽。他们不告诉我们真实的自己是什么。而且，"他高高兴兴地说，"恐怕大多数人都注定要受到永恒的折磨。"6 他的儿子们现在正在寄宿学校上学，他们和他一样有着坚定的信念，他对此很高兴——也正因此，他可以如此自信地认为上帝世世代代都将在他的资产负债表上微笑。显然，他们这一年最精彩的活动是参加了一个为其他寄宿学校学生举办的基督教夏令营。他们在那里受到教导，说人性本

---

[1] 根据耶和华通过摩西赐下的律法，每七个安息年，也就是七七四十九年之后，第五十年为禧年（Jubilee），是宣告自由之年。"这年不可耕种，地中自长的不可收割，没有修理的葡萄树也不可摘取葡萄。"见《圣经·旧约·利未记》（25: 8—22）。——编者注

恶,传福音比善良更重要。

这恐怕是我的愤世嫉俗之词,它们来自我离开时贾尔斯塞到我手里的一张传单,此外还有一份关于粮食价格波动的简报。

我认识的大多数农民——无论是新石器时代早期还是晚期的——都很虔诚,而那些最大声坚称他们不虔诚的人,也是那些最大声坚称他们是"灵性的"的人。新石器时代的农民当然是有宗教信仰的,同时也追求灵性——如果两者有区别的话。[7]我曾说过,新石器时代的宗教源于农民的需要,他们需要洗去手上那些有灵魂的非人类表亲的血。一旦新石器时代的宗教被激发,它的火焰就会被可怕的偶发事件煽得更旺。

狩猎采集者的生活相对安全。如果驯鹿没有来,狩猎采集群组可以搬到其他地方以鲑鱼为生。但农业改变了一切:它把所有的鸡蛋都放在一个篮子里。如果粮食没了,那就完了。

对于狩猎采集者来说,有更多的偶发事件,但没有一个能危及生命。更重要的是,他们可以直接与偶发事件协商:他们可以求驯鹿回来,或是求闪电延迟。农民的偶发事件则相对较少:他们需要阳光、雨水,需要丰收时没有雨水,需要没有疾病,但任何一个元素都可以消灭他们。他们该向谁祈求呢?只能是一个或多个神,神——不在可见的世界里——发送或保留所有必要的祝福。一旦祈祷的方向被确立为垂直的祭司等级制度,代祷的自由流畅就不可避免地受到约束,人的社会地位和权力开始对应于人和祭司的关系。[8]

对于今天的许多农民来说,情况并没有太大的不同。梅格说得对：农民一直生活在有可能发生可怕事件的阴影下。对我们大多数人来说，那黑暗的阴影意味着永久且病态的忧怖。天气预报可能意味着毁灭，而不仅仅是湿漉漉地走到巴士上。如果一个穿西装的人在白厅度过了倒霉的一天，或者一个超市采购员认为欧防风长得不对称，他们可能会失去他们的市场和房子。

在星期天早晨，那个穿粗花呢西装的红脸农民在递上奉献盘的时候，祈祷得比我们其他人恳切得多。他必须如此。如果你是某块土地的奴隶，你同时也得成为神的奴隶。

规则看来是这样的：

少数但严重的偶发事件 + 洞察力 = 天神

许多但可协商的偶发事件 + 洞察力 = 万物有灵论或类似的东西

少数但严重的偶发事件或许多且严重的偶发事件 + 没有洞察力或 [洞见 + 巨大的勇气]= 现代人道主义

我仰躺在长满高高的草的草地上。不只是一种草，而是一大片杂草地，因为这里有很多种草，间中也有很多不是草的植物种类——总共大概有 150 种草和花 [9]，缠绕、蔓延、多刺，每一种植物的顶端都在海上吹来的微风中随着不同的音调摆动。我至少能默数出 8 种昆虫，还有其他几十种正在让我头部周围的空气有节奏地振动。我对鸟鸣声一窍不通，但就算如此，我也能辨认出 15 种左右。

在威尔士的冬天，弗兰曾试图让我相信新石器时代的清除作业增加了生物多样性。我半信半疑。茂密的树林覆盖了中石器时代的不列颠，而密林的地面通常是相当贫瘠的，因为很少有阳光能照射到它。我可以理解，通过砍伐或焚烧让光线照入，能创造出其他的生态位。

这片草地属于我朋友柯丝蒂在约克郡的农场，它优美地证明了弗兰的观点。它也优美地说明了新石器时代所引领的方向才是真正的问题。如果我爬到隔壁农场的栅栏上，我就会听到它引领的方向。或者更确切地说，我听不到。那里一片寂静。它的平静很彻底：那是坟墓里的平静，因为它就是坟墓。昆虫中毒了。鸟儿也没有可吃的。唯一的作物是被除草剂和杀虫剂喷洒过的小麦。

当人类刚开始管理土地时，就播下了传统草地的种子，改善了自然界。生物多样性是衡量生态健康的一个很好的标准，在一段时间内，人类运用这个标准使世界更加健康。我们只是永远不知道应该在什么时候停下来。也许新石器时代综合症的一部分就是我们没有这个能力。

另一个重要的问题是，我们为什么开始。我们注意到，狩猎采集者不愿意放弃自己的生活方式去从事农业。他们为什么不干脆拒绝，继续他们的生活呢？我提到了北美的狩猎采集者社群，他们在政治和社会体系中周期性地循环，知道政府和权能是什么味道。为什么他们不选择自由和免税？[10]

一定有很多原因。在杰里科周围定居的纳图夫人在经历了前几年的创伤后，想要切实地在这里扎根，这很容易理解。那些年月并不令人愉快，也不是狩猎采集生活方式的范例，但它们已经持续了很长时间，足以令旧生活的记忆逐渐褪色。新仙女木时期的异常环境玷污了狩猎和采集的名声，使它们在近东的民间传说中变味，并给定居生活蒙上了一层本不该有的光环。

我认识一个十几岁就来到英国的印度老人。在印巴分治骚乱中，他在旁遮普的家被暴徒烧毁。为了表达对英国的感激，他表现得比英国人更像英国人。我从没见过他不穿深色西装或粗花呢夹克的时候。他不穿舒适的无领衬衫，反而总是戴着上浆衣领和**仿军服**式领带。他本可以读《奥义书》，但他偏要读《泰晤士报》上那些自鸣得意、沉闷乏味的领导人写的东西。他吃的是炸鱼和薯条，而不是他年轻时吃的美味的素食咖喱，最终死于心脏病发作。当他凝望约克郡的细雨时，他看到的只有阳光。他从不放过任何一个把印度文化贬为"原始"的机会，他赞扬英国人的礼貌，对邻居们无情的居高临下和种族主义充耳不闻。他永远都不会回印度去。过了一段时间后，他也**无法**回去了。他是杰里科早期永久定居者的范本。

我的父母在第二次世界大战期间长大，当时食物很匮乏。战后，污秽但新奇的食物变得唾手可得：都是些本该让我们作呕的加工食品。尽管新的富足是有害的，但他们对它如此感激，以至于余生中都对加工食品上瘾，对它们的偏爱胜过了新鲜的食物。他们也是约旦河谷早期永久定居者的范本。

所有这些并不是要对我的父母、那个印度老人或那些早期的近东农民做出任何评判。他们的个人选择不仅是可以理解的，而且是合理的。换了我肯定也会那么做。新石器时代的革命在我们所有人心中无休止地持续着。

一旦第一代人被限定，一切便覆水难收。要当一名狩猎采集者，你需要一系列极其广泛的技能，远超出一个农民对技能的需求，就好比当一个农民所需的技能远超出在装配线上给每辆车拧相同的螺丝一样。狩猎采集者所必需的技能很快就遗失了，遑论繁荣发展。

农民的繁殖速度很快：狩猎采集者在人口统计学上处于劣势，他们赖以生存的物种被杀死，以缓解由谷物和山羊组成的食谱的乏味。[11] 农民们可以开始为全人类而不仅仅是他们自己制定规则。一个以前是觅食者的现代非洲族群解释说，他们违背自己的意愿，转而进行畜牧业，是因为牲畜已成为该地区的标准货币。聘礼只能用牲畜来支付。没有牲畜，就没有女人，就没有未来。[12] 定居生活一开始就是这样运作的。约旦河谷的狩猎采集者身不由己。

这些都是你可以在考古学和人类学书籍中看到的东西，但还有别的事情在发生。我们很快失去的不仅是获得自由的能力，还有对自由的渴望。这种渴望今天几乎完全消失了。如果让我们在有固定收入、有空调的奴隶制度和快乐、身无分文、住在棚屋里的无政府状态之间做出选择，几乎所有人都会毫不犹豫地选择奴隶制度。

在某种程度上，我们知道这是一个糟糕的选择，我们讨厌别人提起这个选择。该隐非但知道他没有亚伯快乐，还知道亚伯比他优越。当亚伯牵着他的狼，在该隐去办公室的路上跳舞时，该隐感觉到了亚伯天生的贵族气质,这让他生气。因此该隐试图摧毁亚伯,把他和他的家人赶进集中营,要求他有身份证和护照,以阻止他过上该隐所恐惧且嫉妒的流浪生活,并在占领示威时向他发射催泪瓦斯。

象征统领了我们。我们至死都在象征自己,废除了所有真实的东西,只重视我们为真实所创造的表征。这个终末阶段在新石器时代之后很久出现,在这本书的最后一部分,我们将参观牛津大学,与那些每天花很多时间假装表征就是真实,或者胜过真实的人一起吃饭、喝饮料、交谈。在新石器时代,情况远没有这么糟。尽管如此,羊也不再完全是羊,它变成了一顿饭、一笔利润、一个管理问题或者一个自我庆祝的理由——所有这些,不管它们有什么优点,都不是羊。

当然,我觉得我免疫了。

我不是农民,但多年来我一直参与农业,现在我还插手了各种社区农业项目。一个是城市农场,有羊、鸡,有时有猪,还有很多植物。另一个是种蔬菜的地方,它在某个古老又优质的托尔斯泰式公社里,我们让每个人自行判定当天下午的汗水值多少南瓜、西葫芦、豌豆或土豆。还有一个是农场,坐落在牛头怪轰鸣的环城公路上方,俯瞰着正在做白日梦的高楼尖塔,那些地方孵化出了所有惊天撼地、否认大地的抽象事物。我们在那里养了很多最后会被做成汉堡的牛,还有一些山羊。因为我们喜欢山羊。我偶尔会在这些地方里挑一头去,听听羊的心跳,收拾一只脚,拧断一只鸟的脖子,挖土豆,修补塑料大棚,缝合伤口,宣判死刑,喝茶。

现在我在高处的养牛场里。正值盛夏,草长得很高。每天,牛群都被转移到一片新的牧草上,而电动围栏也会被移过来封住新牧场。我今天的工作是用我的镰刀为围栏割出一条新的通道,这样草就不会碰到电线,导致漏电。

这是一个非常符合新石器时代风格的工作。用于割草(谷物当然就是草)的镰刀是新石器时代经典的关键性工具,这项工作的要点是控制另一个物种的生存空间,而我通过在一个野性环境中画出一条静止的直线来控制它,然后再用科技阻止其他物种占据它自己选择的世界,它只能占据我为它选择的世界。

我喜欢做这件事。这是最愉悦的感官享受之一。首先,我把大镰刀从它的帆布刀鞘里拔出来,用我的拇指试试刀刃。我在磨刀石的皮套里灌满水,把它挂在腰带上,然后在里面把磨刀石蘸了蘸。我在刀刃上上下下划着磨刀石。"唏!唏!唏!"这是我人生中最神气活现的举动。海盗就是这样开始他们的一天的。

接下来,我在脑海中画出那条线。今天我要从田野边上的黑莓树丛开始,径直到山楂树那里。这会儿是下午三点左右,天气炎热,万里无云,我穿着T恤和短裤。最好是在清晨割草,那时草上还沾着露水,但今天我安排不了。我有一大壶苹果酒,我还没开始工作就在喝它了。我出汗的速度比喝苹果酒的速度快。英国西南部的采收者过去接受用苹果酒代替一部分报酬,[13]萨默塞特郡的一位苹果酒制造商称它为"农业润滑剂"[14]。

我拿起镰刀。英国的笨重大镰刀会磨掉你手上的皮,让你的椎间盘像水果机里的硬币一样弹出来。我这把镰刀与英国镰刀不同,它很轻,能完美地实现平衡,我用起来如臂使指。它是奥地利产的,专为在高山牧场上边听牛铃声边割草而设计。它承担了大部分工作,我只需要把它挥过地面,像坦克炮塔一样转动我的上半身躯干,用右臂轻压。习惯了以后,你可以工作一整天。用镰刀割草通常被视为轻松的工作——适合妇女、儿童和老人。如果你擅长,速度还能很快。一把好用的镰刀在任何时候都胜过一台汽油驱动的草坪修剪器。

我看着将被我第一刀割下的草。出于长久以来痛苦的习惯,我想知道,它们为什么今天会被选中,接着我意识到了一个答案——无论它多么不完整——那就是,因为这是**我**决定的。

你永远不知道草地会变成什么样。我昨天差不多在同一时间割出了一条线,但今天可能完全不同。我深吸一口气,开始向山上挥舞镰刀。"嗖!嗖!嗖!"碳钢刀刃如一弯新月,切入贴近地面的苍白而柔软的下腹,草茎倒了下来,这景象是很美的。今天我还能感觉到茎秆中硅的嘎吱声和噼啪声,昨天割的是药蜀葵。

我正在驱逐成千上万的昆虫。当一只兔子从我腿间跑过时,我会中断节奏,停下来喝苹果酒,但没有别的事能阻止我。向草猛挥时呼气,收刀时吸气:"嗖!嗖!嗖!"呼吸,苹果酒,太阳和草汁都在起作用,我能一直这么干下去,永不停止,我的靴子是绿色的,成了田地的一部分,X 的头隐现在山楂树那一边,他暗示地朝苹果酒的罐子点头。"来一口!"我朝他喊,他便穿过草地,用他褐色的、被烟熏红了的眼睛认真盯着我,露出牙向我打招呼,于是我能看见他齿缝中拖出的肉丝,他带着口臭喝了一大口,然后又喝了一大口。

我爸爸在山顶上向我挥手。他像往常一样坐在一根圆木上。他穿着在贝克韦尔镇的布罗克赫斯特商店买的裤子,还有他想送给我的那双硬梆梆的旧靴子,以及一件格子衬衫,出于某种原因,那衬衫是用煤焦油肥皂洗的。现在我知道他在这里了,他便把目光移向远方,像往常一样试图理解远方是如何与此时此地联系起来的。我希望他下来喝点苹果酒。他会弄清楚 X 是谁,问他一连串的问题,就像他经常连珠炮似的提问参加派对的朋友或搭便车坐在后座的人那样。他几分钟就能把每个人的生平问得清清楚楚,孩子们离开时觉得他真的很奇怪,大人们离开时觉得自己很重要。

"嗖!嗖!"我身上涌出的汗水要把蝇虫淹死了。它们轻踢的腿在我身上微微颤动。再来些苹果酒,也给 X 来一些,但我父亲肯定在山顶上面找到了微风,他在自己的超然中如同奥林匹斯山上的神一般——如果有哪位神戴过宽边花呢毡帽的话。

割下来的草码得整整齐齐。在田地下方,它们已经在变成干草,而被驱逐者也已经有了新的群落。不过,在我左边的草不会太安逸。明天这个时候它们就会在瘤胃里发酵了。在我右边的草,它们在围栏安全的那一侧,还要等一段时间才会被吃掉。

"嗖！嗖！唰！唰！"快到了。X回到了山楂树那边，树上停满了麻雀，在他周围挤来挤去。

再来五下："嗖！嗖！嗖！嗖！嗖！"然后我仰面躺到了地上，一片草地大教堂的凹槽柱越过我直指蓝天，一只食腐乌鸦在想我是不是就要死了，而刚刚抵达的孩子们大喊着"爸爸！爸爸！"

他们都来了。汤姆如往常一样游离在外：四处张望，翻石头，攀到树上，到处晃荡。每个正派的警官看到他的行动方式，都会用手铐把他铐起来，因他行为可疑而将他送回警局。现在他正低头看着山楂树，疑惑为什么突然有那么多麻雀在那里。

我的父亲惆怅又慈祥地看了看他们所有的人，而后发现他们吵闹得连他那相当聋的耳朵都受不了，便缓慢又小心地下山去检查一个水槽了。

尽管有X的帮忙，苹果酒还是剩了很多，而且这气温得过一阵子才会消退。"我们今晚就待在这儿吧。"我建议道。好啊，为什么不呢，他们一致赞成，不过前提是要生火，而且稍后要有睡袋送到。

所以我们就干了这些事：用棍子戳在腰子上，把血管戳出来；眼睛像车前灯一样的母牛在栅栏允许的范围内尽量靠近火堆；孩子们自相残杀的新计划被搁置了，因为他们无法越过火焰去对付对方；一只狐狸凑过来看了看；乔尼在树篱里吐了；蕾切尔神秘兮兮的，从火中扯出尖叫的叶子；杰米一副痴迷又高深莫测的样子；汤姆第一次站在一切中央，把木棍烧黑好用来戳人。

当火势减弱时，他们抬起头来，他们心里越害怕，就给越多的东西起名字。他们不知道许多星座的真名，所以就自己编了：青蛙、树、鱼、鸟、刺猬、花、鹿。都是生物，夜空中显然没有鞋子或拖拉机。并且它们都是由故事联系起来的：鸟儿捉鱼，鹿吃花，刺猬和青蛙一起跳舞。然后我以教育的名义破坏了这一切，我说，在那里，就在树梢的上方，是银河系，它是我们的家，它有5 000亿颗星星（我用木炭把数字500 000 000 000写在一根圆木上），我认为那片朦胧光晕是仙女座，它是除银河外我们唯一可以用肉眼看到的星系，它有10 000亿颗恒星，离我们有200万光年，所以蕾切尔，那是你能看到的最古老的光：在你的祖先——即匠人（Homo ergaster）——第一次在非洲的灌木林中潜行之前，它便开始了向这个农场而来的旅程。然后我迈开大步，开始充满诗意地讲述整个太阳系将被贪婪的黑洞吞噬，电子像跳蚤一样在能级间跳跃，还有绵延数百万英里的气丝，像被抛弃的新娘撕破的面纱一样飘进天空，而垂死恒星的心脏在星体被压碎后仍在继续搏动，将光线推入黑暗，能量悄然膨胀，在星系间翻涌。但他们都打断了我，回头继续摇晃药蜀葵，在他们的长筒靴上烧洞。

"150亿年前，一切都不存在。"[15]物理学家切特·雷莫（Chet Raymo）写道，"后来上帝笑了。无限致密、无限高温的能量种子，从虚空中涌现出来，向着无边的空间中扩散，最终漂流蜕变成物质。根据当下的宇宙学思想，这创世的第一声笑，只持续了十亿分之一的十亿分之一的十亿分之一秒。笑声结束，宇宙开始如闸门中涌出的奔腾洪水般不肯停歇地运转下去。"

这不是一个糟糕的神话，但我听过更好的，当然也听过更有用的。X 和他的儿子（现在也到了）以及我父亲（仍然坐在圆木上）现在大概可以给出最佳版本。

我想象着新石器时代的人给星星命名的事。责备他们是不仁慈的。如果犹太教和基督教的故事是正确的，他们被告知要给所有的动物命名，就他们所知的而言——以及就我们所知的而言——星座就是动物。[16] 我也不怪我的孩子们在恐惧中试图给星星命名。名字比数字好。名字至少意味着关系。我们可以和青蛙、星星、刺猬和旋涡星云建立关系。而我写在日志上的数字毫无意义。

明天是夏至。它对新石器时代的人来说是一个至关重要的时刻，我们会纪念它，像我的许多朋友期望的那样：去一些立石那里，用我们在易趣网上买的皮碗喝过量的黑莓酒，用我们的口哨声、小提琴和曼陀林演奏一些中世纪的音乐，并试着感受自己被埋进了倾斜的土地里。[17] 它总是产生完全相反的效果。我觉得自己和西蒙·考威尔[1]的关系，比和长冢里那些头骨原主人的关系更密切，我迫不及待地想回家，回到油管网站上。

这是值得了解的事，因为我一开始认为新石器时代是可以理解的。它之所以不可理解，不仅是因为没有什么是可以理解的，还因

---

[1] 西蒙·考威尔（Simon Cowell）是美国偶像节目的前评委，被称为"选秀之父"。——译者注

为过去一万年左右的时间对我造成了可怕的影响，尽管许多现代思维模式都是在那时形成的。在那个时代，他们觉得世界在他们的脚下摆动。我却不这么觉得。他们可以庆祝这是一年中最光明的一天；我却提醒自己，这一天意味着从现在起，光明将会退却。

哦，我们去看了立石，和很多穿扎染衣服的人一起站在雨中，我什么也没感觉到，什么也没发生，于是我回到家，决定一个星期里只吃粥和大饼。所以我就这么做了，这提醒了我，新石器时代的大部分用餐时间肯定都是非常无聊的。这种烹饪上的倦怠会传染你。我在西奈半岛和埃及白色沙漠里与贝都因人相处过很长一段时间：他们的饮食或多或少是新石器时代的风格——在一个倒置的锅上烤的大饼。它让我发疯。但至少他们还有橘子酱和金枪鱼罐头。

在我们作为一个物种的生涯中，我们吃过大约 80 000 种不同的动物和植物。[18] 然而，如今世界四分之三人口的主食只有三种：小麦、水稻和玉米。[19] 是我们自己选择了枯燥，还是枯燥被强加给了我们？两者皆是。有时我们是被迫的，有时不是。当然，随着等级制度的迅速发展和巩固——先是建立在亲缘关系上，获得占据统治地位的祖先不容置喙的许可，后来建立在政治世代而不是生物世代上——这些政权打消了选择的整个念头，而且这个过程往往是血腥的。一位满腔热情选择无花果而不是小麦的公民可能会决定选一位新统治者来管辖现任统治者。戴高乐问："你怎么能治理一个有 246 种奶酪的国家呢？"如果公民对奶酪的热情足够强烈，你就无法治理，因此所有现代极权主义者都讨厌小生产者，钟爱垄断。这一点从新石器时代晚期后就可以看出。今天，仅仅四家公司就控制了超过四分之三的世界谷物贸易，这正是我们的统治者所希望的。[20] 即使政客们没有被垄断企业收买，与少数人做生意也比与多数人做生意容易——如果你在学校里就与少数人的首席执行官们在一起，便更是如此。

新石器时代人口的增加达到了形成国家的临界数量。随着人口的激增，抽象思维和等级制度也随之发展。这三者趋势一致的原因很复杂，但这些趋势对新石器时代的普通人来说并不是好兆头。

人口和等级制度是有因果关系的，抽象和等级制度亦如此。在新石器时代的艺术中，抽象化明显在加快。伊比利亚和布列塔尼的新石器时代早期艺术是可以理解的：呈现为弓的弓就是弓。但随着新石器时代的发展，艺术变得越来越难以解释。换句话说，它变成了专家的领域，专家们掌握着那些可以揭示其中含义的秘密。艺术之中也存在"他们"和"我们"。有时候，艺术就是专门为了远离普罗大众而难以理解，但毫无疑问，也有一些真正的形而上学的进步，它们需要更复杂的阐述方式——因此也就需要解释。这一点加上不断增长的人口——他们中的大多数人都不是牧师或统治者——再加上知道当年庄稼若歉收自己的孩子便会死去的恐惧，你就集齐了一个有毒的独裁政权所需的所有条件。

在这种情况下，你可以预见到暴力也会增加——无论是在社群成员之间还是社群之间。如果你的作物歉收，而隔壁的村庄却没有，你自然会拿起长矛和麻袋，向隔壁进军。

大家一致认为，事实就是如此。不过有一位备受瞩目的反对者史蒂芬·平克（Steven Pinker），他坚信事态正在逐渐好转（我们将在本书的最后部分再次讨论这个观点），因此，新石器时代的暴力少于旧石器时代晚期。对他来说，人类的堕落是一种向上的堕落。

他说，在定居社会出现之前，狩猎采集者杀死了15%的人口，但当我们定居下来后，我们变得不那么嗜杀了。[21] 这个论点所依据的考古证据非常薄弱。的确，旧石器时代晚期的狩猎采集者骨骼损伤的发生率很高，但并不能肯定大多数损伤是人类造成的。还有许多其他更有可能的加害者，比如摔跤和原牛角。为了反驳狩猎采集者相对和平的正统观点，他引用了暴力狩猎采集者的例子。从现代狩猎采集者的行为去推断史前时期的做法是不可靠的，而且在他所依仗的例子中，这些狩猎采集者的整个社会学、经济学和心理学结构都被国家破坏了。[22]

平克还指出，在黑猩猩和倭黑猩猩中存在着可怕的种内暴力。他显然认为，我们离它们越远，就可以预期我们变得越和平。这是一个奇怪的论点。当我们在旧石器时代晚期变得行为现代化时，就基本生理和心理体系来说，当时的我们和现在的我们距离黑猩猩都一样遥远。在随后一千年里发生变化的是环境，是令我们残余的暴力倾向得以实现的环境。在旧石器时代晚期，就像在后来的大多数狩猎采集社群里一样，人们很少有理由（因为当时人少得多）去参与试图杀害人类同胞的行动，这种行动代价高昂且危险。有大片的陆地可供利用，海里有很多鱼，苔原上有很多驯鹿。如果有人惹恼了你，最简单的方法就是走开。与后来不同的是，那时要走开是很容易的。

新石器时代的日益抽象也是这个等式的一部分。杀死一个真实的人比杀死一个概念上的人更困难。所有凶残的独裁者都知道这一点：把摩西·科恩（Moshe Cohen）和他的妻子汉娜（Hannah）说成普通的犹太人，或者说成"寄生虫"（这更好），或者把他们的脸变形成卡通的闪米特人鼻子，那么让暴徒烧了他们的房子就容易多了。如果事实表明抽象的"谋取利益的避难者"实际上是阿卜杜勒·穆罕默德（Abdul Mohammed），他是慈爱的父亲，忠诚的儿子，喜欢下棋和弹尤克里里，那么要把他捆起来拖上飞往叙利亚的飞机就会困难得多。

人口数量也起到了作用：个体数量太多就会难以看清。同样的效应也在指数级增长的人类商品化中发挥作用。随着利润变得越来越重要，衡量个体价值的标准也越来越变成他们能做什么，而不是他们是谁。如果他们做不到，哦……那就是个老调重弹的新故事了。[23]

随着人口增长，社会变得更加复杂，于是（人们认为）有必要进行监管。监管者和被监管者之间出现了分歧。如果由市场来完成所有监管，那么富人就会在顶层，穷人就会在底层。

关于古代暴力，当代人类学能提供的最有用的信息可能是关于从野生状态而异化的影响。哪怕我们住在曼哈顿，只吃用微波炉加热的塑料罐里的食物，我们依然是野生动物，但我们已经在某种有限的程度上习惯了铁窗之后的现代生活。然而，对于城市动物园的最初几代人来说，要在心理上接受这种生活是非常艰难的。在刚刚停止狩猎和采集的狩猎采集者中，精神疾病、自杀和暴力行为普遍存在。作家杰伊·格里菲思（Jay Griffiths）说："人类精神对野性有一种原始的忠诚。第一条戒律就是要忠于野性的天使。"当这条戒律被违背时，可怕的惩罚即刻就会到来。首先，它涉及流放至一个没有猎物、没有鱼、荒漠化的"思想荒原"，在那里，从前的猎人开始狩猎自己和其他人类。非洲、澳大利亚和北极的原住民对格里菲思说，解决暴力和其他妨害社会行为问题的唯一办法，是"土地"，他们的意思和民族主义者所说的截然相反：他们指的是所有野生人类（即**所有人类**）对整个野生地球的自然权利。[24]澳大利亚的雍古族人把土地称为"精神药物"，一位名叫吉米·埃科（Jimmy Echo）的因纽特音乐家告诉格里菲思，"暴力源于脱离大自然"。

我不需要书本或文章来告诉我这一点。我们的家庭生活就是一个长时间的证明。把孩子们带到一个绿色的地方，刀立刻就会入鞘，卑劣行为也会减少。这不仅仅是分散注意力或消耗精力的问题。在同样手足相残的兴奋状态下，带同样的孩子到室内娱乐场所，内战仍会继续。你会认为他们也许能被城市文明的限制所束缚——比如穿着制服的博物馆工作人员，或者我们当地希腊小酒馆里严肃的大胡子侍者——但根本不是那么回事。树木向他们提出了道德要求，这是警察永远做不到的。

有一个关键的腐蚀因素是新石器时代没有学到的——这个大规模的精神毁灭武器就是书面语言。书面语言巩固了王朝的统治：它把继承、债务和合法义务（有时是字面意义上的）写在石头上，允许它们战胜正义、仁慈和自然进化。它将抽象神化：是人类脱离自然有形世界的暂准令（我们将看到，启蒙运动就是终审判决）。把某个事物写下来，这会给它一种完全虚假的权威——一种凌驾于经验权威之上的权威。如果你的世界就存在于泥板上的字符中，那么你就不需要去树林中验证任何东西，树林不会有机会反驳什么。多么光荣啊！——写这些字符，创造整个世界的人，是你！[25]

最早的文字是苏美尔文。[26]它是象形文字，依然在谦恭地向人类大脑之外的世界致意，但很快，图形都被苏美尔楔形文字的**线条**取代[27]（是的，又是线条），人们手持人造铁笔将这些文字咄咄逼人地、贪婪地戳进天然黏土，美索不达米亚用这种文字在自己的想象中重塑了世界。纯粹的口语文化需要关系——讲述者和听者的关系，以及讲述者和故事源头的关系。为了收集故事，故事口述者必须去荒野中获取经验，调节耳朵去倾听荒野（在有兴致时）用来渲染故事的音色，请求故事源头允许自己采集这个故事，承诺不把它用在与源头意图相悖的方向，而后鞠着躬退出荒野。正如哈西德派从耶路撒冷的哭墙前退回，以便不怠慢位于那里的存在那样，他们在篝火旁如实讲述这个故事，并将听众捆绑在社会性死亡的痛苦上，继续讲述这个故事。

等到有了文字，事情就不同了：一个人坐在一个房间里，用他大脑里的思想制作着永恒的规则线条——除了大脑外，这些线条并不源自任何权威，它们约束着别人未来的行动和方向，就像围栏线条规定绵羊只能吃某一片草。列出一张债务清单或细化一个条约就是讲述一个故事，就好比在阐述某块岩石为什么是一只大蟾蜍的爪，又或是你父亲在身体被焚烧了很久以后，如何收集叶片护身符，用一个淤塞的烟斗抽烟，并持续留下一道煤焦油肥皂的蒸汽轨迹。

在书面语言逐渐扩张的霸权中，还有一个灾难性的重要阶段。它没有发生在新石器时代，但那时它的种子已经播下了。那就是字母文字——表音文字的出现。象形文字向非人类世界致意，依靠一棵树或一头牛的草图来传达意思。表音文字则切断了语言与自然界的联系和依赖，人类首次开始相信语言是人类独有的财产。在那之前——以及在整个新石器时代（哪怕我对它提出了各种各样的指责）——尽管非人类世界的口音对人类而言越来越难以听到，它的故事越来越被忽视、蔑视和排挤，但它仍在说话和倾听。直到字母表出现，人们才开始认为自然界是无声的。字母表出现之前的自然界唱过歌，写过诗，喃喃自语过，也宣判过。但随着字母表的出现，它安静了下来。于是你就可以对无声的野兽做任何你想做的事了，不是吗？[28]

我们又回到了威尔士，与伯特和梅格在一起。梅格说她原谅了我在春天时关于掌控的说教，但我不太有把握。不过这里一切都很愉快，和他们在一起时总是如此。我们一直在放羊，喂猪，摆弄水力发电涡轮机，在他们的河里游泳，寻找铁器时代祭司的骨骼，用龟的骨架做解剖学拼图，绘制獾的厕所地图，煮点水杨梅治疗孩子们的腹泻，再煮点款冬治疗某位邻居腿上的溃疡，现在我们回到屋里吃羊排和菠菜。（"这菠菜的含铁量肯定是有史以来最高的，"梅格说，"它是用我的经血施肥的。"）

伯特朝窗外看了看，"砰"的一声放下盘子，拉开门，蹿出去，沿着小路朝山谷跑去。我们追着他。

"开始了，"他喊道，"快！"

风从一棵橡树上吹起树叶，伯特正试图在树叶落地前抓住它们。他说，如果你能做到，那将给你带来非常好的运气。

乔尼拒绝参加这个游戏。他严肃地说："树叶本来就是要落的。是它们踏上地面的时候了。"

"啦哩哩哩，哩哩。"

秋

有一个财主田产丰盛,他自己心里思想说:"我的出产没有地方收藏,怎么办呢?"又说:"我要这么办——要把我的仓房拆了,另盖更大的,在那里好收藏我一切的粮食和财物。然后要对我的灵魂说,灵魂哪,你有许多财物积存,可作多年的费用,只管安安逸逸地吃喝快乐吧!"神却对他说:"无知的人哪!"[1]

——《路加福音》12: 16—20

我可爱的朋友利兹在一个可以看到外赫布里底群岛的小农场上培育土豆、绵羊、孩子、浮木雕塑和童话故事,她说:"今年,我们不会温和地走进那个良夜。我们会吵得天翻地覆,喝得酩酊大醉,吃下夏天给我们的馈赠,带着宿醉的头痛感激涕零地走进秋天。"

所以这就是我们做的事。我们全都挤进汽车,开向北方,旅程

---

[1] 本段译文引用自《圣经》简化字现代标点和合本,稍有改动。——译者注

中途歇在格拉斯哥附近的一家高速公路酒店，它为偷情的地砖推销员们提供特惠折扣，还有一台像旋转的刺猬般的擦鞋机。第二天午餐时分，我们下行进入小路，开始进入利兹的峡谷。蒙酒店的大桶西拉酒所赐，我们已经有了宿醉的头痛，不过接下来的一切都如承诺所言：一头在火上旋转的绵羊，从灌木篱墙上摘下的蔬菜，和着小提琴、手风琴和宝思兰鼓的音乐跳舞，曲与曲之间的空白由印度拉格（ragas）和鲸歌唱片填补，大桶的大黄酒，下流的和庄严的歌曲，在海里游泳降温准备迎接第二波喧闹，一只生气的乌鸦坐在树上抱怨我们的行为，还散播了关于海豚的谣言。

这很美妙。但是，亲爱的利兹，我有个问题。事情本不应该是这样的。黑暗渐渐渗入光明，光明并不会突然熄灭。分日和至日的整个概念取决于测量、计算和一种实际上并不存在的分割。浆果不会在秋天突然冒出来，取代你的镰刀割下的沉重谷穗。我们不应该去巨石前期待事情发生[1]：我们应该期待事情会随时发生。即使在苏格兰北部，黑暗也只是相对无光的时刻，而在深沉的黑暗中，最初从天空中以闪电的形式诞生的火焰，使白天也能持续燃烧。因为火来自天堂，我们可以说夏天的天空永远不会关闭：它只是迁移到了炉膛里。

你漂亮的绿色蛋糕代表夏天，上面盖着杏仁蛋白软糖，蛋糕被切成片，被隆重地吃掉。我明白这样做的原因，你是勇敢、善良、慷慨的，但无论是把它吃掉还是打碎，破坏美丽而昂贵的东西都让我不安地想起了新石器时代对陶器的破坏（现代希腊人摔盘子的传统具象化了这一点），那是为了显示财富和地位。

在狩猎采集的世界里，黑暗缓缓地侵入；任何一天都不比相邻的那天缩短或延长很多；每个季节都以许多不同的方式提供了足够的粮食，每天应该庆祝每天的**充足**，而不是庆祝装满谷仓。

在现代西方，我们有装满谷仓的庆典：丰收节。我们爱这些节日。感恩对我们来说是件好事，哪怕我们不能条理清晰地说出该感激谁。丰收节看起来很恰当。我不大确定。

"我们耕地，我们把好种子撒入田土里。"孩子们在探索时间里唱道。（好吧，不，他们没唱，但别在意这种细节。）这首赞美诗相当自鸣得意。**我们**做出了正确的农业选择，**我们**种下嫁接苗，所以这个冬天**我们**会吃得很饱，下周还要在村务大厅举行一个盛大的集会。

下一行歌词展现了一些谦卑：我们对上帝说，"但它由你全能之手浇培养侍"。但这观点站不住脚。上帝只是**我们**所构想的这个项目的一个合作伙伴，在传统经济中，他和他的牧师们可能有权从他的辛劳中分得一小部分——比如 10% 的什一税。我们也应该被表扬，因为我们支持正确的上帝，并且以一种明显有效的方式安抚了他。这很有新石器时代的风格，和旧石器时代截然不同。旧石器时代晚期的感谢是持续的、战栗的，直接指向那些交出自己的动植物。与新石器时代不同，他们无法转而向尘世的统治者表示阿谀奉承的谢意。这些统治者是上帝的代表，他们指示播种，你得依赖他们的善行，他们穿着最好的衣服坐在有垫子的教堂长椅上，带着慈祥的微笑,准备接受你们从教堂鱼贯而出时感激的致意。"

当我们拥抱告别时,利兹绽开笑容:"现在我们都可以在寒冷中快活地死去了。"

当阳光退去时,地球就像是死了一样。在过去的冬天里,我曾把手和耳朵贴在地上,试图让自己相信还有残余的脉搏,但我既没有感觉到,也没有听到,只觉得黑暗在我体内生长。

这是新石器时代的思想:没有太阳,就没有生命;地面上没有庄稼,就没有生命——因此,人们不顾一切地关注着冬至[2],到那时,太阳将再次开始站到**我们**这边。墙和栅栏属于一个二元世界,这样的二元世界对狩猎采集者来说是不可想象的,但从那时起我们大多数人就居住在其中:太阳/没有太阳,光明/黑暗,死/活,开/关,神/没有神,信徒/非信徒,黑人/白人,我们/他们,干净/不干净,盛宴/饥荒。[3] 然而,新石器时代还不像如今的我们走得这样远。它知道,在某种程度上,死亡是有创造力的。下一年的收成正在寒冷的黑暗中汇聚,冬天是有生气的。而我连这个都忘了。

那幢大房子前面有两组盘子形成的流水席。一组盘子上放着小小的开胃菜,上面点缀着烟熏鲑鱼,撒着鱼子酱。另一组盘子上放着从路边超市买来的腊肠卷。开胃菜被恭敬地提供给穿着红黑两色衣服的骑手们,腊肠卷则被粗暴地推给步行和开车的随从人员以及一脸褶皱的绿衣男人,后者开着四轮摩托跟在狩猎队后面,摩托车后的箱子里还装着㹴犬。骑手们用玻璃酒杯(猎狐犬主人用雕花玻璃杯)喝樱桃白兰地,步行的人则用纸杯喝美式料酒。

这是一年中最受欢迎的集会之一。从帕拉第奥式住宅的露台上,你可以看到数千英亩的土地,这种乡野景象会让移居海外的英国人泪眼汪汪:一片片翠绿的田野拼接成一大片毯子,其上放牧的牛正在被做成复古英伦式烤牛肉;黑刺李树篱给田野镶上了边;山顶的堡垒中还有残余的林地;一切都在起伏,温柔且低调。当然了,这一切都是在十八世纪从农民那里偷来的,致使廉价而绝望的劳动力涌入了城市。但我们还是不要用这样的想法破坏这阳光灿烂的一天吧。从踱步猎犬的胁腹,到股票经纪人妻子们穿着骑马裤的大腿,这一切当然是光彩夺目的。

大家都认为猎狐犬主人今天早上的状态极好。她在开曼群岛的一个税务律师的办公室里初试牛刀,牙尖嘴利地对付商业竞争对手和过分积极的收入核查员。而后她荣耀归来,前往伦敦和各郡以接管一位惊讶不已的鳏夫(一旦她将他相中,他就再没有机会了)、一栋新建的气味可疑的乡间别墅、一份她保险箱里使她免于被起诉的文件,还有 30 对血统可追溯至几百年前的猎狐犬。现在她坐在马鞍上,就像坐在会议室的椅子上一样,手里拿着杯子,感谢主人的热情好客,**单单**出于礼貌而讲了一些稚气的笑话,并祝每一位(除了狐狸,呵呵!)狩猎愉快。

那位小个子硬汉猎人一直在尽职地听着,他的眼睛在他的猎犬之间来回扫视着。他了解他们就像了解自己的孩子一样。达特的左后腿是不是要瘸了？钱特昨晚在狗屋里是不是吃了太多老牛肉？希望她今天别跑慢了。我们需要她的鼻子有这样的察觉能力：空气太干燥了，所以不舒服。他太专业了，一点也不愿意透露他对犬主的看法。在他之前，他父亲就是猎人。他还不会走路就会骑马了。他梦见狐狸，还有一个红发的狐媚妻子。只要猎得的死马够新鲜，她就用它们做汤。如果你问他是否喜欢狐狸，他会微笑着用手指拨弄下巴，说："嗯，这很复杂，真的。"事实上就是这样。

今天他要先去布兰迪树林，我们从阳台上可以看到那里。那里有很多狐狸，在山毛榉树根间挖洞。就是在这个地方，猎人的父亲领着猎犬去追一只灰色的大雄狐，骑马撞到了一根低矮的树枝上，折断了脖子。猎人尽量不让自己太感情用事，但当他进入布兰迪树林时，有人说他把牙咬得更紧了，更杀气腾腾了。

汤姆和我是步行去的，因为我们在不远处和一个朋友住了一晚，我觉得他应该看看打猎时的这一团混乱到底是在干什么。我们打算尽可能去追那些猎犬，然后可能再搭个运马的拖车回来。

猎人向犬主和主人举起帽子，吹响了号角。猎犬抬起头来，一想到要干活，他们就激动得发抖，沿着车道小跑着去追猎人。如往常一样，骑手们脱帽致意、收紧腹带、拉好缰绳，然后也纷纷喧闹地走了。

就在这时，在一张搁板桌旁边，我看到一只非常奇怪的胳膊，从落在最后的一匹马后面伸向一根腊肠卷。这只胳膊上覆盖着像赤鹿那样又长又粗的毛。末端的手几乎是黑色的,指甲咬得很短,还有液压虎钳般的力量,但它拿起腊肠卷的姿势却像进食的飞蛾一样轻巧。

现在马走开了,我看到了那张被腊肠卷填满的脸——因为那张嘴里已经塞了很多。这张脸就像手一样,非常黑。不过它几乎完全被挡在一片夹杂着灰白色的黑色胡子后面,一层层胡子被剪得高低不平;脸上方还有一顶圆帽,看上去是水獭皮做的,一直压到他眉毛上方,帽沿环绕着黑色的乌鸦羽毛。他的鼻子又直又长,还在滴水。在我的注视下,他又往嘴里塞进一根腊肠卷,用拇指压住一个鼻孔,用力清了清另一个,把鼻涕擤到了桌子上。还剩下一些开胃菜,他拿起一道,闻了闻,然后扔在地下踩碎了。他穿着一件垂到腰部以下的鹿皮大衣,腿上是一条薄马裤,也许是用某只死胎动物剃过毛、鞣过脑浆的皮做的。他穿着獾皮靴子,獾脸上的条纹一直延伸到他的脚趾。如果他大笑(我想他经常笑),那会是一种极其庄严的笑声。

他比我矮一个头,但他身上有一种力量,使他看上去像一棵高大宏伟的老橡树。这是一种向心力,把一切东西——眼神、桌子、想法和腊肠卷——都吸引向他。他就像个留着胡子的黑洞。因此,有一段时间,我没有注意到桌子旁有另一个人也穿着同样的皮制衣物,只是更年轻、更苍白,并且相当没精神。这个男孩对食物不感兴趣:他被我身后的东西迷住了。我尽力闭上眼睛,把头从他父亲的方向转开(我敢肯定那个留胡子的男人就是他父亲),然后转头去看是什么让这个儿子如此着迷。而在我身后的是汤姆,正盯着桌子看,好像要用眼睛在桌子上钻个洞。

"汤姆?"我说,"汤姆。你在看什么?"

汤姆像一条从池塘里出来的狗一样摇了摇头,飞快地看了我一眼,说:"没什么。"

好吧,随你高兴。

房子下面的田野里有一只猎犬在鸣咽,我能听到猎人在大声鼓励:"干得好,钱特,找到他,找到他。"其他的猎犬也了解钱特的鼻子,正往她周围集结。"就在那里,"猎人催促道,"那里。"接着,突然,在一声碎浪般的巨响中,它们直直往山上涌去。猎人的担忧放错了地方。它们追着一股浓烈的气味尖叫着,年轻猎犬超过了钱特,把她甩到了后面。这肯定不是一只觅食了一晚上的狐狸在大清早回家后留下的旧气味。这只狐狸肯定是在树篱下睡觉时被逮住的。是的!他就在那儿,离领头的猎犬还有一段距离,有力地奔跑着,尾巴拉得笔直,他对自己的速度充满信心,也不费心去耍弄聪明,只径直向布兰迪树林的老狐狸巢跑去。

"呜——呼——"猎人发出尖啸,"呜——呼——"猎犬知道这是什么意思,他们的速度和吠声都加倍了。在猎人的身后,场地负责人正在试图阻挡那些前冲的人。"请给猎犬一些空间。"他喊道。但没有用。马和人鼻孔喷张,帽子都被卡紧了,小酒瓶被抽了出来,好让人灌上最后一大口,昂贵而颤抖的四肢准备发力,马刺戳着马腹,马鞭拍打着后腿和臀部,然后他们出发了,泥浆溅满了他们的天鹅绒外套。

那位橡树人，嘴里塞满了东西，旋身面对这壮观的景象。他的胳膊垂到了身侧。他倾身向前注视，把帽子向后推了推，因为难以置信而拧着眉。他一拳打在男孩的肩膀上，用握紧的拳头向赛场示意。

狐狸仍然遥遥领先，但差距正在缩小。他的尾巴开始下垂，沾满泥土的腿变得沉重。

猎人远远落在领头的那批猎犬后面。一名驯狗员正在催促掉队的狗，"听着，向前，快向前——"一道高高的树篱已经把几名追随者甩飞出了他们的马脖子，摔进了英格兰中部的沃土中。在今晚莱斯特郡保守派的餐桌四周，完好无损的锁骨会比平常少一些。四轮摩托车轰鸣着沿一条小路直奔树林，它们的箱子在狂吠。

狐狸试图钻过一道树篱。他差一点就成功了，但树篱太密了。他沿着树篱底部的沟渠跑着，直到找到一个栅栏。他向上跳去，抓到了顶部，然后又掉了下来。他累了。他正在失去领先优势。他又试了一次，这次他成功了。在他身后，达特兴奋得不敢出声，而且也没必要了，每个人都能看见这只狐狸。用不了太久了。狸犬猎手不需要打开箱子放狗或解开铁铲。猎犬会像老歌里唱的那样，追得他满地打滚。

但是等一下，事情还没有结束。那条领头的猎犬迷惑不解。跟上来的其他狗也一样。即使是正在费力前进的钱特，也无法想通。猎人上来了。他挠了挠脑袋。那狐狸可能爬进下水道吗？一个大兔子洞？肯定不是。他跳下马来，拉住缰绳，朝沟里望去。什么也没有。他重新上马，吹起号角，让他的猎犬在他最后一次看见狐狸的地点周围不断扩大搜索圈。什么都没有。非常奇怪。也许早上有个白痴在这里撒了粪肥，掩住了气味，但看起来不像是这样。狂奔了一气，却在最后一刻跟丢了他。这是布兰迪树林的典型风格。它从不按规则行事。他讨厌这个地方和里面的一切。

然后，就在他准备放弃这只狐狸，要去找一只新的时，一辆四轮摩托车呼啸而过。"他去了那边，约翰。谷仓边上。"确实如此。大约四分之一英里远。没人知道他是怎么到那里的，但这也救不了他。他偷偷摸摸走着，离树林越来越远，他肚子上的白毛拖到了地上，耷拉着脑袋，吐着舌头。

"来吧，我的宝贝们，"猎人说，"来吧。让我们完成这项工作。"他站在马镫上，向他的驯狗员打着手势，让随行者们后退，而后将猎犬部署在谷仓边。他们再次出发了，狐狸朝山毛榉树的那片地跑去，那里的洞口多得堵不上，铁锹也永远对付不了那块地，那里还住着獾，狻犬面对它们也要三思一番。而猎犬，哦，猎犬追逐着气味、骄傲和友情，以满足他们永远无法真正从中醒来的古老梦想，在那梦想中，他们真的在猎鹿。

狐狸不可能及时到达山毛榉树。他会被把他当作异类的斑纹半狼们杀死。

橡树人突然动了。他的肉体体积不小，但相对于他的存在而言像是附带的。他抓住儿子的胳膊，突然带他一起朝树林跑去。当他移动时,他似乎冻结了前方的行动。接着猎犬(我的记忆坚持认为)被拉回到他身边,就像我的眼睛、我的思想和腊肠卷一样。只有这两个人在向前跑,大步慢跑的姿势显得很轻松。他们越过了猎人,越过了领头的猎犬,他们追上了狐狸。橡树人俯身捞起狐狸,抱在怀里继续跑。

在树林的边缘,他和他的儿子回头望着我们。橡树人举起一只手。我希望这是一个敬礼。他儿子也做了这个动作,而在我的余光中——你能看到一切值得看的事物——我看到汤姆也举起了手臂。

两人和气喘吁吁的狐狸一起走进了树林。猎人把猎犬集合在一起。他吹响了号角,但我们听到的不是号角声。还有另一个声音:"啦哩哩哩,哩哩。"

我有点期待一个戏剧性的结局:也许猎人会跟着狩猎史上气味最浓烈的狐狸,死在杀死他父亲的同一根树枝上。但这没有发生。除了帕拉第奥式露台上备受赞赏的招待会外,这是一个平凡普通的无聊日子。狐狸经常消失。这没什么奇怪的。

猎狐犬主人和一些具有重要战略意义的朋友一起前往一个慈善晚宴了,不少骑马的随行者去了医院,骑四轮摩托车的男人们去了酒吧,用飞镖和啤酒清除自己的沮丧,而猎人在沐浴后,坐在紧邻犬舍的家里,挨着火,注视着噼啪作响的木头,脸上挂着微笑,被问及是否喜欢狐狸时,他脸上也有一样的笑容。

我们回到德比郡萨拉的农场里,我们在那里第一次见到 X 和他的儿子，汤姆也是在那里养成了在树林祭坛上以供求食的习惯，那里的一些黑刺李间有一股股浓郁的煤焦油气味，我在那里挨饿并看到了微光，在那里，喜鹊嘀嗒转头，野兔无耻地躺在月光下，我们还从那里出发去猎捕四万年前死去的驯鹿。

家里的其他人都去贝克韦尔买东西了，只剩下我和汤姆坐在树林里的旧营地上，望着山谷那边。

今天汤姆很健谈。"如果我种地的话，"他挥手揽入整个山头，"我就把羊放到山顶上去，现在那里的地都浪费了。池塘里全是铅，我要用栅栏把它隔起来，用管子把水输送到树下的沟里。"

真的吗，汤姆？

我想知道，如果视觉以外的感官影响了你的决定，你会怎么做。我不知道山上的气味是否会改变你的想法，或者，如果你睡在那里，你是否会发现，山对羊或水槽有它自己的看法。不知道如果你让山规划你，而不是你去规划山，会发生什么。

"你愿意在这儿种地吗？"我问。

"会很有趣的。虽然很难，但很有趣。如果我们永远作为一家人待在这里，我觉得我应该愿意。我也想这么做。难道你不愿意？"

我没有回答，因为我想说的话太多了。

我看着他。他有惊人的沉着——远比我在他这个年龄时强得多。他知道自己是谁。他将要进入成人的寒冬。我们必须做点什么。

在一切还来得及之前，我们需要撼动这种沉着，用一些能够持久的东西来取代它。马丁·肖说："当我和问题青年打交道时，我试图让他们变得更有问题。"这种做法对于无忧无虑的年轻人而言重要得多。

"给我讲个故事，"汤姆说。

"我有两个，"我说，"一个在我口袋里。"我从发给执业律师的《每日摘要》中抽出一条皱巴巴的新闻。

《律师》（The Lawyer）刊物称，英国最大的几家律师事务所，正在让其员工和业务人员以前所未有的密度挤在办公室里，近年来，人均分配的办公空间缩水了逾三分之一。员工人均办公面积（平方英尺）下降了33%，业务人员下降了32%，合伙人下降了9.6%。[4]

"有点意思，"汤姆说，"希望另一个故事好一点。"说实话，不见得。

从前，有一对非常富有的夫妇。他们得到了一处大房产（故事没说是谁的），并住在里面。这处房产向四面八方伸展，一直延伸到目力所不及处。它太大了，所以他们从来没有到过它的边缘，他们认识的人也从来没有到过。它非常漂亮。无论这对男女在哪里，风景都是令人惊叹的。这里有森林、山脉、河流、湖泊和山谷，到处都是友好的动物。河里鱼很多，树上的鸟儿叽叽喳喳（其实树自己也在叽叽喳喳，只不过慢得多），还有成群的鹿、野牛和野猪。虽然动物很多，但男人和女人知道所有动物的名字，如果他们叫一只鹿的名字，鹿就会过来用鼻子蹭他们的手。

一年四季都有充足的食物：浆果、鲜花、蘑菇，甚至还有长在树林边缘的一些大草茎的穗，只是它们的味道不如其他东西有趣。当然还有动物：如果一头鹿或一条鱼知道自己的时候到了，便会对这对男女说："吃了我，享受我。"男人和女人就会含泪感谢这只动物，接受这份礼物。

两人都很健康，因为气候和食物都很好，在这片土地上游荡使他们强壮而灵活。他们从一所房子搬到另一所房子，让风和老鼠在后面清理打扫，所以他们每天晚上都有一个新的住处。

但是有一天（没人知道到底是怎么回事），男人对女人说："我受够了每天都出去采集食物。为什么我们要等到动物决定自己要死了才吃肉呢？让我们砍掉一些森林，在砍出来的空地周围筑一道墙，在墙内建一座房子，种一些大穗草，再带进去一些动物，随时都可以杀掉它们。"

女人认为这真是个糟糕的主意，并且这么说了，但男人就是不肯改变主意。于是他们还是这么做了。

当他们拿着石斧砍树时，树在呻吟，鸟儿愤怒了，鹿也来问发生了什么事。但是，尽管女人在睡梦中哭着听到树木的呻吟声，男人却无动于衷。他在搬石头砌墙的时候扭伤了背，这使他的脾气比以前更坏。墙很高。这意味着从他们的房子（它很快就变得非常脏）里，他们看不到山和树：他们能看到的只有墙。

动物们不喜欢住在墙后,不肯安静地过来。于是男人设下陷阱,把它们骗了进去。它们大声尖叫,连男人都在梦中听见了。他们没有给这些动物起名字:它们只是"它"而已。[5] 因为动物们不能在它们想要的地方吃草,夫妻俩不得不为它们种植和收集饲料,并清理它们的粪便。这对夫妻自己也厌倦了草穗。研磨草穗的工作很辛苦,女人自己也因此而后背受伤,并从鹿那里染上了严重的热病,摆脱不了。

男人和女人有很多孩子,他们的孩子也有很多自己的孩子。

这样过了一些年月,男人对妻子说:"我想知道我们是不是做错了?我们要回到从前吗?"女人看起来很悲伤。她知道她的儿孙们已经杀死了墙外森林里的大部分动物,他们连蘑菇的种类都分不清,而剩下的动物现在也不信任他们,不愿来找他们送死。

"我们不能,"她说,"虽然我很想这样。不过,至少我们可以试着为我们的所作所为道歉。"

于是,他们走到一片漆黑繁茂的森林里,寻找能接受他们道歉的东西。他们什么也没能找到。

他们认为,这是一个比草穗食谱、鹿热病、及膝深的粪便、受伤的背和所有需要喂养的嘴巴还要严重的问题。

Part 3
启蒙时代

当一个包装精美的谎言之网在几代人的时间里被逐步兜售给大众时，真相看起来就会显得极其荒谬，而说出真相的人则像一个狂热的疯子。

——德雷斯登·詹姆斯（Dresden James）[1]

目前科学的基本唯物主义框架并没有错。但是它只对了一半。我们知道思想很重要。（大量的故事）表明……物质也有意识，这种意识是宇宙的基础，而非物质的某种无关的、偶然的或近期涌现的特性。

——杰弗里·J. 克里帕尔（Jeffrey J. Kripal），《翻转：你究竟是谁以及这为何重要》[2]（*The Flip: Who You Really Are and Why it Matters*）

"有一个巫师。他是白人，他疯了。我打量着他，既没有看到祖先，也没有看到母神；什么都不是他的肉体，他也没有梦想。""没有梦想！"

——艾伦·加纳，《斯特兰特卢珀人》[3]（*Strandloper*）

> 这道理都写在柏拉图的著作里，都在柏拉图的著作里。天哪，学校里都教些什么东西啊！[1]
>
> ——C.S. 刘易斯（C. S. Lewis），《最后一战》[4]（*The Last Battle*）

我曾认为我知道动物是什么。它们有皮，有毛，有羽毛或鳞，如果你看着它们，它们就会看着你。它们有自己的目标，它们在追求目标时所展现出的纪律性和精力远超出我认识的大部分人类。许多动物的住址非常令人向往、令人兴奋：树顶、悬崖、山洞、远海或我们看不见的高空。

（我觉得）给一只狗做基本的描述是很容易的，但给一般的狗或某一只狗做完整的阐述是不可能的——就像给任何有趣或重要的事情做一个完整的阐述是不可能的一样。狗从鼻子开始，以尾巴尖结束。它们全身披着毛皮，四条腿，两只眼睛，喜欢追逐猫和兔子，几乎什么都吃——尤其喜欢吃肉。它们可能是凶猛的，也可能是深情的。

然而，有一天，我发现根本没有狗这种东西——事实上，也没有任何其他动物。那是我当兽医学生的第一天。

所有的新生都穿上了新的白大褂，一个个紧张地走进解剖室。那里有一股过于浓烈的甲醛味。但很快我们就注意不到了：它是我

---

[1] 此段引用上海译文出版社2014年版译本，译者为冯瑞贞。——编者注

们的新空气。

有许多金属桌子。每张桌子上都有一个我过去以为是狗的东西：实际上是一条灵缇犬。我们六个人，每人被分配给一只"狗"。这些狗来这里是因为它们跑得不够快。它们是理想的解剖对象，因为尽管它们由于跑得太慢所以没有经济价值，但它们很瘦，肌肉发达。只有很少量的脂肪掩盖着它们的肌肉。因此我们的第一个项目是肌肉。

我们那天从肩膀开始，就这样学习了一段时间。我们学习了肌肉的拉丁名称，它们的起始点和插入点，以及它们的动作机制。我现在仍然对肩膀很熟悉。等我们学到臀部时，我累了。

不过没关系，因为肩膀和臀部并没有以任何方式相连。它们被两个大的体腔隔开了。一个典型的考试题目通常只问关于肩膀或关于臀部的问题，只要你知道得够多，能回答8道题中的5道，那就算不知道狗有臀部也没关系。

所以我们把狗切成肩膀、臀部、舌头、肺、大脑和膀胱，直到狗的形状完全消失。我们用手术刀杀死了所有的狗，无论死活。

之后的事甚至更糟。每隔两周，我就会带着一种沉重的不祥预感，不情愿地爬上一段古老的楼梯，来到一间可以俯瞰剑河的漂亮房间，坐在沙发上。在那折磨人的一小时里，我对细胞内化学反应的无知残酷地暴露出来。

"绅士们，"——因为我们都是男性，哪怕并非都是绅士——"我想让你们写下柠檬酸循环从顺乌头酸往下两个步骤后产生的化合物的结构式。"于是我从脑海的底部捞取污泥，在我的便笺簿上涂出一个东西，而通常穿着晚礼服系着黑色领结的老师会背着双手，大步走来，注视着我那可怜的答案，轻蔑地哼一声，说："不对，先生！再试一次，先生！"于是我又试了试，痛苦且毫无意义，直到最后，老师因为想去吃饭而不是出于怜悯，吼出了答案，让我溜进了夜色中。

这位老师毫不掩饰他对解剖学家的蔑视。"我研究的是**起源**。还有**基本原理**。肝脏只是一个工厂，**我的**员工碰巧在里面工作。谁在乎它是有三个瓣还是三百个瓣？而且——"他认为自己主要是一个分子遗传学家，"——膝盖之所以这样运作，是因为**我的**基因告诉我它们必须如此。"这里不仅没有狗，甚至连肩膀和臀部都没有。这里只有组成基因的分子。

等我们开始观察活的动物，并学习如何处理它们的问题时，情况并没有好转。因为没有**动物**有任何问题，从来没有。而肩膀、肾脏、生化途径、染色体或基因都可能有问题。我们从不治疗动物：我们治疗问题、途径和基因。动物不存在。

在这本书的开头，我承认我从未见过一棵树。现在，在这本书快结束的时候，我承认我从来没有——至少作为一个成年人时没有——见过一条狗。这是一个耻辱。

我把领结套在脖子上，打结，然后拉紧。

X 和他的儿子坐在床上，看起来很惊慌。X 站起来阻止我，然后似乎记起这不符合规则,又坐了下来。自从我回到牛津后,他几乎总是出现在我的视线中,作为死去的猎人,他们尽己所能地表达亲密和关切。

我把领子翻下来盖住领结,穿上一件短外套,大声说我不会很晚回来,然后跳上自行车,骑五分钟的车去吃饭。

今晚我要和布莱克教授在一所宏伟而历史悠久的大学里吃饭。他向我保证,我的计划是徒劳的:没有人能接近史前人类的思想。现在他邀请我去享用鹿肉酥饼和陈年红葡萄酒,这样我就能在他的朋友面前承认他是对的。

我迟到了。我把自行车靠在一堵墙上,墙顶上有一位石灰岩的殉教圣人,他是这个地方的保护者之一。我沿着回廊跑到多功能组合厅。我从未发现他们在那里组合了什么。没有组合不同的观点,这是肯定的。每个人似乎都相信每件事的相同点,并且认为每件事都直接明了。

教授召集了一个小委员会来评估他拖来的石器时代展品:一个胡须整齐的莎士比亚学者,享有国际声誉,带着专门用来谈论司康饼口感和桌巾污损的爱丁堡口音;一个瘦小干瘪的生理学家,穿着皱巴巴的西装,一生都在无望地和老鼠的神经递质分子周旋。教授本人是一位光鲜亮丽的伦敦矮个子,专业不甚明确——可能是政治、社会政策或某种经济学方言。我第一次见到他时,他对我说:"别想局限我,我可以随心所欲。"

一开始,我们相安无事。

"那么，"教授边说边递给我一杯雪利酒，"猛犸和小木片怎么样？"

莎士比亚学者和生理学家已经充分了解前情概要，带着期盼倾身听我回答。

"远不能和我们今晚要做的事相比。"我回答道，急于证明我也能像其他人一样平庸。

"哦，这就是进步。"教授笑着说，"你告诉过我穴居人生活在最好的世界里。"

我可不会那么容易就被煽动。我知道我得为晚餐歌唱，但我得先热热嗓子。

"他们的墙上可没有这样的东西。"我指着一幅十八世纪晚期的风景画说，画面上有翻腾的瀑布、枝叶繁茂的藤架和一个斜倚着的乡村青年。

"他们真幸运，"莎士比亚学者说，"这是浪漫的废话。还是给我拉斯科洞穴吧。"这时，仁慈的晚餐传唤钟敲响了，我们排队上楼，走过一些更浪漫的废话，进入烛光大厅。大学生们正站在那里等着我们，他们像乌鸦一样穿着黑色长袍，留着昂贵的发型，在费神申请了一天的对冲基金管理工作后，他们已经饿了。

一位长袍更长些的大学奖学金获得者背诵了拉丁文饭前祷告，感谢希伯来雷霆万钧的主，感谢他后来成为留着长发绺的无政府工团主义者的化身，感谢学院的赞助人（其中许多是奴隶贩子），让侍者可以呈上丰盛的食物。然后我们坐了下来。

"你看起来心不在焉的。"莎士比亚学者说。

"是的,"我回答,"我在想你关于那幅画的评论。"

"那只是随口说的,"他说,"别让它影响到这杯酒。"

无论是不是随口说的,那都不是一句可以抛开的评论。它有很多意味,我也这么对他说了。

"那幅画有什么问题?"我问。

"它很无聊,"莎士比亚学者叹息道,"没有任何事发生,其中唯一的人类在睡觉。"

就是这个:这就是新石器时代以来人类对非人类世界的主流态度,视觉艺术和文字艺术都展现了这一点。也有例外,但自然通常被视为一个舞台,人类的戏码(这是在一切中**真正**重要的)在其中上演,自然只是人类事务的背景。它本身极少具有自己的重要性。有时,它是神明的住所,因为这些神明需要被安抚。有时,它是造物主或虚无的命运女神通过波浪、闪电、地震、预言鸟或预言鸟的内脏,又或是吞掉先知的巨鱼,与人类交涉的手段——不过在这种情况下,重要的是人类的终局,或者如何逃避这种终局。

自然通常就这么被忽略了。荷马的诗里几乎没有风景或鸟的景象。古希腊人热衷于理解自然界,但这种热情是由对秩序和系统的热爱驱动的,而非对鲜花和青蛙的热爱——更不用说旧石器时代晚期的人与它们的同一性了。

亚里士多德当然是一位敏锐又勤勉的自然主义者,不过,虽然从他的讲稿来判断他可能不公平(我们没有别的东西),但他的关注似乎完全以人类为中心：他似乎敦促人们要了解户外的美好，但这是因为那是哲学课程的一部分，你需要在简历上写一些关于鸟和蜜蜂的事情，才能被认证为合格的拥有良好生活之人[5]（eudaimoniac）。我们也要感谢他，因为他开启了对非人类世界的**系统性**的诋毁，因为他在一个明显的等级体系中确立了三种类型的灵魂。植物有"植物性"（vegetable）的灵魂；所有的动物都有植物性的灵魂和"感性的"（sensitive）灵魂；而人类有植物性的、感性的以及"理性的"（rational）灵魂[6]。我不需要在此解释它们的特点：只需说明，这个体系体现了造物的等级制度，而这种制度在大多数狩猎采集者的思维中是不存在的，它暗含在新石器时代对动植物的征服中，被编纂在《创世记》治理大地的命令中（《创世记》坚决主张这征服的命令实际上伴随着经常是令人崩溃的**管理工作**的重担，这一主张使这种制度变得无可缓和），最终导向安迪-皮多屠宰场和巨无霸汉堡加薯条。

无论如何，亚里士多德对动物学的科学尝试只是昙花一现。据我们所知，在他之后1 500年左右的时间里，都没有人基于他的研究更进一步。从希罗多德开始，我们就有了由幻想生物组成的动物寓言集，它们被用作道德观点的载体，或仅仅是有趣的故事。

相当令人惊讶的是，罗马人似乎对自然界本身更感兴趣。卢克莱修和老普林尼可以为任何崇尚自然史的现代社会增色不少[7]，可以把维吉尔在《埃涅伊德》中勾勒的繁茂山水与荷马做个对比[8]，后者显然对土地除了战略重要性以外的东西完全无视。但我们必须等到十七世纪中叶才能看到对自然真正的欣赏。文艺复兴和中世纪把他们的赞美留给了"用于耕种的、多产的土地；留给草地、庄稼、花园、果园和池塘，而不是留给野外的自然。他们蔑视未驯服的自然"，这种自然在西方基督教中与"野蛮的野兽"联系在一起。[9]

动物的激情是真正虔诚的敌人。它们必须被打败，因此对许多人来说，自然也必须被打败。

英国牧师兼科学家托马斯·伯内特（Thomas Burnet）在1681年的一篇文章中总结了这一共识，并为将在十八世纪爆发的与浪漫主义者的辩论设定了议程。自然景观是危险和腐败的：它的粗糙显示了上帝对堕落世界的不满，这个世界"已大量失去了上帝最初的完美，顺滑和对称"[10]。不管怎么说，好的（西方）基督徒有比看鸟更好的事情要做。他们真正的家不在这里，他们终将进入天堂，所以他们最好集中精力去那里。又是线条：一条笔直而狭窄的路通向救赎；由河流和獾筑成的蜿蜒道路通向毁灭。错综复杂的东西属于魔鬼，用来诱捕不谨慎的人。魔鬼本人就好像吼叫的狮子，四处游荡，寻找可吞食的灵魂。[11]树林里充满了狼和性的诱惑；宇宙时间沿直线从创世，经过髑髅地，直到天启；我们人类的生命从出生到死亡，再到救赎（如果我们远离树林的话）。厌恶身体的奥古斯丁宣传着他的原罪学说，他曾教导说，出生的自然过程会把罪带到世界上，而西方教会相信他。当宗教改革宣扬个人内心生活的至高价值——以及随之而来的野林和高沼地的不合理时，自然最终在争夺西方文化核心的战斗中失败了。

浪漫主义用华丽的颂诗和十四行诗来坚持它对自然的爱,但这种爱往往是一种自淫。在十八世纪晚期和十九世纪早期,彩色手持放大镜的生意很红火,大胆的行人(撑着太阳伞,穿着厚厚的羊毛衣,由此自带他们自己的城市微观气候)通过这种透镜观看山景。或者,他们可能会背对着群山,用克劳德镜来观察群山——这种镜子可以漂亮地框出景色,就像他们家中画室里可能展示的一样。[12] 他们并不是真的想要景观本身:他们想要一种景观能使他们拥有的感觉。他们只能忍受一种有序的、修剪整齐的、可控的模仿画。许多浪漫主义的狼都被阉割了。

对自然界的否认不仅仅是一种宗教病毒。约翰·洛克在他的随笔《人类理解论》(1690)中,敦促他的读者无视"所有那些和人类社会及伦理行为没有关联的自然界区域"。1775 年,本应更有见地的塞缪尔·约翰逊(Samuel Johnson)对那些饱含情感吟颂法国自然风光的人大肆倾泻他著名的嘲讽。他说,这是什么废话,"无论在这个国家还是在另一个国家,一片草永远就是一片草"。[13] 只要见过两片草叶的人就不会说出这样愚蠢的话。[14]

我们可以争论谁是第一个真正的风景画家[15],以及欧洲以外的事是否有所不同[16],但是视觉艺术在欧洲的一般位置是很明确的:从新石器时代到欧洲浪漫主义时代(通常也包括那之后),自然只是伟大的人类表演的橱窗装饰,要么就是积极的为恶者。

有一些重要的反对意见。它们并非来自偶尔温和的自然主义者，而是来自世界上一些伟大的宗教。我把萨满教也包括在这一类——不仅仅是狩猎采集者的萨满教，还有带着猫和魔药的聪明女人，她们可能出现在大多数社群边缘（通常在火堆上和池塘底）的所有年龄层。直到晚近，真正的狩猎采集者在统计上仍然是世界人口的重要组成部分，而他们的死敌——民族国家的影响被夸大了。詹姆斯·C.斯科特估计，直到公元1600年左右，世界上的大多数人要么从未见过一个普通的收税员，要么可以在财政层面上隐身。[17]狩猎采集者知道他们是自然界的一部分；他们的整体形态和心态都由它所决定，都依赖于它，服从于它。他们知道每样东西都像他们一样有灵魂，每样东西都会说话、倾听、渴望、给予关注和关爱，并且都有自己的故事，也都是万物之网的一部分。

许多已建立的宗教也是如此——不过，它们有时也处于边缘地带。印度教和佛教一直把造物之间的界限视为是虚幻的，当佛教推进到西藏时，它采纳了古老的万物有灵论，并将其佛教化了。在亚伯拉罕的一神论中，大自然的境遇更加艰难，但每当人们认真思考造物带有造物主印记这一概念时，大自然就找到了归宿。

犹太教过去是，现在仍然是最多疑的。它害怕造物者和造物之间的任何混乱，总是把观察界限视为其使命的核心。它声称，界限是在创世时就建立的。我们已经看到了它们：光/昼，陆地生物/海洋生物，清洁/不清洁等等。尽管犹太教有许多伟大的节日是根据农业年时来安排的，犹太人在住棚节必须住在可以仰望星空的户外临时庇护所里，以此回忆他们作为流浪者的出身，但这于事无补,拉比犹太教本质上就是一个城市产业。以色列对于犹太教法典的重大突破之一,是一种新的户外犹太人种族的诞生——他们在沙漠中照料橘园,徒步旅行并战斗。但对世界上大多数犹太人来说,旧习难改。英国犹太作家霍华德·雅各布森(Howard Jacobson)在他的一部小说中这样评论一位犹太主人公:"在极不可能发生的情况下,如果他被要求说出他能想到的最非犹太的东西时,他会很难在自然……和足球之间做出选择。"[18]

犹太教中的自然神秘主义被留给了卡巴拉派(在伊斯兰教中它被留给了苏非派),而他们采取了一种古典的东方形式:自我边界的瓦解,以及与他者的狂喜联合——其中包括非人类世界。他们把自己浸透在他者之中,直到自己的边界腐烂。

基督教在过去和现在都很与众不同。在东西方之间存在着巨大的鸿沟。正如我所描述的,西方敌视自然——这源于过分强调上帝的超然,以及过分强调来世而非今生,这是对物质的系统性蔑视。这通常表现为对性(一种兽性行为)的鄙弃,以及忘却圣保罗曾说过要救赎所有造物[19]——而不仅仅是人类。

东方教会有沙漠中强大的禁欲主义力量,并且重视隐修制度,但它认为物质是重要的,并且从不耻于同时容纳上帝的内蕴性和超越性。对东正教来说,上帝也在树叶和白鼬之中。按照教规,希腊东正教的晨祷会向圣灵祈求,而圣灵是"生命的赐予者,无处不在,无物不在"。"物"包括海鸥、鲸和真菌。"处"包括高沼地、雨林、亚原子粒子和线粒体。德鲁伊有他们神圣的小树林,但在东正教中就没有不神圣的小树林。所罗门说鸟语并不让东正教徒诧异，他们认为圣方济各更偏向于东正教而非天主教，并把凯尔特人的圣徒看作自己人。凯尔特人的圣徒在淹到脖颈的冰水里祷告并不是为了忏悔，而是为了感觉自己与水一体，从海中出来后还会被翻滚的水獭弄干弄暖。君士坦丁堡教会说，对超然的冥想足够努力，它也会变成内蕴。反之亦然。

这或多或少就是我在喝汤时所说的话。

莎士比亚学者基本上赞同我的历史梗概，他指出莎士比亚与未开垦的土地明显关系融洽，这和他的其他一切素质一样，是早熟的。教授尖刻地说，如果我想请一大堆稻草人[1]来吃饭，我应该早点告诉他，这样他就可以告诉管家要小心点蜡烛。生理学家则显得很不自在，在玩他的面包卷。

"对一张糟糕的图画说了这么多，"教授说，"可是这跟你的项目有什么关系呢？我以为你要揭示石器时代的狩猎采集者和新石器时代的定居者是什么样子的。为什么要扯这些神学的胡言乱语？"

这是个好问题。我告诉他们，我想知道我是什么样的生物，想知道我需要什么才能茁壮成长。那就需要调查一下我的起源了——教授，那碰巧也是**你**的起源。我发现，我和你是这样一种生物：我们是自然界的一部分，这一点不仅与遗传血统相关，同时也是一个

---

[1] 稻草人的英文 "straw man" 有双关含义，又意为假想敌，此处意指"我"列举了许多教授不支持的理论。——译者注

持续的、决定性的日常事实,无论酒有多贵,无论我们的语言有多少音节,都影响不了这一点。

教授夸张地拍着胸膛,挠着胳肢窝。

我向沉默的生理学家求助,他正压着一块黄油在盘子里转来转去。

"达尔文就是这么告诉我们的,不是吗?我们的表兄弟是变形虫,我觉得它们很讨人喜欢,也很令人兴奋。这一切都是老生常谈了。"

"嗯,的确,"教授打断了我,"那为什么要小题大做呢?这的确是老生常谈。我们是动物。我们主导性的本能是为了帮助我们生存下来,并让我们和这些狩猎采集的猿类变得一样肥胖。这些学生中的任何一个——"他朝本科生们点了点头,"——都会告诉你这个。当他们进入伦敦城时——令人沮丧的是,他们大多数人都会进去——他们会发现自己置身于一群好斗的雄性黑猩猩中,而他们当中很多是雌性,大家致力于建立领地,获取象征性的食物,并从实际层面和象征层面上把他们的石头丢出去。所以你到底有什么大新闻?为什么要把你自己和你可怜的孩子们拖到山洞里去呢?"

"因为我不相信书本,"我回答,"而且无论如何,你能通过实践和感受去获得完全不一样的知识*类型*。"

鹿肉到了,它给了我缓刑,但我还是逃不了。

一等肉汁喝完,教授就无情地提醒我:"你还没说你为什么要用所有这些超自然力量对付我们呢。"

"我根本没说什么超自然的东西,"我听见自己这么说,"你选择称之为超自然的经历其实是完全自然的。我们从作为行为现代性意义上的人类历史之初,就看到了这些现象。而且,如果我们费心去看,在现在日常生活中的每一刻也都能看到。即使它们没有真正让我们拥有人类的特性,至少它们在决定我们是哪种动物方面发挥了重要作用。"

"等一等,等一等,"嘴里塞满了东西的莎士比亚学者说,"我们说的是哪类自然又超自然的东西?"

我叹了口气,开始列一个清单:远距心灵作用,包括远距离感知和一些我们称之为遥视的现象;灵魂出窍和濒死体验;非人类心智的存在,以及与之联系的可能性;某些违背我们对时间和其他维度等规则的传统理解的事情,包括预知和平常看不见的空间维度的可视化;肉体死亡后人格(不管它是什么)的延续。

我没有更进一步。教授目瞪口呆地看着我。那位仁慈的侍者又来了,这次是要把红葡萄酒斟满。

教授几乎说不出话来了。他用酒来给自己打气,却气急败坏地不知从何说起。莎士比亚学者靠在椅子上看着我,纯粹被逗乐了。生理学家正以非凡的技巧细致地解剖鹿肉。

教授又灌了一口酒,用餐巾擦了擦嘴,自信地向前倾身。

"我原以为,"他说,"这是一项**开智**的冒险。是在严肃地尝试做严肃的事。玩乐和游戏当然没什么错,但**真的**……"

温文尔雅的莎士比亚学者插话了。"当然,这对我们毛茸茸的祖先来说无疑是有重大影响的,"他对这一点感到很高兴,"我很想知道为什么你会认为这样的经历——出于某种原因——是真实的。"

"因为我经历过很多次,这就是原因,"我尽全力使自己从容地说,"我相信你也一样。"

"真的吗?"莎士比亚学者说,"跟我说说。"他招呼酒侍过来助我一臂之力。

于是我便说了。我不知道为什么要说,但如果有人请你吃饭,你就得听他们的。

于是,一切都倾泻在了大黄酥上:狐狸精灵;在医院里看着自己的秃头;我已故父亲的那台没通电的收音机突然打开了(还有迈克尔·舍默在婚礼当天从他的新娘已故的祖父那里收到赞许的广播信息);煤焦油肥皂气味跟着我到处游走;在一只乌鸦的身体中飞越德比郡的荒沼;两个野人看着我系上领结;一座山丘和一堵雾障的隆隆声和喃喃声。当我们返回组合厅时,我已说到这个时代一切损害都已造成,但我们大多数人还是继承了一些东西:知道有人在看我们的后脑勺;狗狗知道主人要回家了,哪怕主人远在数百英里外,并且是临时改变了计划;既视感;电话心灵感应;觉得世界的**真正**意义已触手可及,却又不十分清晰,对此,柏拉图比亚里士多德懂得更多;爱、直觉、无法解释的熟悉感。目前这样就够了,不是吗?

"哦,"过了一会儿,教授坐在高级非组合厅炉火旁的一张扶手椅上,透过杯里的波特酒望着我,不知是被逗乐了还是忧心忡仲,"你度过了一段很精彩的时光,是不是?我希望你不介意我问,"——我很肯定我会介意——"但你如何为自己还留在这所大学辩解呢?你刚才所描述的,以及你显然相信的,都完全——**完全**——与这里的科学精神背道而驰。我向上帝祈祷,希望你不要试图用这些黑暗时代的童话故事来影响任何学生。"

"冷静点,"莎士比亚学者调停道,"天地之间有许多事情[1],诸如此类。更不用说言论自由了。"

"别跟我胡扯,"那占据了教授身体的波特酒咆哮道,"有些事情根本**不可能**是真的。如果有人告诉我,他可以带我去一个地方,那里以 10 为基数,2 加 2 等于 5,我要和他一起去看吗?我不会去。我要告诉他,哦……我不确定我要告诉他什么。"他又陷入了呼吸沉重的静默中。

莎士比亚学者找借口告辞了。"这是一个非常有启发性的夜晚。"他跟我握手时说。我现在也可以走了。我向生理学家道了晚安,他整个晚上几乎没说一句话。我又感谢教授的盛情款待。"客气了,"他咕哝着说,没有看我,也没有站起来,"我想你知道怎么出去。"

外面在下雨。当我打开自行车锁准备骑车离开时,生理学家朝我跑来,他的长袍在风中翻腾。

---

[1] 原文为"more things in heaven and earth",出自莎士比亚的四大悲剧之一《哈姆雷特》。——编者注

"你有时间吗?"他喘着气,"我有些话想说。"

"当然。"我说着,下了车。他很尴尬。他看着他的鞋子,就像看着他的盘子一样,但话语涌了出来。

"是这样的。你说的话让我想起了别的事。大约五年前,我坐在家里,毫无征兆地感到胸口一阵剧痛。那之前和那以后我再也没有过那种感觉。大约五分钟后,剧痛消失了,但十分钟后电话响了。是我妹妹打来的,她说我母亲在她家里突然倒了下去,去世了。她认为是心脏病发作,结果的确如此。在那之前,我母亲从来没有心脏上的毛病或其他毛病。她身体非常健康。我最后一次和她说话是在一个星期前,她一直在兴奋地谈论她去巴黎的计划。"

我不知道该说什么,便说我很难过。

"我应该刚刚就说这事的,"他说,"很抱歉我没有这样做。但是你知道是为什么。"

我说我一点也不怪他,并问他这件事是否改变了他或他的工作。

"说实话,并没有,"他回答道,"你会把这些事赶出脑子,不是吗?看上去它也不会改变什么。我一直都在用脑子工作。我知道如果我改变大脑的结构和功能会对行为产生什么影响。我知道不管我们所说的心灵是什么,它实际上都是大脑。"

现在不是争论的时候。我们都湿透了,而且他已经和我说了他想说的话。我感谢他给我讲了这个故事,然后骑车回家,X 和他的儿子正等着看我是否能从自杀的企图中幸存下来。

我厌倦了那样的夜晚，这种事我经历很多次了。就像教授警告的那样，在这些夜晚，假想敌会遭遇来自各方的攻击，但假想敌根本不像真实的人那么有趣。我讨厌教授尖锐的激进主义在我身上引发的尖锐的激进主义：暴躁和反暴躁、无聊的防御工事和令人疲惫的消耗、陈腔滥调，最重要的是，还有启蒙运动的捍卫者对启蒙运动的歪曲。

在这本书中，我从新石器时代飞跃到了启蒙时代（并往往不符合历史地把启蒙运动、文艺复兴、科学和工业革命，以及现代科学主义的诞生和胜利混为一谈），跳过了国家的形成，跳过了公元前五世纪左右非凡的时代——那个时代见证了古典希腊哲学，跳过了第二圣殿时期繁荣的犹太教，跳过了印度教、佛教、耆那教（Jainism）、儒家思想和拜火教，跳过了庞大的埃及、美索不达米亚以及中国帝国，还跳过了罗马，跳过了公元一世纪基督教和公元七世纪伊斯兰教的出现，跳过了欧洲的**毫不黑暗**时代，跳过了被轻蔑地称为中世纪的时代——中世纪这个名字明晃晃地认定了我们正处在历史的巅峰。[20]

我跳过了这些阶段，是因为我正在探索这样一个概念：我们人类是由我们与超越人类之世界的关系来定义的。在新石器时代末期到十六世纪之间约6 000年的时间里，[21]许多其他的关系都发生了变化，但上述的这种关系尽管被精炼、被限定、被讨论、被忽视和滥用，却并没有改变多少。有两个平行的世界。狩猎采集者狩猎并采集，视自己为自然的一分子，与它对话，倾听它。而世界上的其他地方都在耕种，在不同程度上认为自己以某种方式超出了自然，而且遵守的规则无论如何都不同于管理鸟类的规则，但无论好坏，也都屈从于自然界；如果不能充分控制它，就需要向它屈服，需要安抚它，或者越来越普遍地，安抚它超凡的控制者。人类与非人类世界的对话也变少了：一个农民可能会对他的狗吼出一道命令，或者骂他的牛，但只期望得到服从。

关键的是，世界曾是一个有机体，它以某种方式被人格化，无论是作为像盖亚[1]那样的实体，还是一个充满生机的实体集合，又或是一个充满人格的地方——因为它是由一个神圣的人创造的。这是为它赋予灵魂。人类凭直觉知道动物之所以叫 animal，是因为它们的核心是 anima——一个灵魂。造物是有生命的。

然后，在十六和十七世纪的科学革命中，一场伟大的驱魔仪式开始了。灵魂被赶出了非人类的世界，只剩下人类（暂时如此，因为教会坚持这么做）作为唯一有灵魂的造物。

驱魔仪式开始时只是另一种画线练习。笛卡儿就是执笔的人。他把现实分为两个互不相通的领域：物质和精神。最初这看上去并无罪过：它只是一种学究式的哲学分类学罢了。但其结果是毁灭性的。意识或灵魂——随你怎么称呼它——突然从非人类物质中消失了。我们可以把这种缺失直接与我们这个时代的生态破坏联系起

---

[1] 盖亚，希腊神话中的大地女神。——编者注

来。杀死一只有灵魂的鹿或砍伐一棵有灵魂的树,这可能需要一些强有力的道德理由,所有狩猎采集者都知道这一点,但是一个人不会为了一台单纯的机器的毁坏而感到明显的痛苦。而这就是世界和它的非人类居民变成的样子。

当然,始作俑者不仅仅是笛卡尔。C.S. 刘易斯戴着一顶世俗的帽子,写出了一些关于宇宙的科学(尤其是数学)新构想的影响,他评论道,"将自然交到我们手中的",是用来构建假设的数学应用,以及"对可以精确控制的现象的可控观察"。他说,这将对我们的思想和情感产生深远的影响。

通过把自然简化为她的数学元素,它用一种机械的宇宙概念取代了亲切的或万物有灵论的宇宙概念。这个世界被抽空了,先是被取走了她内在的灵魂,然后是她神秘的同情和厌恶,最后是她的颜色、气味和味道。(开普勒在他的职业生涯之初,用灵魂驱动说来解释行星的运动,但临死时,他却用机械概念来解释它。)[22]

直接的结论是二元论,而不是唯物主义,但二元论是唯物主义的助产士。除了物质的一切都逐渐被忽视,因此逐渐不再作为一个值得认真研究的课题而存在。最终的结果是这样一个断言:**除了物质,什么都不存在**。唯物主义是一种积极的学说,也是一种未能注意到其他范畴的学说:它过去是,现在也是。它已经变成一种权威信条:问问可怜的生理学家就知道了。

教授亮出了他启蒙运动俱乐部的会员卡，期待着共济会式的回应。而我没给他，他觉得被冒犯了。在他眼里，我用欺骗的手段上了餐桌。而且他很担心：如果在这校园神圣的围墙内也有像我这样的人，这所大学会变成什么样子？

他所说的启蒙运动指的是十八世纪科学革命的高潮。其最重要的现代辩护者之一是史蒂芬·平克，他称这场运动有四大支柱，中心支柱是**理性**。启蒙思想家不能依赖"空穴之风、虚幻之源，诸如信仰、教条、权威、神秘主义、占卜、幻觉、直觉，或者宗教经典的阐释文本"。[23] 这并不是说人类就被认为是完全理性的行为主体。

接着是**科学**，然后是**人文主义**，它们提供了一种世俗的道德基础，用个体人类福祉作为道德行为的试金石。最后是智力和道德的**进步**。一位受过教育的启蒙思想家会说，没有什么必然的进步，但只要对理性、科学和人文主义做出适当的承诺，进步是有可能发生的。而且，辩护者说，进步发生了。启蒙运动的皇冠上闪烁着灿烂的珠宝（我们被告知，我们更安全、更幸福、更和平、更富有、更平等且更民主了）。哦，是的，很多事情确实随着时间的推移改善了[24]，但是，正如我们指出的，相关性不等于因果关系。而且我对历史方法持怀疑态度，因为它未能观察到，比如，"上帝的形象"——这个观点认为人类都是按上帝的形象创造的——是一种激进的民主主义，并且这种方法似乎推断出工业革命是绝对的好事。[25] 启蒙运动的科学方法，以及在一段时间内更为普遍的智育文化，无疑产生了美妙的好处。但我不喜欢有人说我在接受牙齿麻醉的同时又怀疑人文主义的伦理观是否搔到了每一个道德的痒处,这是一种虚伪和忘恩负义的态度。这就好比有人告诉我,除非我发誓相信圣餐变体论,否则我就不能欣赏西斯廷教堂的绘画[1]。

我也对这些主义的包装风格感到不安。它太简洁了,不可能真正地基于历史。启蒙运动的真正声音,不是对一项计划的平静宣告,而是不受前几个世纪的臆想所限制的辩论的喧嚣。26

那声音真是太美妙了。启蒙运动的著名思想家孔多塞写道:"我们必须有勇气审视一切,讨论一切,甚至传授一切。"27 "有勇气运用你自己的理解,"康德敦促道,"在任何时候,独立思考的准则就是启蒙。"28 而且,"我们的时代是批评的时代,一切都必须是批评的对象。"29

我想活在那个时代。但它不是史蒂芬·平克所称赞的时代,也不是惯于嘲讽的教授或颤抖的生理学家的时代,他们担心如果说真话,自己的奖学金和抵押贷款就会受到影响。我在现代的启蒙学院里听不到辩论的声音,也感觉不到快乐的探索带来的温暖和激动:我听到教理问答[2]的声音,感觉到思想的警察抓在我衣领上的手指,以及被扼杀的异议的寒冷,就像我在教授的晚餐上感觉到的那样。"科学革命的一个重大,"史蒂芬·平克写道,"或者说最大的突破——就是祛除了'宇宙充满目的'的直觉思维。"30 他怎么可能

---

[1] 指米开朗琪罗为西斯廷教堂创作的巨幅天顶画《创世记》。——编者注
[2] 教理问答又名教会问答,指的是基督教教会传授基本教义的问答式教材。——译者注

用科学的方法"祛除"那种直觉呢？他的观点不是科学或理性的陈述，而是一种宗教信条中不可争议的条款。

1981年，生物学家鲁珀特·谢尔德雷克（Rupert Sheldrake）出版了《生命新科学》（*A New Science of Life*）一书，为一些普遍观察到的现象提出了一种新机制，质疑占统治地位的唯物主义还原论范式是否充分。它激起了非同寻常的反应。时任《自然》（Nature）杂志编辑约翰·马多克斯爵士（Sir John Maddox）怒斥这本书是"令人愤怒的小册子"，是"多年来最适合烧掉的书"。[31] 后来马多克斯接受采访时被问及此次爆发，他称自己并不后悔。他被谢尔德雷克的作品"冒犯"了，而且人们可以"用教皇谴责伽利略的话来谴责它，理由是一样的。它是异端。"

我说到此事并不是想为谢尔德雷克的论点辩护，只是想问问：为什么马多克斯如此恐惧不安？我认为他清晰的宗教化用语很明显地透露了这一点。他视自己为唯物主义宗教正统的守护者，他担心谢尔德雷克正在侵蚀这一信条。如果这信条真的是启蒙运动对绝对怀疑主义的坚持，且只关心对自然界真相的阐释，他难道不应该给谢尔德雷克开一个专栏，而不是回之以严厉的批评吗？但事实并非如此，他也没有这样做。对于启蒙运动的极端分子而言，科学不是一种方法，而是一种宗教。他们是忠诚的人，在事实证明教理问答很可笑之后许久，很多人仍然坚持这种做法。保守主义是简单且懒惰的选择。

偏执的宗教激进主义是任何一种运动的最终阶段。当人们放弃争论，激烈地借助尖锐的断言时，你就可以确信它终将走向败亡。用马多克斯式的语言来说，我们正处于启蒙运动唯物主义的最终一幕。那些旧的、令人宽慰的笃定之事已被证明是半真半假的。我们稍后会看到一些例子。

对教授这样的人来说，这非常可怕。对真正的科学家来说，这令人兴奋。[32]

我为我认识的许多生物学家感到遗憾。当他们攻读博士学位时，他们被告知，沿着十八世纪和十九世纪固定的绳索攀登，他们将与大家一起成功登上"无他说"的高峰，在那里，他们可以不受干扰地观察整个宇宙。他们得到庄严的保证，说自然界没有任何神秘之处：一切都可以，并且将会惬意地适应于他们启蒙运动的物质还原论范式。[33]

他们被误导了。这些范式正在嘎吱作响地断裂。道金斯[1]令人尴尬。基因决定论已经消亡了。我们知道基因正与环境进行着一场激动人心的对话，天知道"环境"的定义将会变得多么宽泛。久负骂名的拉马克[2]又回来了，不过他的学说已经被重新命名为"表观遗传学"。[34]遗传学通常不像人们曾经认为的那样具有解释或预测的能力。基因并不自私——或者至少不**仅仅**是自私的。事实上，**任**

---

[1] 理查德·道金斯（Richard Dawkins，1941— ），英国著名演化生物学家、动物行为学家和科普作家，是一位直言不讳的无神论者。《自私的基因》（*The Selfish Gene*）是其最负盛名的代表作。——译者注
[2] 拉马克（Lamarck，1744—1829），法国生物学家，进化论的倡导者和先驱。——编者注

何东西都不再仅仅是某个东西。

生物学家是时候站出来了：站出来承认他们陈旧过时的公理的力量被夸大了，倾听他们的范式的断裂声，要么修正它，要么弄个新的。他们是朝九晚五的物质还原论者——为了他们的薪水和任期，同时也是出于认知失调。他们在虚拟现实中工作，并且知道自己所依据的前提是虚假的。当他们从实验室回到家（至少在他们给孩子读睡前故事、哀悼死去的父母和轻拍他们的狗的时候），他们承认人类和狗（也许还包括盆栽植物）不仅仅是机器，承认利他主义不能完全用互利主义或亲缘选择来解释，并承认意识超出了大脑化学的范畴。他们惊奇地站在夕阳下，为《圣马太受难曲》而哭泣，认为华兹华斯比他们的老板更有智慧。这种令人不安的摇摆存在于相互矛盾的世界之间，它不是一种快乐的生活方式。他们是时候成为完整的人，过上完整的生活了。

这是生物学家。而在数学和物理科学界，事情就非常非常不同了。在这些领域，启蒙运动的怀疑论依然盛行，并带来了真正的科学进步。它可以，也应该使我们对所有其他生命乃至所有其他事物的态度产生彻底的重新定位：恰恰是启蒙运动的设计师们虔诚追求的那种道德进步。

我控诉我在晚宴上看到的启蒙文化，我在我恐惧的生物学家朋友身上看到它，它不符合自己无畏探索的原则，因此已成为一个如它所谴责的宗教般专横的信条，一个阻碍真正的人类和非人类蓬勃发展的妨害。因为若一个人不理解，并且选择不去理解造物的本性,他就不能有效地促进这些造物的繁荣。[35] 如在数学和物理科学中所见,正确的科学怀疑主义认为**一切**事物的核心是意识。如果这是真的,一切都会改变。事实上,它是改变了一切,从本体论、伦理、认识论上,它使一切都到达了一个接近旧石器时代晚期狩猎采集者的位置。

要有正确的人文道德标准,你需要知道人是什么。要正确对待牛、鸡、山和朋友,你也需要知道他们是什么。

教授认为所有这些东西都是物质块。它们确实是物质块。但它们有没有被证明**只是**物质块?并没有。不过教授的问题远不止于此:没有人对物质是什么有一个元概念。我们只知道,在某些情况下,物质有什么表现。对于它究竟是什么,我们只有一些比喻:例如,"凝固的能量"。[36] 物理学的任何可预见的进展都只能改进这个比喻。我们可能会得到更有共鸣的诗意的比喻,与方程式契合得稍稍不那么错位的比喻。但比喻将继续存在。

牛顿和其他人把自然界看作机械的装置。这个模型隐含这样的思想:自然界的一切在原则上都是可以解释和预测的。自然科学和相关技术的辉煌成功使这一隐含思想成了必然——它变成一种错觉,认为牛顿模型能说明一切。因此,只要有足够的时间、努力和思考,运用它就能解释并完整地描述一切。这样看来,科学就变成了(至少是潜在的)全知者。

我们早应该多一点现实主义、谦卑和启蒙运动理性主义。要变得真实、谦逊和开明,对意识的研究是一个良好的开端。

意识研究的现状很容易概括。没有人对意识的要点、性质或位置有哪怕一丁点儿的了解。"给我们点时间。"生物学家们恳求道。不，对不起。时间到了。你们已经有四万年左右的时间了。但你们不仅没有取得任何进展，而且也没有任何证据表明，以你们那教条的唯物主义世界观，只要给你们更多的时间，你们就能取得些须进展，况且还有很多证据表明你们不能。

听着，正如莎士比亚学者所说，"天地之间有许多事情"，教授，多过你在牛顿机械哲学系统里所梦想的。机械哲学并不是故事的全部：它只是一种近似值，一种对事物在大尺度上更有可能如何表现的描述。当你断言原则上所有一切都可以被容纳其中时，你就大错特错了。这已经不是什么新闻了。接受吧。

从1927年至1955年（爱因斯坦于该年去世），爱因斯坦和尼尔斯·玻尔（他与维尔纳·海森堡、马克斯·玻恩等人共同确立了现在主流的量子力学哥本哈根诠释[37]）之间展开了一场论战。主题是关于——是否有**任何**理论能从**基本上**完全符合这个世界。爱因斯坦赞同教授（这对于相对论的缔造者而言可能令人吃惊），赞同我所有满怀希望的生物学家朋友和牛顿：宇宙中可以，并终将出现一种能解释并预测万物的理论。不，玻尔说，不确定性是事物本质的关键要素，是世界构成的一部分。[38]海森堡不确定性原理意味着，一个人不能独立于观察过程之外描述粒子的行为；量子互补原理意味着，要完整描述现象，我们就必须同时假设粒子和波的行为，然而粒子和波的行为是互斥的。海森堡这样写道：

当我们说到我们这个时代的精确科学中的自然图景时，我们并不是指表达**我们与自然的关系**的自然图景……科学不再作为客观的观察者来面对自然，而是把自己视作在人与自然的相互作用中的演员。分析、解释和分类的科学方法已经意识到自身的局限性，这种局限性产生于这样一个事实，即科学以其介入改变并重塑了研究的对象……方法和对象不再能够分离。[39]

于是，观察者的意识与正在被观察的事物无法分离地纠缠在一起，前者影响着后者。过了半个多世纪，海森堡关于科学"意识到自身的局限性"的断言实现得七零八落。

1935 年，爱因斯坦和他普林斯顿的同事发表了一篇论文，他们认为这是对玻尔的错误的有力证明。他们说，如果玻尔是正确的，那么两个曾相互作用的粒子将从此在行为上相互关联，无论它们在时空上相距多远。这是不可能的，因为相对论规定，任何物体的运动速度都不能超过光速，因此两个粒子之间不可能以超过光速的速度进行交流。

毋庸置疑，如今人们已从经验上证明，玻尔是正确的。[40] 一旦相关，便永远相关。没有任何数学弯刀可以劈开量子纠缠。在量子层面上，空间和时间似乎无关紧要：这就是量子非定域性学说[41]。

一直没有人能够说出意识是如何从无意识的物质中出现的——这个问题使一些哲学家开始支持古老的解决方案（物质根本不是无意识的），这些哲学家包括阿尔弗雷德·诺思·怀特海（Alfred

North Whitehead)、蒂莫西·斯普里格（Timothy Sprigge）、大卫·格里芬（David Griffin）、托马斯·内格尔（Thomas Nagel）、大卫·查尔默斯（David Chalmers）和盖伦·斯特劳森（Galen Strawson）。[42] 那些可怜的老生物学家因此变得很可笑。不过，我一次又一次在比教授的晚宴更意气相投的高桌晚宴上看到，习惯了量子非定域性及纠缠态的物理学家们对此连眉毛都不抬一下。

对于海森堡和玻尔预期的，和后来在伯克利、奥尔赛和日内瓦进行的大胆实验所展示的效应，最简单的解释似乎就是物质（不管它是什么）的意识（不管它是什么）。一个人类观察者的注意力包含了某种可以被称为意识的东西。它影响的不只是人（如果我们非得把万物分开的话）的行为。难道同类不能影响同类吗？意识与意识不会相互作用吗？心灵与心灵不会对话吗？

非定域性和量子纠缠与亚原子粒子的行为相关，而非直接相关于狗的大脑和它远方主人的大脑之间的关系，或我和盯着我后脑勺的人的眼睛之间的关系。但狗的大脑、人的大脑和人的眼睛都是由这些粒子组成的。

更重要的是，按照正统理论，宇宙中所有的亚原子粒子都曾经在138亿年前，即宇宙大爆炸时，非常非常贴近彼此。如果这是对的，那么宇宙中的**每一个**粒子都与宇宙中的**其他每一个**粒子纠缠在一起，永远影响着彼此的行为。神秘主义者所说的合一性（oneness）可能是事实。如果今晚羊排上的一个电子能与150亿光年外一颗类星体上的一个电子相互影响，那么当你远在一百英里外的路上时，你的狗可能会察觉到你改变的意图，就不显得那么可笑了。

在黑白互锁的阴阳符号外围是一个圆，将它们合二为一。在梵语传统中，存在（sat）、意识（chit）和喜悦（ananda）作为同一个词使用：沙特奇阿南达（Satchitananda）。在基督教的传统中，物质的、感性的圣子和非物质的、无所不在的圣灵都与圣父一体，并充满爱意地联系在一起，而圣父是一切的创造者，其性质中充盈着所有的造物。

与我一起站在雨中时，生理学家坚持认为大脑等同于心灵，这是可以理解的。因为大脑状态和意识之间显然存在某种联系。如果我注射了麻醉剂，或者一辆卡车碾过了我的头，我的意识就会以某种方式受到影响。但证明 a 与 b 在某种程度上相关，还远远不能够证明 a=b（除非你在半途中得到一些非法引进的公理的帮助）。公理并不缺乏，也随时可以引进。[43]教授在他都铎式的房间里放了满满一书柜公理。

1897 年，威廉·詹姆斯（William James）在哈佛大学演讲，他认同人类意识是大脑的一种功能，但他接着评论道，说某个东西是大脑的功能，并不等于说它是由大脑**产生**的。功能可以标示**传送**：例如，棱镜可以折射光线，但不能产生光线。[44]棱镜的输出看起来与输入相当不同。棱镜的个别特性决定了输出的外观。大脑和心智可能也是一样。也许你的大脑会给照射进来的那部分心智赋予一种特殊的颜色。但这并不是说，当卡车车轮压扁了我的大脑，把棱镜压得粉碎时，我称之为"我"的那部分个性心智就不复存在了。它可能只是被重新安置了。

因此，大脑传送、调解或许还接收意识。它们很像收音机。损坏一台收音机，它接收或传播的能力就会受到影响。奥尔德斯·赫胥黎（Aldous Huxley）把大脑称为"减压阀"，它能将数据的流动减缓到一定程度，使工作状态的大脑能轻松处理，但迷幻药可以使这个阀门松动——允许通常会被阻断的波长上的信息长驱直入。[45] 数学家贾森·帕吉特（Jason Padgett）被公认为是一个天才，他能通过联觉"看到"世界上的分形图像，但他在高中时对数学一窍不通。一个抢劫犯击中了他的头部，这一击释放了他与数字和图像的超视关系。就好像这一击破坏了一部分大脑组织，这部分大脑组织原本在他和我们身上形成阀门，抑制了分形的可视化。[46] 谁能说得清在过去的四万年里，人群中的这种阀门是如何广泛松动的？

我们通常在四维空间（三个空间维度和时间）中懒散地待着。它们是启蒙运动的维度，教授的维度，生物学家的维度。但任何一位数学家都会告诉你，它们并不是仅有的维度，而且它们似乎经常约束我们。诗人和音乐家责骂它们；吸毒者和其他追求迷幻状态的人试图超越它们；我们的童年回忆坚持认为，有比四维更多的维度。而且，即使我们已是身材高大、头脑清醒的成年人，我们也经常说得好像四维空间（尤其是时间）不是我们的自然栖息地。"时光飞逝，不是吗？""上次见你不可能*真的*是五年前吧。"如果你完全自然地处于时间维度内，你就不会这样说话。"鱼会抱怨海水潮湿吗？"C.S. 刘易斯问，"或者，如果它们会的话，这一事实难道不是有力地表明，它们过去或将来并不总是纯粹的水生生物吗？"[47]

时间对我们来说毫无意义。这是说，我们似乎已经凭直觉知道量子物理学家辛辛苦苦证明的东西，即，时间本身是一个无意义的范畴。首先，时间不能单独被考虑，它必须作为时空这个单一介质中的一个元素被考虑。但远不止于此。我们已经见到了量子非定域性的概念（在这个概念中，无论在多么广大的时间和空间范围里，曾经相关的实体都会瞬间影响彼此的行为）。如果它是正确的，那么空间和时间即使不是不存在，至少也会萎缩到无关紧要的程度。这与耶稣的观点相去不远，耶稣在宣称神性时混淆了时态，断言"亚伯拉罕存在之前，我此刻存在"（Before Abraham was, I am.）[1][48]。

有一些奇怪但普遍的迹象表明，我们有时（也许最终？）会冲破日常生活维度的束缚。我在医院的那种灵魂出窍的体验，往往伴随着我们自觉存在之维度的明显倍增。这些体验者通常都有360度的视野，杰弗里·克里帕尔指出："如果一个人突然进入另外的时空维度，那你便可以预见到他会有这样的视野。"[49]最近的研究表明，人类大脑中的神经元网络能够处理十一个维度的信息。[50]我们只会有意识地考虑四个维度。我们有硬件可以栖息的其他四个维度是数学抽象领域，需要用厚厚的公式书来解释，而布莱克或博斯或

---

[1] 见《圣经·新约·约翰福音》8:58，据新标点和合本。——编者注

埃尔·格列柯[1]的画作远不能阐明它们。我们的联网程度**远远超出**我们通常意识到的水平。如果我们被假定永远不能冒险走出我们通常的四个维度，那从自然选择的层面来说，这是一种非同寻常的挥霍。

我坐在泰国的一家餐厅里。汗水沿着我的鼻子滴到豆腐里，蟑螂在我的脚上跑，河岸上的蛙鸣淹没了迈克尔·杰克逊的歌声。我的笔记本湿透了，我还不如把它扔到马桶里去。它太湿了，我没法在上面写字，所以我喝完了最后几口啤酒，看看墙上的钟。已是深夜，但时钟显示的是 8 点 10 分，它显然是错的。这里只有另外一个欧洲人，是个女孩，她独自吃饭，用汤碗撑着一本《雪豹》(*The Snow Leopard*)。

"对不起，"我说，"你知道现在几点吗？"

她从书中抬起头来。笑了。

"你最不应该问的人就是我，"她朝钟点了点头，"我 8 点 10 分进来的。"

当我回到简陋的客店时已是午夜了，因为她和我说了她的故事。她是法国人，十年前她乘坐的汽车正面受到撞击，她受了重伤。她被紧急送往医院，抽干了脑部的血肿。她在生死边缘徘徊了

---

[1] 威廉·布莱克（William Blake, 1757—1827），英国著名画家、诗人。希罗尼穆斯·博斯（Hieronymus Bosch, 1450—1516），荷兰画家，作品充满怪诞的形象和奇异的画面。埃尔·格列柯（El Greco, 1541—1614），西班牙文艺复兴时期著名画家，作品多为宗教画与肖像画。——编者注

一阵子,经历了一次相当经典的濒死体验,她沿着一条隧道走向一道明亮的灯光,她死去的亲人正在那里等着,她感到一种难以抗拒的幸福和平静,然后不情不愿地被拖回了医院的病床。

她说,从那时起,她就会把电子设备搞得乱套。钟会停止,有时还疯狂地旋转。她一靠近电脑,电脑就会死机。她还没有让飞机从空中坠落过,但她在飞行时总是担心得要死——或者说,如果她的濒死经历没有消除她对死亡的恐惧,她就会担心得要死。当我们准备离开餐馆时,我说我来为她买单。

"你真是太好了,"她说。"但我敢打赌,如果我在那儿,刷卡机就不会工作了。我得带很多现金。"她说得对,它确实不工作了。她不得不站到路的那一边,我才可以用信用卡付款。

显然是因为她的意外事故,她的硬件似乎在以平常不会传播的频率,对时钟、电脑和刷卡机等物件传播**某些东西**,因为这些设备使用相同种类的信号,可以接收它们。意识向意识传播?像这样的经历——濒死体验及其后果——是非常常见的。它们被教授和他的同类无视了,他们说它们不会发生,因为它们**不可能发生**。[51]

正如玻尔在量子现象的层面上所预言的那样,有大量的证据表明,心智直接作用于心智,这产生了一种独特且有力的知识:个体心智的影响并不局限于头骨中。这当然需要更系统的调查研究。但人们没有做这件事,原因很简单,就是担心现有的范式——所有现代生物学和相关科学的职业生涯都建立在这个范式的基础上——可能会被摧毁或削弱。对于诸如心灵感应这样的现象,人们在可控的实验室条件下做了一些研究，这些研究往往表明，只有很微弱的结果——诚然大于偶然的概率，但很微弱——支持这样的假设：心智超越头脑，其作用的物质不限于相应头脑所属的身体。[52]

然而，在实验室之外，在通常被充分证实的故事领域，这种效果往往要戏剧性得多。正如克里帕尔所说，似乎存在着一种"极端条件下的特权"[53]——他的意思是，恰恰在日常型交流无法发生时，心灵似乎会直接与心灵对话——尤其是在临死，或者涉及未来事件被披露（这很常见）时，或者是当你在德比郡的树林里极度想念死去的父亲时。实验室实验必然排除的条件，正是戏剧性的心灵直接互动的一般背景和理由——就像要测试人类会游泳的假设，但只允许实验对象在空气中游泳。但对我们大多数人来说，一种较为温和的心灵互动是一种日常体验：知道某人在想什么，或者要说什么。

我们的大多数关系都是建立在一些没有也不可能有任何实证的东西上的，不是吗？教授热爱他专横的妻子，这热爱没有任何经验或数学上可证明的基础，但它远比他发表的文章中关于社会本质的任何断言都更真实、更可靠，哪怕这些断言是用统计学装饰的。关系的基质似乎是不确定性，正如不确定性（就像玻尔所预期的）是宇宙的承重梁之一。[54]

在从伦敦回牛津的火车上，在车轨的咔嗒声中，我努力想用一本才气纵横的小说让自己兴奋起来，但失败了。正在此时，我看见教授就在几个座位之外。他戴着耳机，闭着眼睛，着迷地抖动着眼皮,双手在指挥着一支听不见的管弦乐队。

我并不奢望进入他所处的任何神圣的空间,但几分钟后,他的手垂下来,眼睛睁开了,他看到了我,站起来,走过来坐到了我对面。我们都为上次分手的方式感到不自在,但又为能够重新开始感到宽慰。

"嘿,最近怎么样?"他当作什么也没发生过似的问道,我们聊了几分钟,交换了一些两人都不想要的信息。

"你在听什么?"我问。

"你讨厌的东西。"他轻蔑地说道。他没有恶意,就是忍不住。"高雅文化的果实。你用麋鹿皮鼓和迪吉里杜管(didgeridoo)弹不出来的东西。巴赫。全都是非常数学化且过度教育的结果。不含一丁点大麻和精液。"

于是我们直接回到那次晚餐的话题,但这次我太累了,不想争论,我试着把话题转到大学政治上。然而,教授一旦被唤醒,就不会躺下了。

"你怎么能背弃人类已经取得的最好成就呢?"他想知道,"我们对自我的一切了解;所有热烈的知识的乐趣。那些快乐,那些你轻视的快乐,让我在**这儿**——"他捶着肚子,"以及**这儿**——"他用手指戳着裤裆,"还有**这儿**——"他拍拍脑袋,"我的**一切**。自我和本我;左脑和右脑。"

现在,我突然开始喜欢上这个人了。真是非常喜欢他。但由于我找不到语言来表达我的完全赞同,我便以一种我希望他会认为是神谕般的方式点头,然后保持着紧张的沉默,一路明智地望着窗外,直到抵达牛津。

教授的谴责与我无言的回应,共同构成了一种未经净化的总结,它可以概括我和我母亲在她生命最后几年里的大部分对话。她在她与自然的战争中毫不妥协。至少看起来往往是这样。尽管她有西西里血统,并且在地中海文化中心待过很长时间,但她的皮肤依然是极白的。我想,她害怕太阳,因为明亮的太阳意味着她不在她的图书馆或画廊里,意味着那些没有神经终板或镀金镜框的野物可能会来找她。所以她亲切地奚落我毛发蓬乱的返祖现象,而我嘲弄她那高耸的眉弓,并且有时态度并不温和。我们痛苦地驱逐彼此,只有当我发现她在与从内吞噬她的狼角力时,我才明白她对野性的了解比我超出了多少——那知识是她从母亲的身份、婚姻、淌着鼻涕的学童和欧洲的高雅文化中获得的。她选择待在室内,因为这样她可以更好地照顾我们,因为她懂得,如果你恰当地阅读歌德,你就会知道四肢舒展地躺在山顶是什么感觉,懂得正确地倾听莫扎特就能嗅到狐狸精灵的味道,懂得仙女座在唱着 B 小调弥撒。她知道太阳神和酒神是同一个神。

我不推荐她采用的途径。它需要一种敏感性,这种敏感甚至使正常的生活感受都令人异常痛苦。在德比郡裸奔比这容易得多,也有趣得多。但她证明了,认知能力自从野外出现后,从未完全失去与自然的联系,如果我们仔细点,把认知能力用皮带拴好,它就能帮助我们嗅出一条道路,回到我们出生的地方。

世界总是比我们领先许多步,总是让我们困惑,总是让我们眼花缭乱。在我们跟着它蹒跚前行时,我们需要所有能得到的帮助,包括偏微分方程式、射电望远镜、意大利文艺复兴,以及神秘主义者和瘾君子的基本工具——它们必须永远是基本工具。

如果我们带着这**一切**走进树林、河流、小山和海洋,荒野将感到被欣赏。它会知道我们在努力,并开始走出来介绍它自己。既然你是荒野的一部分,你就应该准备好与**你自己**相遇。做一个完全开启的人,远比做一只头脑最最清醒的獾、水獭、狐狸、鹿或雨燕更令人兴奋和恐惧。

我们可以拥有一切!我们必须拥有这一切!我们必须是贪婪的!

我们了解大多数重要事物的主要方式,是凭借来自关系的那类知识:它们是未经认知或语言影响的直接碰撞。我们曾经精通这类知识。我们可以再次精通。在努力了解的过程中,我们还必须补充其他一切我们已获得的了解方式。

我已经迫不及待地想在了解上更进一步了。

我们是什么?令人眼花缭乱的生物,我们体内的每一个电子都在与宇宙所包含的其他每一个粒子和谐振动,如果我们允许的话,还能与它们联合。神秘的"物质"暂时容纳了我们称之为自己的心灵,它似乎决定了心灵的某些行为方式(可能在决定你称之为你的心灵的结构方面也很重要)。但物质似乎更像是心灵的运载工具——一辆相当基础的无轨电车——而非其他。事实上,它可能抑制了心灵的表现,束缚了它,夹住了它的翅膀。

  我窘迫地回首望向那个痛苦纠结着、陷在物质中的出庭律师,他在某个下午血迹斑斑地站在苏格兰的小山上,夜里听着舒伯特,并在接下来的那一周试图用三段论来描述人类的痛苦。我真希望我能回到过去,打破那些使他分裂的隔阂,它们就像新石器时代分隔广阔的野性世界的墙壁一般。等我这么做了,我希望他会四处游荡,发现并生活在无处不在的野性仁爱中。

  "给我讲个故事吧。"汤姆说。

  你是时候自己讲故事了。

  "啦哩哩哩,哩哩。"

后　记

我们都在德比郡的树林里。这是一个高远的、蓝色的寒冷冬日，现在是一个高远的、黑色的寒冷冬夜。

我们围在一个火堆旁。我们的影子在树梢跳舞。嘀嗒转头的喜鹊栖在山楂树上，就在我的肩膀上方，兴奋地会见眼前这家人。

汤姆从火里拿出一个土豆，在吃之前，他把它拿进树林待了几分钟。等他回来时，土豆少了一撮。其他人没有注意到。而他拒绝看我的眼睛。他不可能错过环绕着火堆的煤焦油气味。

谷仓那边有两个我很熟悉的身影。他们站着不动，如果我不知道他们是谁，我可能会以为那是两个门柱。当风从豪登高沼地和布利克罗山吹下来时，吹乱了他们的毛皮帽子。汤姆也在看着他们。

我一直不知道他们的真名。

我们踩灭了火，向房子走去。我转过身，向下看了看那片树林。门柱移动了。

某物或某人在吹口哨。一开始，我以为是风在穿过干石墙上的洞,但事实并非如此,是我们八岁的儿子乔尼在吹口哨:"啦哩哩哩,哩哩。"

致　谢

非常感谢慷慨奉献了他们的时间、智慧和咖啡的考古学家和人类学家，尤其是：莱顿大学的简·阿宾克（Jan Abbink），帕萨迪纳人类发展中心的贾斯汀·巴雷特（Justin Barrett），中央兰开夏大学的维姬·卡明斯（Vicki Cummings），牛津大学的巴里·坎里夫（Barry Cunliffe），牛津大学的罗宾·邓巴，巴伊兰大学的阿维·福斯特（Avi Faust），特拉维夫大学的伊斯雷尔·芬克尔斯坦（Israel Finkelstein），南安普敦大学的克莱夫·甘布尔，希伯来大学的约西·加芬克尔（Yossi Garfinkel），伦敦政治经济学院已故的大卫·格雷伯，苏格兰历史环境局的玛丽·麦克劳德·里韦特（Mary MacLeod Rivett），雷丁大学的斯蒂芬·米森，杜伦大学的保罗·佩蒂特，牛津大学已故的史蒂夫·雷纳（Steve Rayner），牛津大学的里克·舒尔町（Rick Schulting），耶鲁大学的詹姆斯·C.斯科特，曼彻斯特大学的朱利安·托马斯和莱顿大学的哈里·韦尔斯（Harry Wels）。

我有世界上最好的一群朋友，他们帮助我成为一个真正的人，并且在我做不到时容忍我。但在本书所记录的具体调查中，我更为直接地麻烦了其中一些人，为此我必须特别感谢：大卫·阿布拉姆、阿哈龙·巴拉克（Aharon Barak）、西奥·巴尔焦塔斯（Theo Bargiotas）、苏珊·布莱克默（Susan Blackmore）、约翰·巴特勒（John Butler）、蕾切尔·坎贝尔-约翰斯顿（Rachel Campbell-Johnston）、斯特凡诺·卡里亚（Stefano Caria）、约翰（John）和玛格利特·库珀（Margaret Cooper）、詹姆斯·克劳登（James Crowden）、史蒂夫·伊利（Steve Ely）、约翰（John）和尼基·弗莱彻（Nicki Fletcher）、玛丽亚姆·莫塔麦迪·弗雷泽（Mariam Motamedi Fraser）、西蒙·吉布森（Shimon Gibson）、杰伊·格里菲斯（Jay Griffiths）、戴维·哈斯克尔（David Haskell）、卡斯帕·亨德森（Caspar Henderson）、乔纳森·赫林（Jonathan Herring）、本·希尔（Ben Hill）、玛丽·豪格詹森（Marie Hauge Jensen）、海伦·朱克斯（Helen Jukes）、保罗·金斯诺斯（Paul Kingsnorth）、马里诺斯·基里亚科波罗斯（Marinos Kyriakopolous）、安迪·莱彻（Andy Letcher）、约翰·利斯特-凯（John Lister-Kaye）、安迪·麦吉（Andy McGee）、伊恩·麦吉尔克里斯特、乔治·蒙比尔特（George Monbiot）、海伦·莫特（Helen Mort）、詹姆斯·芒福德（James Mumford）、詹姆斯·奥尔（James Orr）、安德鲁·平森特（Andrew Pinsent）、乔纳森·普莱斯（Jonathan Price）、朱利安·萨武列斯库（Julian Savulescu）、

诺姆·席梅尔（Noam Schimmel）、迪特里希·格拉夫·冯施韦尼茨（Dietrich Graf von Schweinitz）、斯蒂芬·塞德利（Stephen Sedley）、卡尔·塞诺伊（Karl Segnoe）、马丁·肖（Martin Shaw）、科斯莫·谢尔德雷克（Cosmo Sheldrake）、默林·谢尔德雷克（Merlin Sheldrake）、鲁珀特·谢尔德雷克、约翰·斯塔萨托斯（John Stathatos）、彼得·索恩曼（Peter Thonemann）、克里斯·索利斯（Chris Thouless）、科林·图吉（Colin Tudge）、迈克尔·乌姆尼（Michael Umney）、克里斯托弗·冯图莱肯（Christoffer Van Tulleken）、汉德·冯图莱肯（Xand Van Tulleken）、鲁斯·韦斯特（Ruth West）和西奥多·塞尔丁（Theodore Zeldin）。

马诺利斯·巴西斯（Manolis Basis）是希腊最好的布祖基琴演奏者，他以一种我从未领略过的方式带我进入了音乐世界。詹姆斯·贝尔（James Bell）和其他所有在伊西斯农舍酒馆参加"混蛋英语会话"的人每个月都与死去已久的农场工人通灵。

我从令人惊喜的吉尔·普尔斯（Jill Purce）那里学到了蒙古呼麦的基础技法，发现自己的身体竟如此能够共振和有音乐感。那段经历决定性地启发了我对音乐和语言之间关系的思考。

弗兰（Fran）和凯文·布洛克利（Kevin Blockley）尽了最大努力让我相信新石器时代是一件好事。

约翰·洛德（John Lord）是燧石匠老前辈，他和蔼且耐心地教我和孩子们制作斧头和箭头的基本原理，并向我们介绍了许多其他的史前技术。他生活在石器时代，其方式独一无二——不是添加不合潮流的事物，而是在生活中遵守岩石和环境教给他的尊严及恭谨有礼的规则。

泰米尔纳德邦的萨奇南达道场缩小了东西方之间的差距，使我在研究它时，不至于感到心神不定。

彼得·索恩曼（Peter Thonemann）读了我的草稿，并以惊人的洞察力做出了评论。

牛津大学的格林坦普尔顿学院是所有学院中最苍翠、最可爱的园子。和布莱克教授那次紊乱的晚餐永远不可能在那里发生。我亲爱的朋友及同事丹尼丝·利弗斯利（Denise Lievesley）是该学院的前院长，她工作杰出，使学院成为一个可以对如本书所展现的这些思想进行无畏表达和严格解构的地方，我怀着感激和敬意向同事和学生们致敬。

一路上，我得到许多朋友的帮助和善意，尤其是：埃利卡·巴拉克（Elika Barak）、克里斯（Chris）和苏斯·贝金汉（Suz Beckingham）、安德鲁（Andrew）和露西·比伦（Lucy Billen）、马格努斯·博伊德（Magnus Boyd）、拉比·伊莱·布拉克曼（Rabbi Eli Brackman）和弗赖迪·布拉克曼（Freidy Brackman）、佐耶·布劳顿（Zoe Broughton）、马尼·布坎南（Marnie Buchanan）、彼得（Peter）和劳拉·卡鲁（Laura Carew）、马尔科姆（Malcolm）和皮普·奇泽姆（Pip Chisholm）、默里·科克（Murray Corke）、科利特·杜赫斯特（Colette Dewhurst）、伊西（Issi）和塔尔·多伦（Tal Doron）、凯特·福斯特（Kate Foster）、伊恩·格雷

厄姆神父（Father Ian Graham）、埃斯蒂·海尔什科威兹（Esti Herskowitz）、托尼（Tony）和萨莉·霍普（Sally Hope）、吉尔（Gill）和巴里·霍华德（Barry Howard）、杰夫（Geoff）和曼迪·约翰逊（Mandy Johnson）、普拉莫德·库马尔·乔希（Pramod Kumar Joshi）、帕特·考夫曼（Pat Kaufman）、迈克尔（Michael）和阿比盖尔·劳埃德（Abigail Lloyd）、奈杰尔·麦吉尔克里斯特（Nigel McGilchrist）、乔利恩（Jolyon）和克莱尔·米切尔（Clare Mitchell）、佩内洛普·摩根（Penelope Morgan）、贝韦·芒罗（Bewe Munro）、迈克·帕克（Mike Parker）、奈杰尔（Nigel）和珍妮特·菲利普斯（Janet Phillips）、科斯塔·皮拉夫奇（Costa Pilavachi）、基思（Keith）和埃米莉·鲍威尔（Emily Powell）、路易丝·雷诺兹（Louise Reynolds）、罗兰·罗斯纳（Roland Rosner）、凯西·肖克（Kathy Shock）、克莱尔（Claire）和迈克·史密斯（Mike Smith）、凯瑟琳·斯塔萨托（Katherine Stathatou）、萨拉·索恩曼（Sarah Thonemann）、卡罗琳·索利斯（Caroline Thouless）、休·沃里克（Hugh Warwick）、吉米（Jimmy）和梅拉妮·瓦特（Melanie Watt）、马克（Mark）和休·韦斯特（Sue West）、罗伯（Rob）和亚历克斯·约克（Alex Yorke）和乔·齐亚斯（Joe Zias）。

我出类拔萃的经纪人杰西卡·伍拉德（Jessica Woolard）从一开始就相信这本书，我对她的敏锐和专注感到敬畏。非常感谢我在《档案》（*Profile*）杂志的编辑海伦·孔福德

（Helen Conford）和《大都会》（Metropolitan）的编辑里瓦·赫歇曼（Riva Hocherman），感谢他们收养了这个奇怪的、混乱的、异常野心勃勃的孩子，感谢他们善良的、有技巧的、有纪律的抚养，否则这个孩子出现在世界上的样子会比它实际的样子更怪异。马修·泰勒（Matthew Taylor）出色的文字编辑工作极大改善了本书。

我的大部分可称为人性的东西都来自我的家人，包括在世的和已故的。我的父母坚持认为（尽管他们已经去世，但仍然坚持认为），做一个人类是穷极想象的最令人紧张的冒险。我现在的人类速成班老师是我的妻子玛丽，以及我的孩子，莉齐、萨莉、汤姆、杰米、蕾切尔和乔尼。我很惊讶他们竟然对我保持信任，有时甚至能不发脾气。这太惊人了，我对此非常非常感激。

我更改了一些名字、地点和时间，将不同地点和时期的事件拼接在一起，试图使这零碎不定的叙述连贯起来。

不过，仍会有人因为此间对他们的陈述而受到伤害，对此我万分抱歉。

附 注

题词

1. *The Winding Stair and Other Poems* (1933).

作者按

1. 不过我怀疑，这种情况更多发生在非洲（而非欧洲），并且远远多于欧洲中心主义的考古学家普遍认可的情况。

2. 关于基因，在现代英国人中，中石器时代的单倍体基因型可能比旧石器时代晚期的更占优势，也可能不然。但没有人否认我们与旧石器时代晚期人类（或旧石器时代晚期人类与中石器时代人类）之间的行为连续性，这正是我现在所关心的。在欧洲，旧石器时代晚期和中石器时代之间也充分展现出了遗传连续性：Eppie R. Jones, Gloria Gonzalez Fortes, Sarah Connell, Veronika Siska, Anders Eriksson, Rui Martiniano, Russell L. McLaughlin et al., 'Upper Palaeolithic genomes reveal deep roots of modern Eurasians', *Nature Communications* 6(1) (2015): 1–8l。

3. 有些读者可能会感到惊讶，本书中几乎没有提及与人类故事相关的内容，也没有提及我们目前关于大脑偏侧化问题的危机，特别是伊恩·麦吉尔克里斯特的作品——极其著名的 *The Master and His Emissary: The Divided*

Brain and the Making of the Western World (Yale University Press, 2009)。他的论点是，左右两个大脑有不同的功能：二者使人对世界保持不同类型的关注。左脑擅长集中注意力。它喜欢归档、分类，并且非常保守。它不喜欢自己的分类被质疑或混淆。就像它很喜欢使用的电脑一样，它的操作系统是基于对现实的二元观点。它是个书呆子。右脑的世界观更全面，它能看到背景和关系，知道真相往往存在于矛盾之中。它可以与冲突共存，它不会把数据收集和智慧混为一谈。左脑应该是大脑的管理员：处理日常事务，保持条理以使整个大脑在最佳状态中工作。但是（文章接着说）管理员已经逐渐掌握了控制权：这场政变已将细微的差别、反思、智慧，可能还有人类身份和整个星球变成受害者。

伊恩是我最好的朋友之一，他的研究内容对我产生了深远的影响。我确信他的论点基本上是正确的。它比我所知的任何其他分析都更能解释思想史以及我们当前危险处境的本质。但我在此很少提及他的文章，是因为他和我正在尝试做非常不同的事情。他在系统地寻找一种统治范式，而我则在混乱地寻找些许安慰和自我认知。我尊重伊恩关于左右两个大脑之间争斗的细节，不过我毫不怀疑，在新石器时代和启蒙运动时期，左脑也在迅速地大踏步迈向霸权。

4. 我在第 158 页给出了建议：可能有证据能阐明尼安德特人的宗教信仰/实践。

Part 1　旧石器时代晚期·冬

1. Sarah Moss, *Ghost Wall* (Granta, 2018), p. 31.

2. 引用自 Joan Halifax 的 *Shaman: The Wounded Healer* (Thames & Hudson, 1982), p. 6。

3. Alwyn Rees and Brinley Rees, *Celtic Heritage: Ancient Tradition in Ireland and Wales* (Thames & Hudson, 1961), p. 16.

4. 从这一点出发,我并不否认非人类能够(例如)表现出同理心——更不用说(例如)有杀戮的欲望了。稍后我将讨论非人类意识的意义,而且我确实认为,许多非人类明显拥有"我"的意识,因此也有"你"的意识。但是在此,我认为只有人类之"我"出现和表现的特殊方式,影响了人类的爱与同理心等出现和表现的方式。这种方式有非常明显的道德因果。

5. 我很感谢保罗·佩蒂特,他宽慰我说,在人类史上如此早的时期,在德比郡这个远离家乡之所,X 的出现是完全合理的。

6. 即使假设有某种方法可以剥离这一切,那我又怎么可能写一本与之相关的书呢?写书依赖于我幻想着要卸载的所有软件。然而,我们难道不能沿着这些思路适度地做一些事吗?如果我不能卸载自己并重装意识,难道我就不能足够疏离自己,以便至少能忘形地重新评价自己吗?如果我这么做,某种新型的意识就会慢慢渗入,使我能够猜测和描述一种意识涌进空容器的感觉,哪怕不太可能,但这岂不是至少看似合理吗?

但是不行:语言将是描述这种感觉的主要障碍。说语言的过程阻止了我们感知任何东西——它妨碍我们与世界进行任何有意义的对话——这对一个作家来说有点尴尬。这就是一本关于书籍是多么绝望、自我挫败且致命的书。不要读它。去做别的事吧,随便什么都行。我只能希望通过不断的写作,让语言可以打破语言,然后能发生一些意料之外的事。

7. 在电影《阿拉伯的劳伦斯》里,劳伦斯用手指捻熄了燃烧的火柴,记得吗?"威廉·波特,诀窍就在于,不要去想它会痛。"

8. J. David Lewis-Williams and Thomas A. Dowson, *Images of Power: Understanding Bushman Rock Art* (Southern Book Publishers, 1989); Jean Clottes and J. David Lewis-Williams, *The Shamans of Prehistory: Trance and Magic in the Painted Caves* (Harry N. Abrams, 1998); David J. Lewis-Williams and David G. Pearce, *San Spirituality: Roots, Expression, and Social Consequences* (AltaMira Press, 2004); David Lewis-Williams, *The Mind in the Cave: Consciousness and the Origins of Art* (Thames & Hudson, 2011); David Lewis-Williams, *Conceiving God:*

The Cognitive Origin and Evolution of Religion (Thames & Hudson, 2011); David Lewis-Williams and David Pearce, *Inside the Neolithic Mind: Consciousness, Cosmos and the Realm of the Gods* (Thames & Hudson, 2011). 这一观点遭到了猛烈的抨击，如今很少有人认为它能完全解释史前洞穴艺术。比如：Grant S. McCall, 'Add shamans and stir? A critical review of the shamanism model of forager rock art production', *Journal of Anthropological Archaeology* 26(2) (2007): 224–33; 以及 Richard Bradley, *Image and Audience: Rethinking Prehistoric Art* (Oxford University Press, 2009)。

9. Mircea Eliade, Shamanism: *Archaic Techniques of Ecstasy* (Princeton University Press, 2004); Joan Halifax, *Shamanic Voices: A Survey of Visionary Narratives* (Plume, 1979); Joan Halifax, *Shaman, the Wounded Healer* (Thames & Hudson, 1982).

10. 对意识起源的神经生物学解释见 Mark Solms, *The Hidden Spring: A Journey to the Source of Consciousness* (Profile, 2021)。

11. 和约翰·洛德一起，后者是世界上最老练的燧石工匠之一：https://www.flintknapping.co.uk/。

12. 许多狩猎采集者都忌讳捕杀（当然还有食用）食肉动物。有相关作品对此作了漂亮的阐释，见 Michelle Paver, *Chronicles of Ancient Darkness* (Orion Children's, 2008–20)。利未族对食用食肉动物和食腐动物的禁令可以追溯至这些禁忌（同时也表示耶和华不赞成流血：请记住，最初设想的自然秩序就是素食主义的——包括人类）。

13. 没有证据表明旧石器时代晚期的英国有兔子，不过在诺福克郡的林福德发现了罗马时期的兔子骨头。

14. Joan Halifax, *Shaman, The Wounded Healer*, p. 6.

15. *The Hare Book* (The Hare Preservation Trust, 2015).

16. Derek Hodgson and Paul Pettitt, 'The origins of iconic depictions: a falsifiable model derived from the visual science of Palaeolithic cave art and world

rock art', *Cambridge Archaeological Journal* 28(4) (2018): 591–612.

17. Iain McGilchrist, *The Master and His Emissary: The Divided Brain and the Making of the Western World*.

18. Heather J. Weir, Pallas Yao, Frank K. Huynh, Caroline C. Escoubas, Renata L. Goncalves, Kristopher Burkewitz, Raymond Laboy, Matthew D. Hirschey and William B. Mair, 'Dietary restriction and AMPK increase lifespan via mitochondrial network and peroxisome remodeling', *Cell Metabolism* 26(6) (2017): 884–96; Maria M. Mihaylova, Chia-Wei Cheng, Amanda Q. Cao, Surya Tripathi, Miyeko D. Mana, Khristian E. Bauer-Rowe, Monther Abu-Remaileh et al., 'Fasting activates fatty acid oxidation to enhance intestinal stem cell function during homeostasis and aging', *Cell Stem Cell* 22(5) (2018): 769–78; Andrew W. McCracken, Gracie Adams, Laura Hartshorne, Marc Tatar, and Mirre J. P. Simons, 'The hidden costs of dietary restriction: implications for its evolutionary and mechanistic origins', *Science Advances* 6(8) (2020): 3047.

19. 看来汤姆凭直觉就知道，要在进食之前先把一部分食物献给树林，这是狩猎采集者的普遍做法。在一些主流宗教中也有这种迹象。例如，正统犹太教的做法是留出一部分面团"给主"，基督教的做法是缴什一税，印度教和佛教则是在寺庙里供奉食物。

20. 这当然是柏拉图的理念。相关精彩的阐述可见 Alan Garner, 'Achilles in Altjira', in *The Voice that Thunders* (Harvill Press, 1997)。

21. Virgil, *Aeneid*, Book II.

22. 关于古代壁炉作用的讨论，见 Larry Siedentop, *Inventing the Individual: The Origins of Western Liberalism* (Penguin, 2015), pp. 10–13。

23. Andreas Mavromatis, ed., *Hypnagogia: The Unique State of Consciousness between Wakefulness and Sleep* (Routledge, 1987); Sheelah James, 'Similarities and differences between near death experiences and other forms of religious experience', *Modern Believing* 47(4) (2006): 29–40; Adam J. Powell,

'Mind and spirit: hypnagogia and religious experience', *The Lancet Psychiatry* 5(6) (2018): 473–5.

24. Marian Stamp Dawkins, *Why Animals Matter: Animal Consciousness, Animal Welfare, and Human Well-Being* (Oxford University Press, 2012); Donald R. Griffin, *Animal Minds: Beyond Cognition to Consciousness* (University of Chicago Press, 2013); Carl Safina, *Beyond Words: What Animals Think and Feel* (Macmillan, 2015); Timothy Morton, *Humankind: Solidarity with Non-Human People* (Verso Books, 2017); Pierre Le Neindre, Emilie Bernard, Alain Boissy, Xavier Boivin, Ludovic Calandreau, Nicolas Delon, Bertrand Deputte et al., 'Animal consciousness', *EFSA Supporting Publications* 14(4) (2017): 1196E.

25. *The Matter with Things: Our Brains, Our Delusions and the Unmaking of the World* (Perspectiva, 2021).

26. Alwyn Rees and Brinley Rees, *Celtic Heritage: Ancient Tradition in Ireland and Wales* (Thames & Hudson, 1961), p. 16.

Part 1　旧石器时代晚期·春

1. 位于西班牙的阿尔塔米拉（Altamira）洞窟艺术或许是最好的例证。

2. Jay Griffiths, *Wild: An Elemental Journey* (Penguin, 2008).

3. David Wengrow and David Graeber, 'Farewell to the "childhood of man": ritual, seasonality, and the origins of inequality', *Journal of the Royal Anthropological Institute* 21(3) (2015): pp.597–619; David Graeber and David Wengrow, 'How to change the course of human history', *Eurozine*. 见 https://www.eurozine.com/change-course-human-history (2018).

4. 这个概念来自 Robin Dunbar, *The Human Story* (Faber & Faber, 2011), p. 46。

5. William Irwin Thompson, *The Time Falling Bodies Take To Light:*

Mythology, Sexuality and the Origins of Culture (Palgrave Macmillan, 1996), p. 102（强调处为后加）。

6. 关于寄宿学校症候群的讨论，见 Mark Stibbe, *Home at Last* (Malcolm Down Publishing, 2016), 以及 Joy Schaverien, *Boarding School Syndrome: The Psychological Trauma of the 'Privileged' Child* (Routledge, 2015)。

7. 我不知道这句话源自哪里。这不是我自己写的，但我找不到出处。

8. 这里指的不是什鲁斯伯里学校，之后我去了这所学校，它是完全不同的。

9. 特伦斯·麦肯纳中正地评论道："自然钟爱勇气。你做出承诺，自然便会融冰释雪来回应你的承诺。"

10. 这样的想法到了非常晚近的时代才显得有些异想天开。十八世纪的博物学家吉尔伯特·怀特具有传奇般的观察力和推理能力，他认为燕子不是来回迁徙，而是在塘泥里冬眠。

11. R. Dunbar, 'Why only humans have language', 出自 R. Botha and C. Knight, eds., *The Prehistory of Language* (Oxford University Press, 2009)。

12. R. I. M. Dunbar, 'Mind the gap: or why humans aren't just great apes', 出自 R. I. M. Dunbar, Clive Gamble and J. A. J. Gowlett, *Lucy to Language: The Benchmark Papers* (Oxford University Press, 2014): pp.3–18.

13. Robin Dunbar, *Grooming, Gossip, and the Evolution of Language* (Harvard University Press, 1998); Robin Dunbar, 'On the evolutionary function of song and dance', 出自 Nicholas Bannon, ed., *Music, Language, and Human Evolution* (Oxford University Press, 2012): pp.201–14.

14. 邓巴认为它们出现的顺序即是如此。

15. Sandra Manninen, Lauri Tuominen, Robin I. Dunbar, Tomi Karjalainen, Jussi Hirvonen, Eveliina Arponen, Riitta Hari, Iiro P. Jääskeläinen, Mikko Sams and Lauri Nummenmaa, 'Social laughter triggers endogenous opioid release in humans', *Journal of Neuroscience* 37(25) (2017): pp.6125–31.

16. Steven Mithen, *The Singing Neanderthals: The Origins of Music, Language, Mind and Body* (Hachette, 2011).

17. Michael Winkelman, 'Psychointegrator plants: their roles in human culture', 出自 Michael Winkelman and Walter Andritzky, eds., *Consciousness and Health, Yearbook of Cross-Cultural Medicine and Psychotherapy* (Verlag fur Wissenschaft und Bildung, 1996): 9–53; Michael Winkelman, *Shamanism: A Biopsychosocial Paradigm of Consciousness and Healing* (ABC-CLIO, 2010)。

18. 我因此而思考我们应该如何看待长期意识障碍患者。我们有时蔑称他们为"植物人"。但也许他们正享受时光。也许他们比以往任何时候都更真实？也许植物人的生活比我们的更令人满意？我在不同场合讨论过关于这些反思的一些伦理和法律推论，比如：'It is never lawful or ethical to withdraw life-sustaining treatment from patients with prolonged disorders of consciousness', *Journal of Medical Ethics* 45(4) (2019): 265–70；以及 'Deal with the real, not the notional patient, and don't ignore important uncertainties', *Journal of Medical Ethics* 45(12) (2019), 800–801。

19. Steven Mithen, *The Prehistory of the Mind: The Cognitive Origins of Art and Science* (Thames & Hudson, 1999).

20. Mithen, *The Singing Neanderthals*.

21. Mithen, *The Singing Neanderthals*, p. 245.

22. Clive Gamble, John Gowlett and Robin Dunbar, *Thinking Big: How the Evolution of Social Life Shaped the Human Mind* (Thames & Hudson, 2014).

23. 见前文第 111 页有关的阐释。

24. Dunbar, 'Mind the gap: or why humans aren't just great apes'; Peter Kinderman, Robin Dunbar and Richard P. Bentall, 'Theory - of - mind deficits and causal attributions', *British Journal of Psychology* 89(2) (1998): 191–204; James Stiller, and Robin I. M. Dunbar, 'Perspective-taking and memory capacity predict social network size', *Social Networks* 29(1)(2007): 93–104.

25. S. Baron-Cohen, 'Empathizing, systemizing, and the extreme male brain theory of autism', *Progress in Brain Research* 186 (2010): 167–175; M. Adenzato, M. Brambilla, R. Manenti et al., 'Gender differences in cognitive Theory of Mind revealed by transcranial direct current stimulation on medial prefrontal cortex', *Scientific Reports* 7(41219) (2017); Anna Cigarini, Julián Vicens and Josep Perelló, 'Gender-based pairings influence cooperative expectations and behaviours', *Scientific Reports* 10(1) (2020): 1–10.

26. R. I. M. Dunbar, 'Group size, vocal grooming and the origins of language', *Psychonomic Bulletin and Review* 24 (2017): 209–12.

27. Robin Dunbar, 'The social brain hypothesis and its relevance to social psychology', 出自 Joseph P. Forgas, Martie G. Haselton and William von Hippel, eds., *Evolution and the Social Mind: Evolutionary Psychology and Social Cognition* (Psychology Press, 2007): 21–31, at p. 28。

28. 医学权威机构认为出现自闭症、强迫症和多动症等状况是因为患者以错误的方式关注世界。而在我看来，比起出现症状的人，任何能以被认为是恰当的方式来处理轰炸我们的过量杂乱信息的人，都更可能患有严重的精神疾病。不过这未经证实。无论如何，如果音乐有助于缓解这些"状况"，这可能意味着音乐是一种更令人满意的（并且可能是演化得更加悠久的）对象和/或人类注意力媒介。

29. 关于这个问题的讨论，可见 Jonathan Haidt, *The Righteous Mind: Why Good People Are Divided by Politics and Religion* (Vintage, 2012)，以及 Joshua D. Greene, Moral Tribes: *Emotion, Reason, and the Gap Between Us and Them* (Penguin, 2013)。

30. Jonathan Haidt, *The Happiness Hypothesis: Finding Modern Truth in Ancient Wisdom* (Basic Books, 2006); 以及 Haidt, *The Righteous Mind*。

31. Mithen, *The Singing Neanderthals*, p. 69. 夏洛克·福尔摩斯赞同道："你还记得达尔文对音乐的论述吗？他声称，早在人类具备语言能力之前,就有了创造音乐和欣赏音乐的能力。也许这正是我们对音乐具有如此敏锐的感受力的缘故吧。我们的心灵深处,仍然对混沌初开之时那些岁月保留着朦胧模糊的记忆。"

"你这观点未免有点不着边际吧?"华生评价道。

他回答说:"如果想要理解大自然,那他的想象力就得像大自然一样广阔。"

Arthur Conan Doyle, *A Study in Scarlet* (Ward Lock, 1887)

达尔文在 *The Descent of Man and Selection in Relation to Sex*(John Murray, 1871)(《人类的由来及性选择》)中讨论了这个问题,有越来越多的人发掘并发展他的思想:例如,见 Simon Kirby, 'Darwin's musical protolanguage: an increasingly compelling picture', 出自 Patrick Rebuschat, Martin Rohrmeier, John A. Hawkins and Ian Cross, eds. *Language and Music as Cognitive Systems* (Oxford University Press, 2012): 96–102。

32. Mithen, *The Singing Neanderthals*, p. 70.

33. 我们的脸很有说服力。例如,我们的眼睛里有非同寻常的白色巩膜,即使在光线很暗的情况下,它也能给出特别有力的信号。

34. Mithen, *The Singing Neanderthals*, p. 89.

35. Mithen, *The Singing Neanderthals*, p. 169.

36. Mithen, *The Singing Neanderthals*, p. 170.

37. 要充分讨论这个问题,需要探索乔姆斯基的"普遍语法"。[见 Noam. Chomsky, The Architecture of Language (Oxford University Press, 2000)]。尽管他的论点极具争议性,但我留意到,最近的一些新发现大力推动了它的发展:见 Richard Futrell, Kyle Mahowald and Edward Gibson, 'Large-scale evidence of dependency length minimization in 37 languages', *Proceedings of the National Academy of Sciences* 112(33) (2015): 10336–41。

38. 毫无疑问,在尸体上做象征性装饰的行为要早于任何洞穴装饰。

39. 我的孩子们很喜欢这些书。

40. 要全面回顾非人类灵长类对待尸体的行为，见 André Gonçalves and Susana Carvalho. 'Death among primates: a critical review of non - human primate interactions towards their dead and dying', *Biological Reviews* 94(4) (2019): 1502–29；亦可见 James R. Anderson, 'Responses to death and dying: primates and other mammals', *Primates* (2020): 1–7. 有关这些发现对于解释早期人类看待死亡的态度意味着什么的讨论，见 Paul Pettitt and James R. Anderson, 'Primate thanatology and hominoid mortuary archaeology', *Primates* (2019): 1–11。

41. Paul Pettitt, 'Landscapes of the dead: the evolution of human mortuary activity from body to place in Pleistocene Europe', 出自 F. Coward, R. Hosfield, M. Pope and F. Wenban-Smith, eds., *Settlement, Society and Cognition in Human Evolution: Landscape in Mind* (Cambridge University Press, 2015): 258–74.

42. 考古学家保罗·佩蒂特很好地总结了这种共识："研究宗教起源的认知科学家似乎认为，在相对较早的演化阶段，人类在认知上倾向于相信灵魂可以在肉体死亡后继续存在。"见 Pettitt, 'Landscapes of the dead'。

43. Pettitt, 'Landscapes of the dead', p. 262.

44. Pettitt, 'Landscapes of the Dead', p. 263；亦见于 Paul Bloom, 'Religion is natural', *Developmental Science* 10(1) (2007): 147–51, at p. 148.

45. Pettitt, 'Landscapes of the dead', p. 258.

46. Michael Shermer, 'Infrequencies', *Scientific American* 311(4) (2014): 97–7；讨论见 Jeffrey J. Kripal, *The Flip: Who You Really Are and why It Matters* (Penguin, 2019), pp. 83–4。

47. 艾伦·加纳这样写道："阿喀琉斯可以在寰神星上（澳大利亚土著语'梦想'）行走。事实上他必须如此——他有那么多东西要记住。这些记忆中尤其值得一提的是，作为一个人活着本身就是一种宗教行为。"'Achilles in Altjira', 出自 *The Voice that Thunders*, p.58。不过对他来说，"宗教"是"人类关注并参与我们在宇宙中存在之问题的领域"（p. 55）。

Part 1　旧石器时代晚期·夏

1. Bruce Chatwin, *The Songlines*(《歌之版图》) (Picador,1987)。

2. McGilchrist, *The Matter with Things*.

3. Bruce Chatwin, *The Songline*.

4. 乔纳森·巴尔科姆（Jonathan Balcombe）真诚地说过，如果鱼有眼睑，而不是依靠水来清洗眼睛，我们就不会那么变态地虐待它们了。Jonathan Balcombe, *What a Fish Knows: The Inner Lives of Our Underwater Cousins* (Scientific American/Farrar, Straus and Giroux, 2016)。

5. 原文是："道可道，非常道；名可名，非常名。无名，天地之始；有名，万物之母。故常无欲，以观其妙；常有欲，以观其徼。此两者，同出而异名，同谓之玄。玄之又玄，众妙之门。"老子，《道德经》，译者 Jane English and Gia-Fu Fang (Vintage, 1997)。

6. Acts (《使徒行传》) 9: 3–9。

7. 有人向我提出，对于这一普遍规律来说，也许当母亲的早期经历是一个重要的例外。对此我不会感到惊讶。

8. Andrew Harvey, *The Direct Path: Creating a Personal Journey to the Divine Using the World's Spiritual Traditions* (Harmony, 2002).

9. 我很肯定我不是第一个想到这个冷笑话的人，但我找不到其他出处。

10. Stephen David Edwards, 'A psychology of indigenous healing in Southern Africa', *Journal of Psychology in Africa* 21(3) (2011): 335–47; Steve Edwards, 'Some Southern African views on interconnectedness with special reference to indigenous knowledge', *Indilinga African Journal of Indigenous Knowledge Systems* 14(2) (2015): 272–83; Jarrad Reddekop, 'Thinking across worlds: indigenous thought, relational ontology, and the politics of nature; or, if only Nietzsche could meet a yachaj' (2014), *Electronic Thesis and Dissertation Repository* 2082: https://ir.lib.uwo.ca/etd/2082. 据说，杜瓦米许（Duwanish）和

苏魁米什（Suquamish）部落的首领西雅图酋长（Chief Seattle）在1854年发表过著名的演讲，总结了北美土著对自然世界的一些态度，只不过有人对其真实性存疑。其演讲称："对我的族人来说，这地的每一部分都是神圣的。每一根闪亮的松针，每一缕幽林中的雾霭，每一片空地，每一只嗡鸣的昆虫，在我族人的记忆和经历中都是神圣的。那树上流淌的汁液，也浸透着我们红人的记忆……我们是这地的一部分，这地也是我们的一部分……芬芳的花朵是我们的姐妹；鹿，马，雄鹰，都是我们的兄弟。岩石山峰，牧场的汁液，小马驹的体温，还有人——都属于同一家庭……这闪亮的水不仅汇入水流，还汇入我们祖先的血流……水的低语是我父之父的声音……一切都共享相同的呼吸——野兽，树，人……没有了野兽，人算什么？如果所有的野兽都消失了，人类将死于精神的无边孤寂，因为发生在野兽身上的事，很快也会发生在人身上。万物相互关联……这地不属于人类；人类属于这地。我们知道这一点。所有的事物都联系在一起，就像血脉使家庭联合一样。万物都是相连的。凡降临于大地上的，终究也会降临于大地之子身上。人并不编织生命之网，他只是其中的一缕。他对这网做了什么，就是对自己做了什么。"

11. https://hedgerowsurvey.ptes.org/biodiversity.

12. Monica Gagliano, Michael Renton, Nili Duvdevani, Matthew Timmins and Stefano Mancuso, 'Acoustic and magnetic communication in plants: is it possible?', *Plant Signaling & Behavior* 7(10) (2012): 1346–8; Monica Gagliano, Michael Renton, Nili Duvdevani, Matthew Timmins and Stefano Mancuso. 'Out of sight but not out of mind: alternative means of communication in plants', *PLoS One* 7(5) (2012); Monica Gagliano, Stefano Mancuso and Daniel Robert, 'Towards understanding plant bioacoustics', *Trends in Plant Science* 17(6) (2012): 323–5; Monica Gagliano, 'Green symphonies: a call for studies on acoustic communication in plants', *Behavioral Ecology* 24(4) (2013): 789–96; Monica Gagliano, 'In a green frame of mind: perspectives on the behavioural ecology and cognitive nature of plants', *AoB Plants* 7 (2015); Monica Gagliano, Mavra

Grimonprez, Martial Depczynski and Michael Renton, 'Tuned in: plant roots use sound to locate water', *Oecologia* 184(1) (2017): 151–60.

13. Eppie R. Jones, Gloria Gonzalez-Fortes, Sarah Connell, Veronika Siska, Anders Eriksson, Rui Martiniano, Russell L. McLaughlin et al., 'Upper Palaeolithic genomes reveal deep roots of modern Eurasians', *Nature Communications* 6(1) (2015): 1–8; Qiaomei Fu, Cosimo Posth, Mateja Hajdinjak, Martin Petr, Swapan Mallick, Daniel Fernandes, Anja Furtwängler et al., 'The genetic history of ice age Europe', *Nature* 534(7606) (2016): 200–205.

14. 后文将详细讨论这个问题：见第 349–356 页。

15. 我稍后讨论这个问题，见第 351–353 页。

16. 小雕像与黏土球大概和流浪社群一起旅行各地。据我所知，它们和明确的祭祀场所并没有什么特别的联系。

17. 狩猎采集者当然有大脑地图。但是，狩猎采集者通常能免受地图之傲慢的侵害，因为他们对自然世界的普遍尊重是他们的定义性特征之一。通常，地图本身（如著名的澳洲大陆"歌之版图"）的这种形式据说是直接从土地自身中涌现的，而不是人类创造的。

Part 1 旧石器时代晚期·秋

1. Betty Sue Flowers, ed., *Joseph Campbell and the Power of Myth* (Doubleday and Co., 1988), p. 120.

2. Garner, 'Achilles in Altjira'.

3. Colin Renfrew, *Archaeology and Language: The Puzzle of Indo-European Origins* (Cambridge University Press, 1990).

4. 我不想过分强调这一点，但这完全符合旧石器时代晚期的自我——以及由此产生的自我与其他实体的关系——蓬勃发展的概念。

5. 巴斯克语总是意图命名。想要恰当地赞美，你就必须命名（不过愤世嫉俗者可能会指出，亚当在《创世记》中给动物命名的行为就是新石器时代典型的控制行为：恰与赞美相反）。萨满说自然界渴望得到我们的赞美。而马丁·肖这样描述他与荒野的磋商："第一个大动作是……重新整理我演讲的碎片，为我眼前看到的自然居民组织清晰而微妙的赞美。不是'河之女神'而是'河女神'。就在我把'之'字挤进混沌中的那一刻，一个抽象概念浮现了出来，而狐女逃离了猎人的小屋。" Martin Shaw, Scatterlings: *Getting Claimed in the Age of Amnesia* (White Cloud Press, 2016)。如果他在西班牙北部讲巴斯克语，而不是在达特姆尔说泥盆纪语言，他的动作可能会更快。

6. 我知道这片土地的宽恕和恩典，是因为如今我走过了足够多的地方，了解她，开始适应它，并被它教导和哺育。你可以通过细节来了解总体。我认为这是旧石器时代晚期的伟大发现。这是一个悖论，就像所有其他值得了解的事情一样：在流浪中，你理解了在家的感觉。

Part 2　新石器时代 · 冬

1. Alan Garner, 'Aback of beyond', 出自 *The Voice that Thunders*, p. 19–38, at p. 37。

2. 火是决定古人类未来最重要的因素，这一点詹姆斯·C. 斯科特做了精彩的阐述，见 *Against the Grain: A Deep History of the Earliest States* (Yale University Press, 2017), pp. 37–42。

3. 这一点如今已显而易见，大地女神受够了我们的放肆，它已举起黄牌，甚至有可能是红牌。全球变暖和始于人畜共患病的瘟疫流行病只是众多例子中的两个，这些存在的威胁完全是从狩猎–采集导向朝新石器时代导向转变的结果。

4. 在本书中，我不讨论国家的形成，以及国家形成或类似行为的后果。这一观点已得到了极致的阐述，见詹姆斯·C. 斯科特, *Against the Grain*。不过，我要指出，人们对无政府主义的理解非常贫乏，并对其进行了系统性的歪曲。在学术性和通俗文学中，无政府主义者基本上都是跑龙套的。绝佳的例子可见 P. J. O'Rourke 的 *Holidays in Hell* (Picador, 1989)："文明是一种巨大的进步……每一个在宿舍扯淡的无政府主义者都应该去贝鲁特待一个小时。"(p. xvi)。

5. 关于邓巴数，见前文第 128 页。

6. 从地图上看，哥贝克力石阵看起来是在安纳托利亚东部，但就本书的讨论而言，它肯定是美索不达米亚的一部分。

7. Steven Mithen, *After the Ice: A Global Human History, 20000–5000 BC* (Weidenfeld and Nicolson, 2003), p. 67.

8. 詹姆斯·C. 斯科特, *Against the Grain*, pp. 81, 86.

9. 例如，成年家犬的口鼻相对短于狼——成年家犬的口鼻更像幼崽。家犬成年后还会继续吠叫，就像小狼一样，但成年狼则不会这样叫。Grandin Temple and Mark J. Deesing, eds., *Behavioral Genetics and Animal Science*(Academic Press, 2014), pp. 1–40。关于与人类吸引力相关的性早熟问题的讨论：V. Swami and A. S. Harris, 'Evolutionary perspectives on physical appearance', 出自 Thomas Cash, ed., *Encyclopedia of Body Image and Human Appearance* (Academic Press, 2012): 404–11.

10. Jack R. Harlan, 'A wild wheat harvest in Turkey', *Archaeology* 20(3) (1967): 197–201.

11. 詹姆斯·C. 斯科特, *Against the Grain*, pp. 7–10.

12. Genesis（《创世纪》）4: 1–21.

13. Revelation 21.

14. Matthew 8: 20.

Part 2　新石器时代·春

1. John Donne, *Holy Sonnets* (1609).

2. *Diagnostic and Statistical Manual of Mental Disorder*, 5th edn (American Psychiatric Association, 2013).

3. Julia Blackburn, *Time Song: Searching for Doggerland* (Random House, 2019).

4. Julian Thomas, 'Death, identity and the body in Neolithic Britain', *Journal of the Royal Anthropological Institute* 6(40) (2000): 653–668, at p. 659.

5. 这种对死者骸骨的尊敬在许多文化中都很常见。例如，希腊人直到今天还经常将骸骨挖出，清洗后放在家族墓穴中。

6. Thomas, 'Death, identity, and the body in Neolithic Britain', pp. 657–8.

7. Thomas, 'Death, identity, and the body in Neolithic Britain', p. 662.

8. 这些转变发生的时间及出现的速度，因地理位置的不同而千差万别。例如，新石器时代在近东开始和结束的时间都早于北欧。

9. 英国北部建有容纳许多尸体的连续墓穴：Thomas, 'Death, identity, and the body in Neolithic Britain', p. 663。

10. 有一个有争议的平行案例（例如，在第二圣殿时期的犹太），即用骨罐收集个人骨骸，而不是将它与祖先的骨骸混在一起——这种个性化的标志（至少在犹太是如此）通常被认为表示相信个人的复活。

11. Francesca Stavrakopoulou, *Land of Our Fathers: The Roles of Ancestor Veneration in Biblical Land Claims* (T. & T. Clark, 2010).

12. 缺少一些时髦的现代法律手段。

13. 诗人约翰·克莱尔被英国的圈地运动——大范围的农业改革——赶进了收容所和坟墓，因为这把他逐出了对他来说至关重要的自然环境。

14. Langford Reed, *The Complete Limerick Book* (Jarrolds, 1924).

15. *Boneland* (Fourth Estate, 2012), p. 47.

16. 关于旧石器时代晚期的这些及其他象征的讨论，见第36–38页。

17. Richard Bradley, *The Idea of Order: The Circular Archetype in Prehistoric*

Europe (Oxford University Press, 2012), pp. 7–11.

18. Richard Bradley, *The Idea of Order*, p. 29.

19. 我在这里不谈建筑之外的艺术。当然，新石器时代和青铜器时代的大部分艺术都是曲线构成的。不过也有例外：比如，请注意，在新石器时代晚期的英格兰和爱尔兰，房屋和纪念碑都是圆形的，但陶器通常装饰有棱角图案。新石器时代的一般规则是：直线的房子，曲线的艺术。关于这种不协调的详细讨论可见 Richard Bradley, *The Idea of Order*。不过这一点并不干扰我在此提出的论点。

20. Jacques Cauvin, *The Birth of the Gods and the Origins of Agriculture* (Cambridge: Cambridge University Press, 2000)。这一讨论的概述可见 Richard Bradley, *The Idea of Order*, pp. 48 and 67。亦可见 William Irwin Thompson, *The Time Falling Bodies Take to Light: Mythology, Sexuality and the Origins of Culture* (Palgrave Macmillan, 1996)，其主张旧石器时代晚期的艺术以女性形态为特征，且在此后的时代中，自旧石器时代晚期始便常见的丰满的女性形态依然占据着主流地位。因此罗伯特·格雷夫斯（Robert Graves）的白衣女神仍在寺庙等宗教建筑和纪念碑中存活，且隐密地统治着。见 Robert Graves, *The White Goddess* (Faber and Faber, 1948)。

21. 可以揭示某些工艺品起源的同位素研究表明了这一点。

22. 消除对死亡的恐惧也许是人类最关心的事（不过我怀疑只有人类关心此事）。和许多人的观念不同，我不认为它可以被完全看作宗教的事务，哪怕是那些有明确的来世观念的宗教。有许多系统旨在消除恐惧，但并不坚持任何形而上学的推论。在古代世界中，我怀疑厄琉西斯秘仪（Eleusinian Mysteries）就是这样一个系统。尽管它是围绕着得墨忒耳（Demeter）和珀尔塞福涅（Persephone）的神话而编造的，但是如果有人认为，神秘仪式对新信徒的重点作用就是使其对关于其神话的无论何种观点均表达无论何种形式的赞同，那我会感到很惊讶。在我们的世界里，精神分析和宗教致幻剂的迅速发展就是明显的例子。

23. 关于巨石阵可能起的作用的综合讨论，见 Mike Parker Pearson, *Stonehenge: Exploring the Greatest Stone Age Mystery* (Simon and Schuster, 2012)。

24. 关于巨木阵作为人类无常之象征的讨论，见: Oliver J. T. Harris and Tim Flohr Sørensen. 'Rethinking emotion and material culture', *Archaeological Dialogues* 17(2) (2010): 145; 以及 Caroline Brazier, 'Walking in sacred space', *Self & Society* 41(4) (2014): 7–14.

25. 巨木阵-巨石阵大道可能最初是用石头做标记的。在附近的埃夫伯里有一条明显得多的大道，其两侧都用石头标记，还有一条在坎布里亚郡的夏普。

26. 1 Corinthians（林哥多前书）15: 42 (Revised Standard Version)："这必朽坏的总要变成不朽坏的，这必死的总要变成不死的。"

27. 隐喻性死亡在世界上各种宗教中都很常见。可能最清晰的是在藏传佛教中，在这种宗教中，有系统性尝试进入死亡的体验——从而为死亡做好准备。在基督教的洗礼中，新信徒穿过象征死亡之水，浮出水面时便迎来彼岸新生。

28. 1 Corinthians（林哥多前书）13: 12 (King James Version)："我们如今仿佛对着镜子观看，模糊不清，到那时就要面对面了。我如今所知道的有限，到那时就全知道，如同主知道我一样。"

29. Francis Pryor, *Britain BC: Life in Britain and Ireland before the Romans* (HarperCollins, 2003).

30. 在新石器时代早期的许多石隧古墓中，到了黑暗因完全凌驾于光明之上而洋洋得意的冬至这一天，太阳会照射在死者身上。在巨石阵-杜灵顿主题公园中，杜灵顿垣墙木柱圈中有一个圈口面向着冬至的阳光（承认生命当中有死亡），而巨石阵大道的一部分指向夏至点，这是太阳不可战胜的时期（表明即使在死亡的阴暗石堡里，光明也主宰一切）。

31. 这种索取如此理所当然，但它肯定来源于使活人村和死人村毗邻的刻意安排,以及两者间某种游行路线的可能性?

32. 讨论可见于如:M. Edmonds, 'Interpreting causewayed enclosures in the past and present', 出自 C. Y. Tilley, ed., *Interpretative Archaeology*(Berg, 1993): 99–142; J. C. Barrett, 'Fields of discourse: reconstituting a social archaeology', 出自 J. Thomas, ed., *Interpretative Archaeology: A Reader* (Leicester University Press, 2000): 23–32; O. J. T. Harris, 'Communities of anxiety: gathering and dwelling at causewayed enclosures in the British Neolithic', 出自 J. Fleisher and N. Norman, eds., *The Archaeology of Anxiety* (Springer, 2016); 以及 Richard Bradley, *The Significance of Monuments: On the Shaping of Human Experience in Neolithic and Bronze Age Europe* (Routledge, 2012).

Part 2　新石器时代·夏

1. Friedrich Engels, *The Origin of the Family, Private Property and the State* (1884).

2. L. Fiems, S. Campeneere, W. Caelenbergh and C. Boucqué, 'Relationship between dam and calf characteristics with regard to dystocia in Belgian Blue double–muscled cows', *Animal Science*, 72(2) (2001): 389–94; P. Arthur, 'Double muscling in cows: a review', *Australian Journal of Agricultural Research* 46 (1995): 1493–1515.

3. 可能是由"补饲"——给绵羊补充额外的食物以促进排卵——造成的。

4. Owen Atkinson, *Feeding the Cow*, Webinar Vet, December 2018.

5. 见 Leviticus 25.

6. 该观点的例子之一,来自一个保守派福音教会前牧师(现在已名誉扫地):"就在今天,我们的一位成员告诉我,自从去年参加(一个培训课程)后,如今他们走在街上,无法不去想大多数人将在何处度过永生。"Jonathan Fletcher, *Dear Friends* (Lost Coin Books, 2013), p. 26.

7. 我常常对这种区别感到疑惑。我假定说某人是"灵性的"即在维护其某部分的本性或性情，如果你说你是灵性的但非虔诚的，你就是在说你的性情没有或不能被某种特定的神学或形而上学观点所束缚。问题在于，大多数明确信仰宗教但并非糟糕的激进主义者的人也都会说，他们的精神性情也不能受如此约束。

8. 例如，可见 Simon Harrison, 'Cultural efflorescence and political evolution on the Sepik River', *American Ethnologist* 14(3) (1987): 491–507.

9. 在一片普通的草地上，是可能有 150 种草和花的。见：http://www.bbc.co.uk/earth/story/20150702-why-meadows-are-worth-saving.

10. 我在此不讨论早期国家的问题。有关国家形成的问题有些与这里讨论的相同，有些则不同。关于美索不达米亚冲积平原各个国家的诞生，我所知道的最好且最容易理解的论述可见詹姆斯·C. 斯科特，*Against the Grain*。

11. 后新石器时代的世界史完全可以根据邓巴数对人类关系的限制来书写，但这本书直接从新石器时代（直至其终末，邓巴才刚刚开始产生影响）跳到了启蒙时代，所以我不会按照我认为可能的思路来概述这个论证的要点。

12. 詹姆斯·C. 斯科特, *Against the Grain*, p. 105.

13. 见 James Crowden, *Cider: The Forgotten Miracle* (Cyder Press, 1999), p. 15。

14. Roger Wilkins, of Land's End Farm, Mudgley.

15. Chet Raymo, *The Soul of the Night: An Astronomical Pilgrimage* (Cowley Publications, 2005), p. 46.

16. Genesis 2: 20.

17. 关于新石器时代夏至重要性的讨论可见第 273–276 页。

18. Carolyn Steel, *Sitopia: How Food Can Change the World* (Chatto and Windus, 2020), p. 57.

19. Steel, *Sitopia*, p. 60.

20. ADM(Archer Daniels Midland), Bunge, Cargill and Dreyfus: 见 Steel, *Sitopia*, p. 165.

21. Steven Pinker, *The Better Angels of Our Nature: Why Violence Has Declined* (Viking, 2011), p. 48.

22. 无论如何，任何现存的或晚近的民族都无法与欧洲温带地区的狩猎采集者进行有益的类比。

23. 布鲁斯·查特温在《歌之版图》(第238页) 中评论道，"生物学的一般规则是，迁徙性物种的'攻击性'不如定居性物种。有一个明显的原因可以解释这一现象。同朝圣一样，迁徙本身就是一段艰难的旅程：在'平等'的道路上，'适者'生存，掉队者半途出局。因此，这一旅程预先耗尽了等级制度的需要和统治的表现。动物王国的'独裁者'是那些生活在富足环境中的生物。无政府主义者和往常一样，是路途上的绅士。"

24. 此处所有引文都来自 Jay Griffiths, 'Ferocious Tenderness', at the 'Radical Hope and Cultural Tragedy' conference, 2015: https://www.youtube.com/watch?v=4nzaFmlUD0c；亦可见 Griffiths 的 *Wild: An Elemental Journey* (Penguin, 2008) 和 *Kith: The Riddle of the Childscape* (Hamish Hamilton, 2014)。

25. 关于语言（尤其是非象形‑字母语言）在人类和非人类世界割裂中所扮演的角色，已得到了广博且精彩的阐述，见 David Abram, *The Spell of the Sensuous: Perception and Language in a More-Than-Human World* (Vintage, 1997)。

26. 约公元前3300年。

27. 公元前第4个千年末。

28. Abram, *The Spell of the Sensuous*.

Part 2　新石器时代·秋

1. 在新石器时代，也许建造巨石纪念碑本身比在那里发生的事情更重要。

2. 英国大型巨石纪念碑的冬季庆典似乎比夏季庆典更盛大。

3. 若要对古代和现代思想中二元主题进行令人满意的讨论，本书的篇幅是远远不够的。它必须涵盖许多其他内容，包括对结构主义及其批评者的描述。我可能会从《创世记》一书中关于创造的描述开始（它们一开始看起来可能不那么二元），然后讲到柏拉图、东西方的非二元性、诺斯替教、克洛德·列维-斯特劳斯（尤其是他的《神话学》一书，他在其中探讨了亚马孙部落的风俗）以及雅克·德里达（Jacques Derrida），最后探讨计算机编程和决策的算法模式。

4. 引自 *The Lawyer* (17 January 2020), cited in the Lawtel daily summary.

5. 对比印度东北部尼尔基里山区的纳亚克人开始从事农业时发生的事情。他们那时首次开始对动物表现出攻击性，并把自己看作为这片被剥夺灵魂的新土地的主人。Danny Naveh and Nurit Bird-David, 'How Persons Become Things: Economic and Epistemological Changes Among Nayaka Hunter-Gatherers', *Journal of the Royal Anthropological Institute*, 20(1) (2014): 74–92。

Part 3　启蒙时代

1. Dresden James, 引用广泛，但源头未知。

2. Jeffrey J. Kripal, *The Flip*.

3. Alan Garner, *Strandloper* (Harvill Press, 1996).

4. C. S. Lewis, *The Last Battle* (Bodley Head, 1956).

5. 见 Aristotle, *The History of Animals, On the Generation of Animals, On the Motion of Animals and On the Parts of Animals*。

6. Aristotle, *On the Soul*.

7. 见 Lucretius, *On the Nature of Things*；Pliny the Elder, *Natural History*.

8. 如荷马史诗一样，中世纪对特洛伊史诗的重述也忽视了风景，例如，12 世纪的法国史诗 *Roman d'Enéas*。关于风景和远景的讨论，可见 Homer；

Virgil；以及中世纪文学：Theodore Andersson, *Early Epic Scenery* (Cornell University Press, 1976)；Milton E. Brener, *Vanishing Points: Three Dimensional Perspective in Art and History*（McFarland, 2004）。

9. Brener, *Vanishing Points*, p. 178.

10. Thomas Burnet, *Sacred Theory of the Earth* (1681), 转引自 Brener, *Vanishing Points*, p. 179.

11. 1 Peter（彼得前书）1: 13。

12. 关于这些行为的讨论，可见 Susan Owens, *Spirit of Place: Artists, Writers and the British Landscape* (Thames & Hudson, 2020)。

13. 转引自 Brener, Vanishing Points, p. 180。

14. 关于英格兰，苏珊·欧文斯（Susan Owens）在《地方的精神》（*Spirit of Place*）一书中详细记录并分析了此处人们对景观的态度变化。例如，她指出，山脉往往被视为可怕的，最早赞颂其崇高的是托马斯·格雷（Thomas Gray）（1716—1771）的《墓畔哀歌》(*Elegy in a Country Churchyard*)。她还注意到，当勇敢的西莉亚·费因斯（Celia Fiennes）于18世纪初骑马经过德比郡时，她似乎不喜欢这个郡，而这主要是因为该郡的农业相对羸弱。我和欧文斯在某些问题上有分歧：她在《贝奥武甫》（尤其是格伦德尔的巢穴）和《高文爵士与绿衣骑士》中看到了对风景的真实观察和欣赏。我却不能。实际上在我看来，这两本书在展现自然界是如何被人类戏剧性地、简单地视为背景方面，都是很好的例子。

15. 布雷纳（Brener）认为是德国画家阿尔布雷希特·阿尔特多费（Albrecht Altdorfer）（c.1480–1538）。

16. 布雷纳令人信服地指出，尽管中世纪时期的中国艺术家比欧洲艺术家更善于观察自然世界，也对其更关切，但他们对自然也没有什么内生兴趣，不过他们确实用自然主题来表达关于自身的真理："中国艺术家在表达他们于自然中的所见时，是在审视自己和自己的灵性。近几个世纪的欧洲艺术家则是把目光投向了场景本身"：Brener, *Vanishing Points*, p. 154.

17. 詹姆斯·C. 斯科特, *Against the Grain*.

18. Howard Jacobson, *Coming from Behind* (Vintage, 2003). 主角是塞夫顿·戈尔德贝里（Sefton Goldberg）。

19. Romans（罗马书）8: 19–22。

20. 讨论可见 Steven Pinker, *Enlightenment Now: The Case for Reason, Science, Humanism and Progress* (Penguin Random House, 2018), p. 23。

21. 当然，新石器时代何时结束是一个有争议的问题，这取决于你谈论的是哪里。

22. C. S. Lewis, *Poetry and Prose in the Sixteenth Century* (Clarendon Press, 1954), p. 3.

23. Pinker, *Enlightenment Now*, p. 8.

24. 关于在启蒙运动仁慈的影响下，事情是如何得到改善的，见 Steven Pinker, *The Better Angels of Our Nature: Why Violence Has Declined and Enlightenment Now*。

25. Steven Pinker 在《当下的启蒙》（*Enlightenment Now*）中写道："随着工业革命带来的煤炭、石油和水力等可用能源的井喷式发展，它将人类从贫困、饥饿、疾病、文盲和早夭中解救出来。这种变化最早发生在西方，并逐渐扩展至世界的其他地区。"（第 24 页）要确定这样一个过度乐观的观察结果，有再多的图表——并且实际上有再多的任何类型的指标——都是不足够的。在考虑反启蒙思想时，他对右翼（宗教激进主义和民族主义）的态度是尖锐且有力的，但对左翼的态度就不那么令人满意了。他说："左翼人士往往还支持一种运动，这种运动将'生态系统'这个超然的实体置于人类利益之上。浪漫的'绿色运动'认为，人类对能源的获取并不是遏制熵增、促进繁荣的重要手段，而是对自然犯下的严重罪行，它将导致一场可怕的审判，例如资源大战、环境污染，以及足以结束人类文明的气候变化。"（第 32 页）把人类的利益与非人类世界的利益区分开来，似乎是过时且危险的。我在正文中没有进一步讨论这个问题，因为我对此的关切已包含于对意识普遍性的讨论中。但我们不能就此放过平克倡导的人文环境主义，他认为它"比浪漫的'绿色运动'更开明，有时也被称为'生态现代主义'或'生态实用主义'"（第 121–155 页）。他相信，如果"我们能够善用迄今为止让我们得以解决问题的现代社会的"仁慈力量"，包括社会的繁荣、高明管理下的市场、国际治理以及对科学和技术的投资"，我们就能解决好气候变化问题（第 155 页）。他是在提议让狐狸来管理鸡舍。这看起来可不明智。问题真的能成为解决方案吗？似乎不太可能。

26. 茨维坦·托多洛夫（Tzvetan Todorov）是启蒙运动最具洞察力的捍卫者之一，他认为那是"一个属于争论而非共识的时代"。*In Defence of the Enlightenment* (London: Atlantic, 2009), p. 9。

27. Todorov, *In Defence of the Enlightenment*, p. 44.

28. Todorov, *In Defence of the Enlightenment*, p. 44.

29. Todorov, *In Defence of the Enlightenment*, p. 35.

30. Pinker, *Enlightenment Now*, p. 24.

31. John Maddox, 'A book for burning?', *Nature* 293(5830) (1981).

32. 就科学怀疑主义如何发挥其作用而言，一个很好的例子是迈克尔·舍默在第 160–161 页对坏掉的收音机事件的详细回应。他总结道："如果我们要认真对待科学信条，以便在证据尚不明确或谜题尚未解开时保持开放心态和怀疑精神，我们就不应该关闭感知的大门，因为门后的神秘世界可能会让我们大为惊叹。" Michael Shermer, 'Infrequencies', *Scientific American* 311(4) (2014): 97。

33. 范例之一是约翰·马多克斯关于鲁珀特·谢尔德雷克的《生命新科学》的采访，前文已有讨论。他说："没有必要在对物理和生物现象的解释中引进魔法，因为事实上，只要继续进行现在的研究，谢尔德雷克使人们注意到的所有缺口就很可能都被填补。"见 https://www.youtube.com/watch?v=QcWOz1xjtsY。马多克斯还认为大爆炸理论"在哲学上是不可接受的"，它很快就会被推翻：'Down with the Big Bang', *Nature* 340(6233) (1898):

425——这是唯物主义意识形态引领科学的又一个例证。

34. 拉马克以传播这样一种观点而闻名,即生物通过继承双亲所获得的理想特征而演化。

35. 托多洛夫(*In Defence of the Enlightenment*,第6页)写到了启蒙运动对我们现代的自我定义的影响。如果我能给他的主张增加两个字(下面方括号中),那我认为他是对的:"在1789年之前的四分之三个世纪里发生的剧变是我们今天[缺失]身份认同的最主要原因。"

36. Kripal, *The Flip*, p. 55.

37. 关于量子力学的"哥本哈根诠释"究竟是什么,并没有一个被普遍认同的定义。一些定义包含的元素会被另一些定义排斥。不过人们对于"诠释"的内容有足够多的共识,从而使这一表达有意义,至少对非专业人士来说是如此。内容的细节对我的论证来说并不重要。这一诠释的核心内容代表了二十世纪至二十一世纪初量子物理学家的正统理论,这是毫无争议的。大部分核心内容如今依然得到广泛认可,只不过,乐于毫无保留地说自己是哥本哈根学派成员的量子物理学家可能比以前少了。

38. 玻尔依据的是海森堡不确定性原理(这一原理断言,人不可能同时获知电子的动量和位置)。

39. Werner Heisenberg, *The Physicist's Conception of Nature*, trans. Arnold J. Pomerans (Harcourt Brace, 1958), p. 29.

40. John Clauser et al.,University of California, Berkeley; Alain Aspect et al., University of Paris, Orsay; and Nicolas Gisin et al., University of Geneva.

41. 讨论可见 Kripal, *The Flip*, pp. 98–103。

42. Alfred North Whitehead, *Adventures of Ideas* (Macmillan, 1933); Timothy Sprigge, *A Vindication of Absolute Idealism* (Routledge and Kegan Paul, 1983); David Griffin, *Unsnarling the World-Knot: Consciousness, Freedom, and the Mind-Body Problem* (University of Minnesota Press, 1998); Thomas Nagel, 'Panpsychism', *Mortal Questions*(Cambridge: Cambridge University Press, 1979):

181–95，和 *Mind and Cosmos: Why the Materialist Neo-Darwinian Conception of Nature is Almost Certainly False* (Oxford: Oxford University Press, 2012)。最容易理解的是盖伦·斯特劳森（Galen Strawson）的观点阐述，可见 'Realistic materialism: why physicalism entails panpsychism', *Journal of Consciousness Studies* 13(10–11) (2006): 3–31。

43. 比如假设我们知道物质是什么，除了物质以外的一切都不存在，以及自然界的一切现象最终都必须依赖于物质。

44. Kripal, *The Flip*, pp. 48–53.

45. *The Doors of Perception* (Chatto and Windus, 1954).

46. 讨论可见 Kripal，*The Flip*, p. 138。

47. Letter to Sheldon Vanauken, 23 December 1950, 出自 Walter Hooper, ed., *The Collected Letters of C. S. Lewis: Narnia, Cambridge and Joy, 1950–1963* (HarperSanFrancisco, 2007).

48. John（约翰福音）8: 58。

49. Kripal, *The Flip*, pp. 55–6.

50. M. W. Reiman et al., 'Cliques of neurons bound into cavities provide a missing link between structure and function', *Frontiers in Computational Neuroscience* (2017).

51. 关于这种态度，格尔德·卢德曼（Gerd Ludemann）对于耶稣升天的讨论就是一个绝佳范例。"按照惯例，在这种情况下，我们不会问历史问题。在这个特殊情况中，我要赶紧补充一点，这个场景以及 / 或《使徒行传》1:9–11 的任何历史背景因素都必须被排除，因为没有这样的天堂能让耶稣被带到那里去。" *The Resurrection: A Historical Inquiry* (Prometheus, 2004, p. 114)。詹姆斯·泰伯（James Tabor）在评论耶稣的诞生和复活时也持类似的立场："历史学家受其学科的约束，必须在对现实的科学观点的范畴内工作。没有男人，女人是不会怀孕的——永远不会。所以耶稣有一个人类父亲，不管我们能否发现他。尸体不会复活——只要它被临床诊断为死亡——所以耶稣被罗马人钉上十字架，又在坟墓里待了三天后，也是不会复活的。因此，如果坟墓是空的，那么历史结论就很简单了——耶稣的尸体被人移走了，很可能被重新埋葬在了另一个地方。" *The Jesus Dynasty* (Harper Element, 2007), pp. 262–3。

52. Etzel Cardeña, 'The experimental evidence for parapsychological phenomena: a review', *American Psychologist* 73. 5 (2018): 663; cf. Arthur S. Reber and James E. Alcock, 'Searching for the impossible: parapsychology's elusive quest', *American Psychologist* (2019).

53. Kripal, *The Flip*, pp. 36–7.

54. 见上文第 349–351 页。